왕안석 평전

이근명 지음

지은이 이근명 李瑾明

　　한국외국어대학교 사학과 교수. 서울대학교 동양사학과를 졸업하고 같은 대학에서 박사 학위를 취득하였다. 주로 중국 중세사(송대사)를 연구하고 있으며, 역사학회 회장, 송원사학회 회장 등을 역임하였다. 주된 저작으로, 『남송시대 복건 사회의 변화와 식량 수급』(신서원, 2013), 『왕안석 자료 역주』(HUine, 2017), 『아틀라스 중국사』(공저, 사계절, 2007), 『송명신언행록』(편역, 전4권, 소명출판, 2019), 『송원시대의 고려사 자료1·2』(공저, 신서원, 2010), 『사료로 읽는 동아시아의 접경』(전근대편·근현대편, 공역, 학고방, 2024) 등이 있다.

왕안석 평전

2021년 8월 30일 초판 1쇄 발행
2025년 8월 29일 초판 2쇄 발행

지은이 ■ 이근명
펴낸이 ■ 정용국
펴낸곳 ■ (주)신서원
주소 : 서울시 노원구 동일로 207길 23 4층 413호
전화 : (02)739-0222 팩스 : (02)739-0224
등록 : 제300-2011-123호(2011.7.4)
ISBN 978-89-7940-451-7 93910
값 22,000원

신서원은 부모의 서가에서 자녀의 책꽂이로
'대물림'할 수 있기를 바라며 책 만들고 있습니다.
잘못된 책이 있으면 연락주세요.

왕안석평전

그 위대한 ─ 중국 중세의 대 개혁가

이근명 지음

신서원

머리말

　10세기 이후 중국은 눈부신 발전을 거듭하였다. 정치 구조가 혁신되어 종래의 귀족 정치가 종식되고, 대신 지식 계층인 사대부가 정치의 주역으로 자리 잡았다. 농업과 상업이 발달하여 경제도 풍요로워졌다. 중국 역사상 처음으로 서민을 대상으로 하는 문화가 꽃피기 시작하였다. 그리하여 양쯔강 이남의 이른바 강남 지방을 두고 '지상의 천당'이라는 말도 생겨났다.

　이러한 중국 역사상의 대변화를 역사학계에서는 '당송 간의 변혁'이라 부른다. 대당제국이 멸망하고 송 왕조가 들어서며 중국 사회에 커다란 변혁이 생겨났다는 것이다. 당과 송 사이의 변혁, 그래서 '당송변혁기'란 말도 생겨났다.

　10세기 이후의 중국, 즉 송대는 오늘날의 중국인들에게 자긍심과 탄식을 아울러 불러일으키는 시대이다. 자긍심을 갖는 것은 두 말할 나위 없이 그 사회적, 문화적 발달 때문이다. 중국인들이 자랑하는 이른바 '3대 발명품', 즉 화약·나침판·인쇄술이 사실상 모두 송대에 출현하였다. 세계 최초의 화폐인 교자交子가 출현했던 것도 이 시대였다.

하지만 이처럼 찬란한 사회적, 문화적 발달과는 달리 송 왕조는 군사적으로 주변 민족에게 극히 나약한 면모를 보였다. 오늘날 중국인들이 송대에 대해 느끼는 아쉬움과 탄식은 이것에서 비롯된다. 동아시아의 패자로 군림하던 대당제국의 위용은 안개처럼 사라져 버렸다. 10세기 이후 거란과 탕구트 등의 북방 민족은 속속 독립 국가를 건설하고 송을 군사적으로 압박하였다. 송은 이들 북방 민족의 위협에 무기력하게 굴복하는 모습을 보였다. 막대한 물자를 주고 평화를 구걸하기를 거듭하였다.

송이 건립되고 100여년이 지나자 대외 관계에서 촉발된 문제점이 여타 부문에도 영향을 미치기 시작하였다. 바로 이 국면에서 왕안석王安石(1021~1086)이 등장하여 대대적인 개혁을 시도하는 것이다. 그가 집권하여 개혁을 단행하기 전, 조야에는 개혁을 요구하는 목소리가 팽배하였다. 누구나 변화가 필요하다고 인식하고 있었다. 그런데 정작 왕안석이 개혁을 시작하자, 이전까지 개혁을 부르짖던 사람들 거의 모두가 반대파로 돌아섰다. 왕안석의 개혁을 두고 신법新法이라 부른다. 왕안석이 파기하였던 이전의 법제는 구법舊法이라 불렸다. 왕안석이 신법을 단행하자, 정계의 명망 있는 원로들은 대부분 신법의 폐지와 구법으로의 복귀를 주장하였다.

참으로 납득하기 어려운 상황이 벌어졌다. 개혁이 필요하다 여기던 사람들 모두, 정작 개혁이 도입되자 예전의 제도가 더 좋다고 주장하고 나섰다. 어찌된 일일까? 당시의 명망 있는 노신과 원로들은, 왕안석의 신법보다는 구법이 더 낫다고 여겼다. 다시 말하여 신법은 개혁이 아니라 개악이라 인식하였던 것이다.

하지만 이러한 압도적 반대에도 불구하고 당시의 황제 신종神宗(재위 1067~1085)은 왕안석을 절대적으로 신임하였다. 신종은 황제 즉위 당시 나이 20세의 청년이었다. 의욕과 패기에 넘치던 신종은 왕안석의 이론을 채용하여 중국을 강대하게 변모시키고자 하였다. 왕안석은 신종에게, '요순 시대의 태평성세'를 재현할 수 있다고 주장하였다. 또 이러한 국가 구조의 개편을 바탕으로 거란과 탕구트로부터 받는 수모도 일거에 씻을 수 있다고 말하였다. 청년 황제 신종은 왕안석의 주장에 설복되어 그에게 전폭적인 지원을 아끼지 않았다.

왕안석의 신법은 정치, 군사, 경제, 사회, 문화 등 거의 모든 분야를 뜯어고치는 것이었다. 그가 도입한 법제는 균수법, 청묘법, 모역법, 시역법, 보갑법, 보마법, 농전수리법, 방전균세법, 장병법, 창법 등 일일이 그 이름을 열거하기도 힘들 정도이다. 왕안석은 이러한 개혁을 통해 사회의 병폐를 일소할 수 있다고 주장하였다. 강한 자의 횡포를 억누르고 그들로부터 억압을 받고 있던 소농민과 소상인을 보호할 수 있다고 여겼다. 뿐만 아니라 이렇게 강자로부터 약자를 보호하면서도 동시에 국가의 재정을 건전하게 만들 수 있다고 말하였다.

'강자에 대한 견제와 약자의 보호', 참으로 강렬한 인상을 전해주는 주장이다. 이 때문에 왕안석은 오늘날까지 '약자의 친구'로 인식되고 있다. 또 그래서 왕안석은 시대를 앞서간 선구자라는 평가를 받는다. 더 나아가 왕안석과 신법을 두고 강자인 대지주 대상인의 횡포에 맞서 중소 농민과 중소 상인을 보호하고자 한 개혁이었다고 말하기도 한다. 반면 신법에 반대한 이른바 '구법당'은 대지주와 대상인의 이익을 옹호하고자 한 집단이라 타기되었다.

왕안석에게 '강자의 횡포 견제'라는 지향이 존재하였던 것은 분명하다. 약자에 대해 깊은 동정을 지니고 있었던 것도 사실이다. 하지만 왕안석이 살아간 시기는 11세기 후반이라는 봉건 시대이다. 뿐만 아니라 왕안석은 근본적으로 투철한 유학자였다. 약자에 대한 연민을 지녔다 해도 상대적인 견지에서 그러했을 뿐이다. 봉건 사회를 송두리째 뜯어고치는 것을 지향하는 사회혁명가는 결코 아니었다. 그가 꿈꾸었던 사회는 굳건한 황제 지배 체제 하에 유교적 안정과 질서가 유지되는 봉건 왕조였다. 신법의 지향점도 국가 체제의 재건에 일차적인 초점이 두어져 있었다. 강자의 횡포를 제거한다는 것도 왕조 질서의 안정을 도모하기 위한 방편이었을 뿐이다.

구법당이 신법에 대해 반대한 것은 여러 가지 요인 때문이다. 신법이 강자에게 적대적이었다는 점도 약간의 영향은 미쳤을 것이다. 관료 역시 계층적으로 본다면 향촌 사회에 군림하는 강자였다. 신법은 어찌되었건 지주의 이해관계와 배치되는 면이 적지 않았다. 하지만 결코 이것이 결정적인 작용을 미쳤다고 할 수는 없다. 신법 반대파의 논리는 신법이 유교적 인정仁政과 배치된다는 것이었다. 왕안석이나 신법파의 주장과는 달리 신법이 오히려 소농민 보호에 역행하고 있다는 것이다.

이는 또 어찌된 것일까? 일부의 학자들, 특히 과거 유물사관에 입각하여 모든 현상을 해석하고자 했던 사람들은, 구법당이 본질을 호도하고 왜곡하는 것이라 이해하였다. 구법당은 계층적 이해관계에 기반하여 철두철미 신법을 부정하였다는 것이다. 그러나 신법 조항 내부에 적지 않은 문제점이 존재한 것도 사실이다. 특히 신법의 취지나 지향과는 무관하게 실제 시행에 당해서는 많은 부작용이 발생하였다. 무엇보다 신법 시행의 실적과 지방관의 근무 평가를 결부시킨 것이 문제였다. 그 결과 지방관들은 실적을 올리기 위해 무리하게 신법을 적용하였고, 그리하여 구법당 인사들이 지적하는 폐단이 여기저기서 발생하였던 것이다. 소농민을 보호한다는 신법이 오히려 소농민의 생활을 위협하는 요소로 변질되는 경우도 적지 않았다.

우리 한국인에게도 왕안석은 매우 잘 알려진 인물이다. 중고등학교의 역사 교과서에도 적지 않은 분량이 할애되어 왕안석의 개혁이 서술되어 있다. 그리고 그 시각은 대단히 우호적이다. 그는 시대를 앞서 개척해간 선구자이자 대지주 대상인의 횡포를 억제한 인물이라고 묘사하고 있다. 아직도 케케묵은 이론에 따라 신법과 그 반대파들을 계층적 이익에 입각하여 해석하고 있는 것이다.

왕안석에 대해 평전을 쓰고 싶다는 생각은 오래 전부터 지녀왔다. 그러던 차에 십여 년 전 일본인 학자가 저술한 왕안석 전기 하나가 번역되어 출판되었다. 그것도 결코 일급 학자라 할 수 없는 사람의 저작이었다. 왕안석이 아무리 중요한 역사적 인물이기로서니 이러한 일본 서적까지 번역되어야 하나 라는 탄식이 절로 터져 나왔다. 우리 학계에도 만만치 않은 중국사 연구의 전통이 있으며, 우수한 중국사 연구자도 적지 않다. 하물며 일본은 우리에게 복잡다단한 상념을 불러일으키는 나라가 아닌가? 중국사를 바라보는 시각 자체도 우리는 일본과 달라야만 할 것이다. 이후 천천히 시간이 날 때마다 왕안석의 평전을 적는 작업을 진행하였다.

  이 평전은 가능한 한 평이하게 적으면서도 약간 저자의 목소리를 담으려 하였다. 교양적인 서적이되 왕안석과 관련한 현재까지의 연구 성과를 충실히 소개한다는 자세를 취하였다. 더불어 정치가이면서도 문인이었던 왕안석의 면모를 살리고자 하였다. 정치가였던 왕안석에 대해서는 비판과 공격이 끊이지 않았다. 하지만 문인으로서의 왕안석을 두고서는 고래로 찬사가 쏟아졌다. 왕안석이란 인물의 종합적 이해를 위해서는 자신만만하고 독선적이었던 정치가의 면모뿐만 아니라, 섬세하고 부드러운 필치를 구사하는 문학가의 심성도 돌아보아야만 할 것이다. 이 평전에서는 명시, 명문장이라 평해졌던 문학 작품을 소개하며 이를 통해 왕안석의 생애와 행동을 살펴본다는 방침을 지니려 하였다.

  하지만 재주가 없다 보니 그다지 쉽지도 않고 그렇다고 깊이가 있는 것도 아닌 어설픈 내용이 되어 버렸다. 모쪼록 이 책을 통해 독자들이 왕안석이란 인물, 그리고 중국 중세사의 다양한 측면에 대해 관심을 지닐 수 있게 되기를 기대한다.

2021년 7월 31일

| 차례 |

머리말 5

제 1 부
지방관 역임 시기

제1장 청년 시절과 과거 응시　　　　　　　　　　　　　17
　　1. 출생과 가족관계 ··· 17
　　2. 왕안석의 고향 ·· 25
　　3. 학업과 과거 합격 ··· 32

제2장 지은현 시기의 활동　　　　　　　　　　　　　　41
　　1. 최초의 관직 - 첨서회남판관 시기 ················ 41
　　2. 은현 지사로의 부임 ··· 44
　　3. 은현을 떠나가는 아쉬움 ································· 54

제3장 서주통판으로부터 강동제형까지　　　　　　　57
　　1. 서주통판 재임 전후의 일들 ··························· 57
　　2. 최초의 중앙관 생활 - 군목판관 ···················· 68
　　3. 지상주와 강동제형 시기 ································· 77

제4장 〈만언서〉와 〈명비곡〉의 작성　　85

1. 〈만언서〉의 상주 ·· 85
2. 〈명비곡〉과 이를 둘러싼 논란 ································ 94

제5장 짧은 중앙관 생활과 모친상　　105

1. 4년에 걸친 중앙관 생활 ·· 105
2. 모친상과 낙향 ·· 115

제 2 부
신법의 주도와 당쟁

제1장 신종의 발탁과 신법 시행　　119

1. 청년 황제 신종의 즉위 ··· 119
2. 왕안석의 발탁과 부재상 임용 ································ 126
3. 제치삼사조례사制置三司條例司의 설립과 폐지 ········· 133

제2장 신법의 내용　　139

1. 재정 확보책과 관련한 개혁 ··································· 139
2. 군사력 강화를 위한 개혁 ······································ 148
3. 신법의 재정절감 효과 ··· 154

제3장 구법당의 비판과 당쟁 ... 159
  1. 신법에 대한 구법당의 비판 ... 159
  2. 왕안석과 사마광의 결별 ... 168
  3. 신법당 진영의 사람들 ... 176

제4장 대외 전쟁의 전개 ... 185
  1. 북송 초기의 대외 관계 ... 185
  2. 서하 공략을 위한 준비 ... 193
  3. 베트남과의 전쟁과 국경 교섭 ... 202

제5장 실각과 정계 은퇴 ... 213
  1. 1070년대 초의 정계와 왕안석 ... 213
  2. 여혜경의 왕안석 공격 ... 220
  3. 왕안석의 정계 은퇴 ... 225

제3부 만년의 생활과 타계

1. 만년의 거주지 반산원半山園 ... 235
2. 은퇴 후의 유유자적과 교유 ... 242
3. 와병과 작고 ... 251

제4부
왕안석에 대한 평가

1. 북송말의 정국 변화와 당쟁 ·· 259
2. 남송 시대 왕안석을 둘러싼 논란 ·· 268
3. 원대 이후 왕안석 평가의 변천 ··· 275

왕안석 관련 지도 282
왕안석 관련 연표 283
참고문헌 288
찾아보기 294

제 1 부
지방관 역임 시기

제1장

청년 시절과 과거 응시

1. 출생과 가족관계

왕안석은 1021년(진종 천희 5) 11월 13일 강남서로 임강군臨江軍 청강현淸江縣에서 태어났다. 당시 왕안석의 부친 왕익王益(994~1039)은 임강군 판관으로 재직하고 있었다. 왕익의 고향은 임강군에서 동쪽으로 100여 킬로미터나 떨어진 무주 임천현臨川縣이었다. 전통시대 중국에서 아버지의 고향은 곧 아들의 고향이기도 하다. 훗날 왕안석이 '임천선생'이라 불리는 것도 이 때문이다.

왕익은 왕안석이 출생하기 6년 전이던 22세 때(1015) 과거에 급제하여 각지의 지방관으로 전전하는 상태였다. 그는 주로 고향이 위치한 강서 주변의 지방관을 역임하였으나, 왕안석이 태어난 후에는 멀리 광동 지방으로 전근가기도 했다. 이런 아버지를 따라 어린 왕안석은 각지로 돌아다니게 된다.

아버지에 대해 왕안석은 후일 몇 개의 회고담을 남겼다. 여기에 기록된 아버지 왕익의 모습은 무척 자애로운 존재이다.

> 아버지는 언제나 은혜와 신뢰의 자세로 지방 행정에 임했고 누구한테도 매를 가한 적이 없으셨다.[1]

왕익은 행정에 있어서 뿐만 아니라 가족에 대해서도 마찬가지로 자애로웠다. 그런 아버지의 모습을 왕안석은 이렇게 술회하고 있다.

> 자식들에게도 욕을 하거나 매질하는 법이 없으셨다. 언제나 조용히 도덕을 깨우쳐 주셨으며 고금의 세상 이치를 적절히 가르쳐 주셨다.[2]

전통시대 중국의 아버지들은 대부분 자식들에게 엄했다. 엄격한 권위로 임할 뿐 자식들과 인격적인 교감을 나누는 것은 드물었다. 위와 같은 왕안석의 술회를 통해 왕익이 그러한 통상적인 아버지 상과 얼마나 달랐는지를 추측하기는 어렵다. 전통시대 자식이 부친의 행장이나 전기를 적으며 비판적인 시각을 보이는 경우는 매우 희귀하기 때문이다. 왕안석의 손으로 쓰인 왕익 관련 기록도 이러한 범주에서 크게 벗어나지 않는다.

다만 지방 관료로서의 왕익이 매우 성실하였던 점만은 분명한 것으로 보인다. 마찬가지로 왕안석이 남긴 기록이기는 하나, 왕익은 농민들

---

1 ≪臨川先生文集≫(中華書局 香港分局, 1971) 권 71, 〈先大夫述〉.
2 위와 같음.

의 고통에 귀 기울이려 하였으며 가능한 한 조세와 요역의 부담을 줄여 주려 노력하였다고 한다. 지방 부호들의 압박을 받아 시달리는 가난한 사람들에게도 따뜻한 배려를 베풀었다. 이러한 행동으로 말미암아 때로 상급자와 마찰을 빚기도 할 정도였다.[3]

중국의 과거 시험은 '시험지옥'이라 말해도 지나침이 없을 정도로 대단히 합격하기 어렵다. 과거에 급제하기까지 적게는 십여 년, 많게는 수십 년 간 피눈물 나는 고행을 해야만 한다. 이미 한 시대 전인 당대에 '오십 살에 과거에 급제해도 빠른 편이다.'라는 말이 있을 정도였다. 이렇게 어려운 시험이지만 일단 과거에 합격하게 되면 사정은 딴판이 된다. 합격하는 그 순간 평생이 보장되어 버리기 때문이다. 이전까지 그토록 학업에 매진하던 사람도 관직을 받기만 하면 돌변하여 거의 대부분 유흥으로 날을 지새우는 게 일반적이었다. 학문에 매달리기는커녕 행정마저 서리들에게 내맡기고 자신은 주색에 탐닉해 버리는 것이다. 아무리 방만하게 생활해도 큰 탈이 없는 한 은퇴할 때까지 지방관으로서 백성들 위에 제왕처럼 군림하며 살 수 있었다.

이런 정황에 비추어 가난한 농민을 돌보는 왕익의 모습은 매우 이례적이다. 그런 탓일까, 성실한 지방관 왕익의 행동은 어린 아들 왕안석에게도 커다란 인상을 남겼다.

> 부친이 살아계셨을 때 나는 아직 어려서 그 행정의 실태를 제대로 알지 못했다. 하지만 늘 그 주변에 있으며 보았으므로 그 가르침이 약간이나마

---

[3] 위와 같음.

기억이 난다. 부친은 언제나 세상 사람들에게 도움이 되려 노력했다. 하찮은 미물이라도 말라죽으면 자신의 잘못이라 여기셨다.[4]

부친 왕익의 행정 태도는 왕안석에게 어떤 식으로든 많은 영향을 미쳤을 것이라 여겨진다. 후일 왕안석이 단행하는 개혁, 즉 신법에는 부농이나 대상인으로부터 일반 농민 및 상인을 보호하려는 측면이 분명히 존재한다. 국가의 재정을 충실히 한다는 원칙을 지향하고 있으되, 그것을 약자에 대한 배려라는 방법을 통해 달성해가려 했다. 이러한 신법의 원칙은 왕익의 행정 태도와 일맥상통한다고 하겠다.

┃송대 사대부 가문 아이들의 놀이 모습
두 아이가 파초 옆에서 격구 놀이를 하고 있다.
송대에 그려진 〈초음격구도(蕉陰擊球圖)〉.

왕안석의 어머니는 오씨 부인이었다. 왕안석의 외가는 왕씨 일문의 고향 임천현으로부터 서쪽으로 12킬로미터 쯤 떨어진 곳에 있었다. 무주 금계현金谿縣 자강柘岡이란 곳인데 오씨 집안은 이곳의 부호였다. 흥미로운 사실은 이 오씨 집안을 매개로 해서 왕안석은 증공曾鞏(1019~1083) 및 증포曾布(1036~1107) 형제와 먼 인척 관계를 맺는다는 점이다. 즉 왕안석의 외할아버지는 오전吳畋이었는데, 오전의 형 오민吳敏이란 사람의 후처 증씨曾氏 부인이 바로 증공 및 증포 형제

---

4 위의 책, 권 73,〈答韶州張殿丞書〉.

네 할아버지의 누이였던 것이다. 왕안석의 가문과 증공·증포 형제의 가문은 이외에도 또 한 차례 인척 관계를 맺는다. 증공의 누이 동생이 왕안석의 동생 왕안국(1028~1074)에게 시집오기 때문이다. 증공은 잘 알려져 있듯 왕안석과 함께 이른바 당송팔대가의 하나로 꼽히는 인물이며, 증포는 훗날 왕안석이 신법을 단행할 때 가장 신뢰하였던 부하이자 동지이기도 했다.

임천의 왕씨 가문과 금계의 오씨 가문도 왕안석 시기에 이르러 인척 관계가 중복되기에 이른다. 다름 아니라 왕안석의 부인 또한 이 금계 오씨 가문 출신이었던 것이다. 왕안석의 부인 오씨는 오민의 손녀였다. 즉 오민의 맏아들 오예(吳芮)의 딸이 왕안석의 부인이 되었다. 왕안석 부자는 모두 금계의 오씨 가문에서 부인을 맞이했고, 그렇게 고부간을 이루는 두 오씨 부인은 서로 긴밀한 친척이기도 했다. 왕안석의 부인 오씨에게 시어머니 오씨는 친정의 당고모였다. 양인 사이의 관계를 도표로 그리면 다음과 같다.[5]

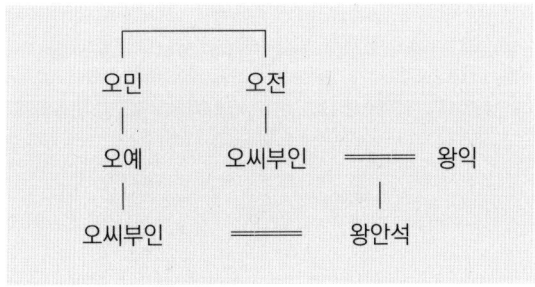

---

5 왕안석 가문과 증공 가문, 그리고 吳氏 가문 사이의 혼인 관계에 대해서는, 湯江浩, ≪北宋臨川王氏家族及文學考論-以王安石爲中心-≫(北京, 人民文學出版社, 2005), 271쪽 참조.

왕안석의 모친 오씨 부인은 자애롭고 현숙한 여성이었던 듯하다. 오씨는 왕익의 후처였다. 왕익에게는 전처 서씨徐氏 부인이 있고 그 소생으로 두 아들, 왕안인王安仁(1015~1051)과 왕안도王安道가 있었다. 오씨 부인은 전처 서씨가 죽고 난 다음 시집와서 아들 다섯과 딸 셋을 낳았다. 하지만 전처의 소생에 대해 전혀 차별하지 않았으며 전처의 일족에 대해서도 자신의 일족처럼 대해주었다고 한다.

뿐만 아니라 왕안석의 모친 오씨 부인은 시가에도 능하였다. 그녀가 지은 시 가운데 일부는 현재까지 전해지기도 한다. 이러한 오씨 부인에 대해 왕안석의 친우 증공은, '학문을 좋아하고 기억력이 강했다. 노년에 이르도록 공부를 게을리 하지 않았으며 사리분별은 남들보다 뛰어났다.'[6]고 칭송하고 있다.

그런데 비단 왕안석의 모친에 그치지 않고 왕안석 가문의 여성들은 모두 시가에 재능을 지니고 있었다. 왕안석에게는 누이동생이 셋 있었는데 모두 시가에 뛰어난 솜씨를 보였다. 왕안석의 딸들 역시 마찬가지였다. 이러한 이유로 해서 당시 사람들은, '왕안석 집안이야말로 여류 문인을 가장 많이 배출해낸 가문이다.'[7]라고 평가하기도 했다. 특히 그 중에서도 장규에게 시집갔던 문숙文淑이 제일 나았다고 한다.

---

6   曾鞏, ≪曾鞏集≫(北京, 中華書局, 中國古典文學基本叢書, 1984) 권 45, 〈仁壽縣太君吳氏墓誌銘〉.
7   ≪竹莊詩話≫ 권 22(四庫全書本).

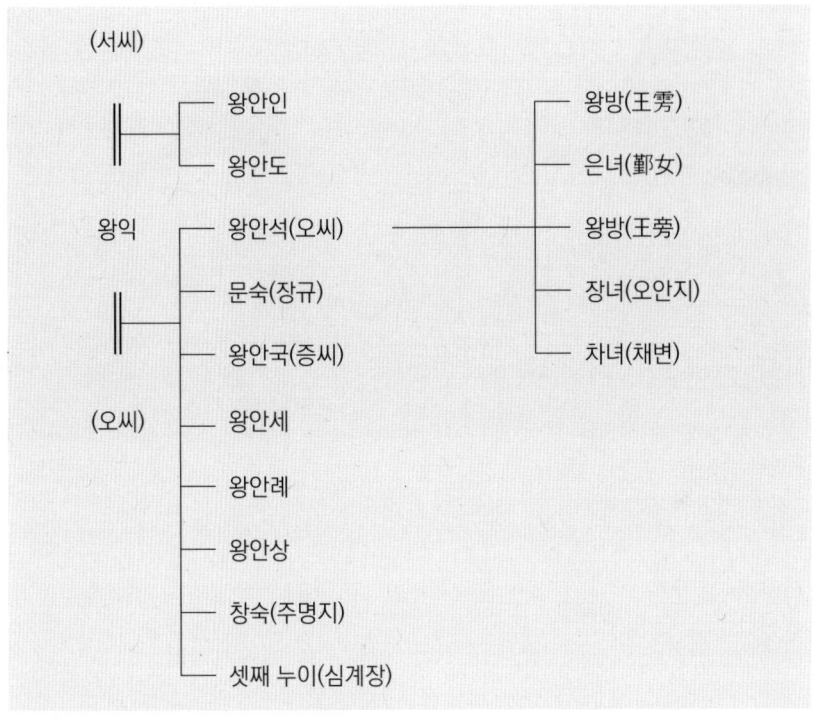

▌왕안석의 가계도(괄호 속의 인물은 배우자)

한편 왕안석 가문에서는 과거 급제자도 대단히 많이 나왔다. 우선 왕안석의 아버지 왕익이 1015년(진종 대중상부 8) 과거에 합격했던 것은 앞서 얘기했었다. 그는 아들을 모두 일곱(전처 소생 둘과 후처 오씨부인 소생 다섯) 두었는데, 그 가운데 무려 넷이 과거에 합격하였다. 맨 처음 합격한 이는 왕안석으로서 1042년(인종 경력 2년, 22살)에, 다음으로는 맏아들인 왕안인이 1049년(인종 황우 원년, 35살)에, 이어 여섯째인 왕안례가 1061년(인종 황우 6년, 28살)에, 마지막으로 넷째인 왕안국이 1068년(신종 희녕 원년, 41살)에 합격하였다.

❙ 왕안석을 그린 두 개의 초상화
왼쪽은 젊은 날, 오른 쪽은 노년의 모습이다.

왕씨 집안의 과거 합격은 왕안석의 아들대로 이어졌다. 왕안석은 아들을 둘 두었는데 그 가운데 맏아들 왕방王雱(1044~1076)이 1067년(영종 치평 4년, 24살)에 과거에 합격하고 있다. 왕안석의 둘째 아들 왕방王旁은 요절하였다.

아쉽게도 이러한 과거 합격자의 배출은 왕안석의 아들대로 끝난다. 왕안석의 두 아들이 모두 후손을 남기지 못하였기 때문이다.

이처럼 왕안석 가문은 부친인 왕익이 과거에 급제(1015)한 이래 1068년 왕안국에 이르기까지, 불과 53년 동안 무려 6명이나 합격자(진사)를 배출하고 있다. 이 무렵 과거 합격자의 숫자는 평균 300명 전후에 지나지 않았다. 과거 시험도 3년에 1회 시행되고 있었다. 이에 비해 인구는 폭발적으로 증가하여 12세기 초 중국의 인구는 1억을 돌파하게 된다. 11세기 중엽에도 송조 치하의 인구는 적어도 9000만명 전후가 되었을 것이라 여겨진다. 이러한 정황에 비추어 왕안석 가문의 과거합격자 배출은 실로 놀라운 것이라 말하지 않을 수 없다.

혹시 이를 두고, '하나 둘 관직으로 진출하다 보면 다음 사람들은 그들의 도움으로 과거 합격이 용이했을지도 모른다.'고 지레짐작한다면 그것은 커다란 오산이다. 송대 과거 시험은 매우 엄정히 치러졌던 것으로 유명하다. 혹시라도 있을지 모를 부정행위를 막기 위해 여러 제도가 도입되었다. 이를테면 답안지 채점 시 수험생의 이름을 가리는 호명법糊名法이 도입되었다. 이어 이것만으로 만족하지 못해, 만에 하나 채점관이 붓글씨 필체를 보고 답안 작성자를 알아볼까 봐, 아예 서리로 하여금 다른 필치로 옮기게 한 다음 채점하는 제도까지 시행되었다. 이 제도는 등록법謄錄法이라 불렸다. 부친이나 형제가 고위직에 있다 하여 과거 합격이 용이해질 수 있는 시대가 결코 아니었다.

2. 왕안석의 고향

왕안석은 아버지의 근무지에서 출생했다. 이후에도 지방관 생활을 하는 아버지를 따라 각지를 전전하였다. 출생지 강서에서 양자강 북쪽의 회남 지역으로, 다시 멀리 사천 지방으로, 그 다음에는 더 멀리 남쪽의 광동 지방으로 옮겨 다녔다. 이렇게 왕안석의 어린 시절은 아버지를 따라 사방으로 이사다니며 흘러갔다.

왕안석 가족의 잦은 이주는 때로 생각지도 않게 각처에 이야기 거리를 남기기도 했다. 다음의 일화[8]가 그러한 사례이다.

사천 지방으로 들어가는 길목에 영험하다고 알려진 사당이 하나 있었다. 특히 관료가 이곳을 지나다 비바람을 만나면 재상에까지 승진하고, 또 과거를 지망하는 독서인이 이곳을 지나다 비바람을 만나면 장원급제하게 된다고 알려진 곳이었다. 송초의 인물인 조빈曹彬(931~999)도 사천에 있다 중앙으로 소환되었는데 그 사당 앞에서 큰 비를 맞았고, 그 때문에 그 후 재상에까지 승진했다고 한다. 시간이 조금 흘러 휘종 시대에는 하율(1089~1126)이 이 사당을 지나다 비바람을 만난 후 재상에 올랐다고 한다.

어느 때인가 이 사당 앞으로 왕씨 성을 가진 독서인이 지나가는데 마침 큰 비바람이 몰아쳤다. 그 왕씨 성의 인물은 내심, '언젠가 과거에 장원 급제할 것이다.'라고 기뻐하며 그 날이 오기를 기다렸다. 하지만 아무리 기다려도 사당에서 비바람을 맞은 효험이 나타나지 않았다. 그런데 그가 사당에서 비바람을 피하던 때, 같이 비를 피해 사당으로 들어선 사람 가운데 또 다른 왕씨 성의 인물이 있었다. 다름 아니라 어린 날의 왕안석이었다. 당시 왕안석은 사천의 지현으로 전근 가는 아버지를 따라 그 사당을 지나가고 있었던 것이다. 그때의 비바람은 바로 어린 왕안석의 과거 급제를 알려주는 징후였다고 한다.

허무맹랑한 이야기이지만 또 그런 만큼 재미도 있다. 이러한 일화는 왕안석이 한 시대를 풍미하는 대 인물로 성장한 이후 생겨난 것이라 여

---

8 蔡絛, ≪鐵圍山叢談≫(北京, 中華書局, 1983, 唐宋史料筆記叢刊) 권 4.

겨진다. 그렇다 해도 이 일화에는 어린 날 아버지를 따라 각처로 떠돌아다니는 왕안석의 모습이 잘 반영되어 있다 할 것이다. 왕안석의 가족은 한 곳에 머물며 정 붙이고 살지 못하고 철새처럼 각처로 전전해야 했다. 그러다 때로 새 임지로 가는 도중 산간의 궁벽한 길을 지나며 드센 비바람을 만나 고초를 겪기도 했을 것이다.

이렇게 유년과 소년 시절을 보내다 왕안석이 비로소 고향인 임천으로 돌아오게 되는 것은 1033년(인종 명도 2), 그의 나이 열세 살 때였다. 할아버지인 왕용지王用之가 세상을 떠나 그 상을 치르기 위해 아버지와 더불어 귀향했던 것이다. 왕안석의 고향 임천, 그리고 그곳의 왕안석 고향 집은 어떠한 곳이었을까?

▎장시(江西) 무주에 있는 왕안석 기념관

임천은 파양호 남쪽에 위치한 중소 도시였다. 당시 강서 지역의 중심 도시는 오늘날과 마찬가지로 홍주洪州(현재의 난창시[南昌市])로서 인구는 약 10만 정도였을 것이라 판단된다. 임천은 홍주로부터 동남쪽으로 약 90킬로미터 쯤 떨어진 곳에 위치해 있었으며 인구는 약 5만 정도였다. 임천은 무주撫州의 중심 도시였고 주변 지역에는 드넓은 평야가 펼쳐져 있었다.

왕안석의 고향 집은 임천 시내의 동남부에 위치한 염보령鹽步嶺이란 언덕받이에 있었다. 이곳은 임천 시내에서 가장 높은 지역이었다. 동쪽으로는 큰 언덕이 있고 그 앞으로 개울이 흘러가는 곳에 왕안석의 집이 있었다. 개울 물은 남쪽에서 흘러나와 한참을 더 흐른 뒤 강으로 합류했다. 이런 만큼 왕안석의 고향 집은 시원스런 조망을 지니고 있었다. 더욱이 그곳에서 멀지 않은 곳에 대중상부관大中祥符觀이란 도교 사원이 있었는데 경치가 매우 멋졌다. 어린 날의 왕안석은 자주 이곳으로 놀러 다녔다. 훗날 그는, '벼슬아치로서 여기저기 떠돌아다닐 때에도 마음 속 단 한 순간 고향 마을을 잊은 적이 없었다.'[9]고 회상하고 있다.

그러나 왕안석에게 고향 임천은 마냥 푸근한 곳만은 아니었다. 고향에 처음 돌아왔을 때 그의 나이는 이미 열세 살, 상당히 철이 들 만한 나이였다. 이곳에서 할아버지의 상을 치르며 만 2년을 보내게 되지만 마음을 나눌 만한 친구도 없었다. 더욱이 고향이란 허울 뿐 생활의 근거가 되는 재산도 없었다. 그런 탓인지 훗날 그의 시문詩文에서도 고향

---

[9] 《臨川先生文集》 권 83, 〈大中祥符觀新修九曜閣記〉.

임천은 그리움과 아쉬움이 교차하는 대상으로 등장하게 된다. 언제나 가고픈 마음을 지니고 있으면서도 정작 돌아가게 되면 낯선, 그런 지역이었다.

만리 밖 고향집 돌아가려 해도 너무나 멀고,	萬里有家歸尙隔
농사 지을 땅도 없어 간다 한들 무엇하리오.	一廛無地去何從
가슴 아픈 봄날 서남쪽 고향 하늘 바라보다가	傷春故欲西南望
고개 돌리니 황량한 서주(舒州) 성에는 벌써 저녁 종 울려 퍼지네.	回首荒城已暮鐘[10]
돌아가고픈 마음 소용돌이치며 억누를 길 없어	歸心動蕩不可抑
내 마음은 바람에 몹시도 펄럭이는 깃발 같았지	霍若猛吹翻旌旗[11]

위의 시구 가운데 두 번째는 〈억작시憶昨詩〉의 일부이다. 이는 그가 과거에 급제하고 난 다음 첫 근무지에 부임하였다가 휴가를 받아 귀향하여 지은 것이다. 모두 60귀에 달하는 장시로서 어린 시절 자신이 살아온 길을 회상하는 자화상이라 할 수 있다.

타관살이하는 왕안석에게 고향은 현실의 고난과 외로움을 달래줄 동경의 대상이었다. 따뜻한 봄날에도 문득 떠오르고 새 근무지에 도달해서도 퍼뜩 돌아가고 싶어지는 안식처였다. 하지만 고향에 대한 사념이

---

[10] ≪臨川先生文集≫ 권 24, 〈至開元僧舍上方次韻舍弟二月一日之作〉. 이 글에 이용된 왕안석 詩文의 해석은, 柳塋杓, ≪王安石詩歌文學硏究≫(서울, 법인문화사, 1993)를 많이 참고하였다.

[11] ≪臨川先生文集≫ 권 13, 〈憶昨詩示諸外弟〉.

계속되면 그 그리움은 체념으로 바뀐다. 돌아가도 그다지 기쁠 일이 없다는 판단으로 이어지는 것이다. 〈억작시〉 역시 마찬가지이다. 첫 근무지에서 휴가를 받아 돌아온 고향은 낯설기만 하였다.

집에 돌아와 대청에 올라 할머니께 절하고	還家上堂拜祖母
두 손 받들어 쥐자 눈물이 마구 쏟아졌네.	奉手出涕縱橫揮
문을 나서 말에 한 몸 맡기니 이제 어디로 가야 할까?	出門信馬向何許
성곽은 여전한데 아는 사람은 드무네.	城郭宛然相識稀
지난 일 오래 생각하면 기분이 편치 않아	永懷前事不自適
외가를 향하여 문을 밀쳤네.	却指舅館排山扉[12]

그토록 들떠 고향으로 돌아왔건만 고향 어른들께 인사하고 나니 할 일이 없어져 버렸다. 어디로 가야 하나? 하릴없이 외가로 향할 수밖에 없었다.

이러한 고향과 비교하여 그에게 마음 속 안식처와 같은 역할을 한 곳은 외가였다. 외가는 고향 임천으로부터 서쪽으로 약 30리 쯤 떨어져 있는 금계 자강柘岡이었다. 자강의 서쪽 인근에는 오석강烏石岡이란 지점이 있었는데 이곳은 철쭉과 백목련으로 유명한 곳이었다. 봄이 되면 여기저기에 눈처럼 흰 목련꽃이 만발하고, 목련이 진 다음에는 온 산에 빨갛게 철쭉이 피어나는 동네였다.

열세 살에 고향 임천으로 돌아온 왕안석은 외가인 자강과 오석강에

---

[12] 위와 같음.

자주 드나들었다. 답답하고 무료한 임천과는 달리 외가에는 같이 어울릴 사촌 형제도 많았다. 외가 사람들의 따뜻한 환대와 아름다운 주변의 정경은 소년 왕안석의 마음을 포근하게 만들었다. 그리하여 임천에 대한 복잡한 정서 및 추억과는 달리 금계 자강은 언제나 아련한 그리움의 대상으로 자리 잡았다.

외가 가는 오석강(烏石岡) 길을	不知烏石岡邊路
늙도록 몇 번이나 찾을 수 있을까?	至老相尋得幾回[13]
묻노니 봄바람은 어디가 좋더냐	試問春風何處好
하얀 목련꽃 눈송이 같은 자강(柘岡) 서쪽이라네.	辛夷如雪柘岡西[14]

때로 외가는 왕안석의 시에서 임천을 제치고 고향이라 지목되기도 한다. 이를테면 1059년(인종 가우 5) 그는 거란의 사신을 전송하고 돌아오다 봄의 정경을 맞이한다. 그리고 외가인 금계 자강의 봄이 떠올라 시를 짓고 있다.[15] 여기서 그는 화북의 봄 풍경을 접하고 '고향 산천에 돌아온 듯하다.'고 읊고 있다. 하지만 이때의 고향은 임천이 아니다. '백목련이 만발'해 있는 외가 오석강일 뿐이다.

13　위의 책, 권 30, 〈過外弟飮〉.
14　위의 책, 권 30, 〈烏塘〉.
15　위의 책, 권 19, 〈春風〉.

3. 학업과 과거 합격

1036년(인종 경우 3) 왕안석의 아버지 왕익은 3년간의 부친상 복상을 마치고, 새로운 인사 명령을 받들기 위해 수도 개봉으로 향했다. 당연히 가족들을 대동한 상태였다. 16세가 된 왕안석은 수도에 체류하며 평생 가장 가까이 지내는 벗을 사귀게 된다. 다름 아닌 증공(1019~1083)이다.

왕안석은 개성이 강하고 고집 세서 그다지 마음을 터놓을 수 있는 벗을 사귀지 못했다. 그 평생을 통해 벗이라 할 수 있는 인물들은 손꼽을 정도에 불과하다. 증공을 제외하면 후일 교분을 나누게 되는 손모孫侔와 왕령王令(1032~1059) 정도가 고작이다. 그 자신도, '나는 젊었을 때 누구와도 마음을 나누지 않았다.'[16]고 말하고 있다. 사실 너무 자신감이 넘쳐 주변 사람을 얕보는 그에게 친구가 생기기도 쉽지 않았을 것이다. 소년 시절 너무 오만 불손하였다는 것은 그도 인정하고 있다.

그때는 젊고 건장하여 자부심 드높던 시절,	此時少壯自負恃
의기는 태양과 빛을 다툴 정도였네.	意氣與日爭光輝[17]

하지만 드넓은 수도 개봉에 와보니 그곳에는 잘난 인물도 적지 않았나 보다. 증공을 만나본 왕안석은 그 학식을 인정하고 친밀하게 지내기 시작했다. 증공은 왕안석보다 두 살 연상으로서 고향이 가까울 뿐더러 먼

---

16 위의 책, 권 12, 〈寄曾子固〉.
17 위의 책, 권 13, 〈憶昨詩示諸外弟〉.

인척 관계로 얽혀 있어 쉽게 친해질 수 있었다. 왕안석은 훗날 증공에게, '그대는 내게 가장 가까운 벗이라네.'¹⁸라고 우정을 고백하기도 한다.

증공은 당시 문단의 중심 인물이었던 구양수(1007~1072)의 문하에서 공부하고 있었다. 조금 후의 일이지만 그는 왕안석이 지은 글을 들고 가서 구양수에게 보였다. 구양수는 왕안석의 문장을 보고난 다음 주변에 두루 칭찬하였다고 한다. 왕안석이 과거에 급제하고 나서 2년 후의 일이었다(1044). 구양수는 왕안석, 증공과 마찬가지로 강서 출신이었다.

수도 개봉에 온 이듬해(1037) 왕익은 강령부(오늘날의 남경시)의 부지사에 해당하는 통판으로 부임하였다. 왕안석 또한 부친을 따라 강령으로 갔다.

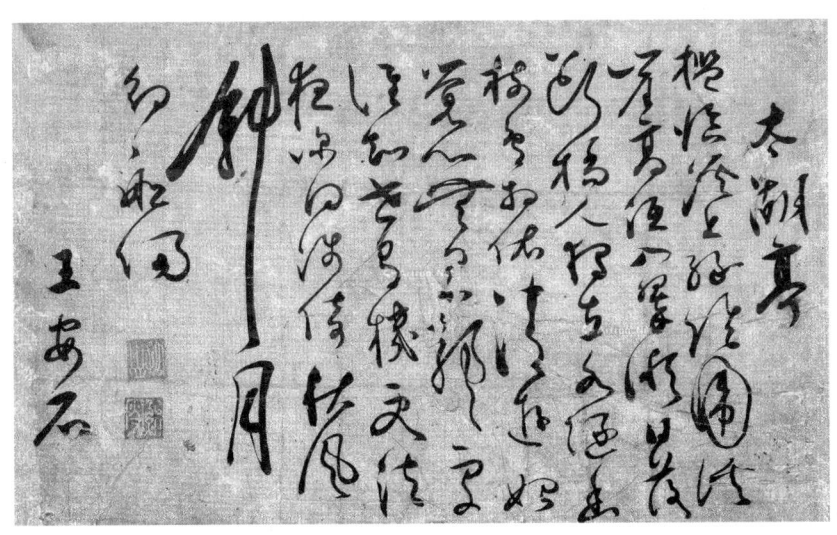

▎왕안석의 필체

---

18 위의 책, 권 12, 〈寄曾子固〉.

강령은 금릉이라고도 불리는 곳으로서 양자강 연안의 대도시였다. 왕안석은 강령에 거주하면서부터 본격적으로 학업을 시작하였다. 그가 글공부를 시작한 것은 물론 이보다 훨씬 이전이었다. 1030년(인종 천성 8) 그의 아버지가 광동의 소주韶州 지사로 부임하였을 때부터 글자 익히기를 시작하였다고 한다. 10살부터 공부를 시작하였던 셈이다. 하지만 그가 학업에 진력하기 시작한 시점은 강령으로 이주한 이후였다. 그는, '남아란 젊을 때 뜻을 세워야 한다. 재능만 지닌 채 늙어가서는 안 된다.'[19]고 생각했다.

그는 학업에 노력하기로 마음을 다잡은 이후 실로 전력을 다해 공부했다. 이때의 정황에 대해 훗날 다음과 같이 회상하고 있다.

> 서적 읊조리느라 경조사도 사절했고,　　　　　　　吟哦圖書謝慶弔
> 방안에는 적막하게 쥐며느리 기어다녔지.　　　　　坐室寂寞生伊威[20]

전통시대 경조사란 사회 생활의 기본을 이루는 것이었다. 왕안석은 이조차 돌보지 아니하고 학업에 몰두했던 것이다. 대외의 인간관계만 돌보지 않은 것이 아니다. 신변의 청결에도 무관심하였다. 쥐며느리가 기어다닐 정도로 습하고 지저분한 공간에서 오로지 학업에만 매진하였다.

열심히 공부하는 것은 그렇다 쳐도, 쥐며느리가 나돌아 다니는 것에도 아랑곳하지 않았다는 점에 대해서는 무언가 꺼림칙한 느낌이 든다.

---

19 위의 책, 권 13, 〈憶昨詩示諸外弟〉.
20 위와 같음.

그 만큼 신변잡사에 괘념치 않고 공부에만 매달렸다는 얘기이겠지만, 아무리 좋게 말해도 역시 청결 관념은 부족했다는 의미이기 때문이다. 그렇다. 왕안석은 대단히 특별한 재능과 지적 능력을 지닌 사람이었지만, 그러한 만큼 매우 자기중심적 사고를 하는 사람이었던 것으로 보인다. 자신의 판단이 틀릴 수도 있다는 생각을 못하는 사람이었다. 그에게 의복이나 용모를 청결히 하는 것은 하찮은 일일 뿐이었다. 학업이라든가 세상사를 돌보는 일에 우선 정력을 기울여야지, 신변을 청결히 하는 것 따위에 신경을 쓰는 것은 일종의 낭비라 생각하는 사람이었다.

훗날 왕안석의 지저분한 몰골은 세간의 화제 거리였다. 머리를 감기는커녕 세수를 거르는 것도 다반사였다. 의복에도 관심을 두지 않았다.

> 대저 얼굴이 더러우면 씻고 옷이 더러워지면 세탁한다. 이것이 보통 사람의 상식이다. 그런데 이 사람은 그렇지 아니하니 오랑캐 신하(臣虜)의 옷을 입고 개 돼지의 음식을 먹으며, 죄수의 머리카락과 갓 상을 치룬 듯 지저분한 얼굴을 하고 다닌다.[21]

유명한 소순(1009~1066)의 〈변간론〉 가운데 일부이다. 입으로는 성현이 어떻고 천하의 정의가 어떻다 말하면서, 그 몰골은 옆에 다가서기도 꺼려질 정도라는 것이다. 이러한 인물이 당대 최고의 문인이자 학자로 칭송받고 있었다. 보통 사람의 성정에 어긋난 이런 인물의 학문과 사상이 올바른 것이 될 수 있는가? 결코 그럴 수 없다는 것이 소순의 생각이

---

21 ≪蘇洵集≫(上海古籍出版社, 1993, 中國古典文學叢書) 권 9, 〈辨姦論〉.

었다. 소순의 말대로 상식에 벗어난 행동을 하는 사람이라면, 그의 학문적 정치적 주장까지 잘못된 것일까? 참 어려운 문제이다. 일단 왕안석 개인의 사상이나 학문에 대한 논단은 잠시 접어두기로 하자.

왕안석은 모든 일을 접어버리고 학업에 몰두하였다. 더욱이 그는 놀라운 기억력과 지적 능력을 지닌 인물이었다.

> 왕안석은 어려서 책 읽기를 좋아했는데 한 번 읽은 것은 종신토록 잊지 않았다. 그가 문장을 지을 때는 붓놀림이 마치 나는 듯하여 처음에는 그저 건성으로 대충 하는 것처럼 보였으나, 완성되고 나면 보는 사람들이 모두 그 정묘(精妙)함에 탄복하였다.[22]

이 내용은 《송사》에 기록된 것이다. 《송사》의 편찬자들은 철저히 왕안석의 신법에 반대하는 입장에 서 있었다. 그의 정책 뿐만 아니라 인격까지도 《송사》에서는 철저히 매도하고 있다. 하지만 그의 문학적 능력이나 지적인 능력에 대해서만은 누구나 찬탄을 금치 못했다.

금릉에 거주하며 학업에 매진하던 시기 왕안석의 독서 범위는 매우 광범위하였다. 그 자신 이에 대해, '유교의 경전들 뿐만 아니라 의학 서적이나 잡다한 소설에 이르기까지 읽지 않은 것이 없었다.'[23]고 말하고 있다. 놀라운 집중력과 기억력, 여기에 세상사 일체를 돌보지 않고 학업에만 매진했던 성실성이 덧붙여져, 이 시기 왕안석의 식견과 학문은

---

22 《宋史》(中華書局 標點校勘本) 권 327, 〈王安石傳〉.
23 《臨川先生文集》 권 73, 〈答曾子固書〉.

급속히 성장해 갔다.

  이렇게 학업에 몰두해갈 즈음 왕안석의 부친 왕익이 갑자기 세상을 떠났다. 강령부의 통판으로 부임한지 2년만의 일이었다. 왕안석은 부친을 금릉의 우수산牛首山에 안장하고 복상하기 시작했다. 당시 그의 나이는 19살이었다.

  이후 금릉은 그에게 제2의 고향이 되었다. 그의 시문들을 보면 고향 임천보다도 금릉을 그리워하는 것이 더 많다. 임천에 대해서는 복합적인 정서를 보이지만 금릉에 대해서는 언제나 절절한 그리움을 표명하고 있다.

여우는 죽을 때 살던 굴로 머리를 향하고.	死狐正首丘
나그네는 고향을 생각하는 법이라오.	遊子思故鄉
아아 나 늙어가지만,	嗟我行老矣
아버지 산소를 어찌 잊을 수 있으리오!	墳墓安可忘[24]
생각하면 강남의 봄 더욱 좋아라.	回首江南春更好
꿈 속에서 나비 되어 집으로 돌아가네.	夢爲胡蝶亦還家[25]
봄바람은 저절로 강남의 강 언덕을 푸르게 하건만,	春風自綠江南岸
밝은 달은 언제 쯤 다시 돌아오는 나를 비춰 줄까?	明月何時照我還[26]

---

24 위의 책, 권 8, 〈道人北山來〉.
25 ≪王荊公詩注補箋≫(成都, 巴蜀書社, 2002) 권 48, 〈憶江南〉.
26 ≪臨川先生文集≫ 권 29, 〈泊船瓜洲〉.

금릉에는 부친의 묘소가 있었고 모친과 형제들이 살고 있었다. 그 자신 만년에 정계를 은퇴하고 나서도 금릉으로 돌아갔으며, 죽은 후 역시 그곳에 묻혔다.

1041년(인종 경력 원년) 2년 간의 복상 기간이 끝나자 21살이 된 왕안석은 수도로 가서 과거에 응시하였다. 이듬 해 그는 4등이라는 우수한 성적으로 합격하였다. 이때에 같이 과거에 합격하였던 사람들 중에는 양치楊寘(1014~1044)와 왕규王珪(1019~1085), 한강韓絳(1012~1088) 등이 있다. 양치가 장원이었고, 왕규가 2등(방안[榜眼]), 한강이 3등(탐화[探花])이었다. 이때의 합격자는 모두 839명이었는데 이들 중 훗날 세 사람이 재상의 자리에까지 승진하게 된다. 바로 왕규와 한강, 왕안석이다.

▌송대 과거 시험의 최종 단계인 전시(殿試)의 모습

장원 급제한 양치는 이전까지의 두 단계 시험(국자감시[國子監試]와 예부시[禮部試])에서도 모두 장원을 차지한 인물이었다. 이렇게 과거의 세 단계를 모두 장원으로 합격한 사람을 3원三元이라 부른다. 운이 적지 않게 따라야 되는 것이지만 그 이상 실력도 겸비해야 하는 것은 두 말할 나위도 없다. 그는 장원 급제 이후 주변 사람들의 선망과 주시를 받으며 지방관 생활을 시작하였다. 하지만 그 얼마 후 모친상을 당하여 낙향했다가 너무 슬퍼한 나머지 건강을 해쳐 세상을 떠나고 만다. 당시 양치의 나이는 31세였다.

그런데 일부 기록[27]에 의하면 이때의 과거 시험에서 본디 장원이 되어야 할 사람은 왕안석이었다고 한다. 애초에는 왕안석이 장원의 후보자로 추천되었으나, 답안지를 살펴본 황제 인종이 그 내용 가운데 내키지 않는 구절이 있어 장원을 바꾸라 명했다는 것이다. 여기서 잠깐 그렇게 장원이 뒤바뀐 사정에 대해 살펴보기로 한다.

1042년, 과거의 마지막 시험인 전시殿試는 3월에 거행되었다. 당시 안수晏殊(991~1055)가 부재상인 추밀사로 재직하고 있어서 전시의 진행을 감독하고 주관하는 역할을 하였다. 그런데 이때의 과거 수험생 중에 양치가 있었고, 또 그의 형 양찰楊察이 안수의 사위였다. 양찰은 지제고知制誥의 직위에 있었으나 동생이 과거에 응시하기 때문에 과거의 진행에 간여하지 못하도록 임시로 다른 관직을 맡고 있는 상태였다.

양치는 그때까지 계속 장원을 해왔으므로, 주변 사람들 모두 마지막 단계인 전시에서도 장원을 할 것이라 기대하고 있었다. 최종 결과가 발표되기 전 관례에 따라 상위 10명의 답안지가 재상 및 부재상들에게 전달되었다. 양치는 자신의 등수가 어떻게 되는지 궁금하여, 자신이 적은 답안의 내용 가운데 일부를 양찰에게 적어주고 안수를 통해 그 결과를 알아봐 달라고 부탁하였다. 안수가 살펴보니 양치는 4등이었다. 이 애

27　王銍, ≪默記≫(北京, 中華書局, 1981, 唐宋史料筆記叢刊) 권 38.

기를 전해들을 때 양치는 마침 친구들과 한창 술을 마시고 있었다. 양치는 실망한 나머지 주먹으로 술상을 내리치며 외쳤다.

"도대체 어느 놈이 내 장원 자리를 뺏어간 거야!"

얼마 후 황제와 재상들이 모여 최종 등수를 확정하는 자리가 마련되었다. 장원의 후보자인 왕안석의 답안지를 살펴보니 그 가운데, '젊은 이들은 당파를 짓기 좋아한다孺子其朋.'는 ≪서경≫의 내용이 인용되어 있었다. 이를 보고 인종이 말했다.

"이는 상서롭지 못한 말이오. 이 답안지를 장원으로 해서는 안 되오."

그래서 2등으로 올라온 답안지를 보니, 그는 이미 현직 관료인 왕규였다. 현직 관료는 장원이 될 수 없었다. 3등 후보자 역시 마찬가지였다. 어쩔 수 없이 4등으로 올라온 사람을 보니 양치였다. 인종은 기뻐하며 말했다.

"양치라면 아무 문제 없겠소."

이렇게 해서 장원과 4등의 순위가 서로 뒤바뀌게 되었다는 것이다.

제 2 장

지은현 시기의 활동

1. 최초의 관직 – 첨서회남판관 시기

 22세에 과거에 급제한 왕안석은 그 직후부터 지방관 생활을 시작한다. 첫 번째 근무지는 양자강에서 황하로 이어지는 대운하의 중심지 양저우揚州였다. 이곳에서 그는 첨서회남동로절도판관청공사簽書淮南東路節度判官廳公事, 줄여서 첨서회남판관簽書淮南判官이란 직위를 담당하게 되었다. 첨서회남판관은 종8품의 관직으로서 그 직무는 양주 지사의 행정을 보좌하는 것이었다.

 아직 결혼하지 않은 왕안석은 1042년(인종 경력 2) 홀로 근무지에 부임하였다. 이곳에서 그는 양주 지사의 보좌관으로 직무를 수행하는 한편 틈나는 대로 학문에 매진하였다. 과거에 급제하는 즉시 공부를 내팽개치고 연락에 탐닉하는 당시 관료들에 비추어 대단히 이례적인 모습을 보였던 것이다. 이러한 학문에의 매진은 흥미로운 일화[1]를 낳게 된다.

▎양저우를 지나는 대운하의 오늘날 모습

　1045년(인종 경력 5) 명신 한기韓琦(1008~1075)가 양주 지사로 부임한 이후의 일이다. 왕안석은 당시 밤새 책을 읽다가 날을 꼬박 새우기 일쑤였다. 해가 밝으면 잠시 눈을 붙이는 둥 마는 둥 하고 급히 사무실로 출근하였다. 그러니 세수하고 양치질할 틈도 없어 언제나 부스스한 모습을 하고 있었다. 이를 보고 한기는 매우 마음이 언짢았다. 그가 공부하느라 날을 샜다는 것을 까맣게 몰랐기 때문이다. 여느 젊은이마냥 술 마시고 노느라 밤을 지새웠겠거니 하고 여겼다. 어느 날 한기는 조용히 왕안석을 불러 말했다.

1　邵伯溫, ≪邵氏聞見錄≫(北京, 中華書局, 1983, 唐宋史料筆記叢刊) 권9.

"그대는 아직 젊지 않은가. 독서를 접은 채 방종해서는 안 되네."

왕안석은 이 말에 아무런 대꾸를 하지 않았다. 그리고 물러나와 주변 사람들에게 말했다.

"한공(한기)은 나를 모른다."

훗날 한기도 왕안석이 현명하고 능력 있는 사람이란 사실을 알았다. 그리고 그를 자신의 문하에 거두어 돌봐주려 했으나 왕안석은 끝내 거절했다고 한다.

또 이러한 일화[2]도 있다. 왕안석이 학문에 정진한다는 것을 알고 난 이후에도 한기는 왕안석의 행정 능력에 대해서만은 신뢰하지 않았다. 왕안석은 번번이 행정 처리를 두고 고사를 인용하며 논쟁하기를 좋아했다. 그의 발언은 고리타분하기 짝이 없었다. 한기는 대부분 그러한 왕안석의 주장을 받아들이지 않았다. 그러다 왕안석은 임기가 종료되어 다른 곳으로 전근 갔다. 그 이후 누군가 한기에게 서신을 보냈는데 옛 글자체가 많았다. 한기는 부하 관원들을 돌아보며 우스갯소리를 했다.

"왕안석의 임기가 끝나 이곳을 떠난 것이 아쉽도다. 그라면 어려운 글자를 잘 알고 있는데…"

이 말은 어쩌다 왕안석의 귀에까지 들어가게 되었다. 왕안석은 이 말을 듣고 한기가 자신을 업신여겼다 생각했다고 한다.

이렇게 처음부터 단추가 잘못 꿰어진 탓인지 왕안석과 한기는 훗날

---

[2] 司馬光, ≪涑水記聞≫(北京, 中華書局, 1989, 唐宋史料筆記叢刊) 권 16.

신법의 추진을 둘러싸고 치열하게 맞서게 된다. 특히 1070년(신종 희녕 3) 청묘법의 시행에 대해 한기가 제기한 비판은 왕안석을 몹시 곤혹스럽게 만들었다. 이로 인해 왕안석을 절대적으로 신뢰하던 신종조차 마음이 흔들리게 되었고, 왕안석은 한 때 개혁을 그만두고 고향으로 돌아갈 것을 심각히 고민하기까지 했다.

왕안석은 첨서회남판관 시기 열심히 독서하는 한편으로 저술도 시작하였다. 이때 지어졌다는 서적이 ≪왕씨잡설王氏雜說≫이라는 것이다. 이 책은 현재 전해지지 않으나, 방대한 분량으로서 도덕과 인성의 근원에 대해 탐구하는 것이었다고 한다. 세간에서는 이 책을 두고 ≪맹자≫와 비견할 정도였다고 말했다고 한다. 이러한 평가는 송대를 대표하는 도서 비평서이자 도서 목록인 ≪군재독서지郡齋讀書志≫에 나온다.

또 왕안석은 이 시기에 결혼을 한다. 23살 때인 1043년(인종 경력 3)의 일이었다. 그는 이해 3월 휴가를 청원하여 고향인 임천에 다녀왔다. 1033년(인종 명도 2) 할아버지의 복상을 마치고 부친인 왕익을 따라 수도 개봉으로 간 이후 10년만의 귀향이었다. 이때 고향에 들렀다가 외가인 금계 자강 출신의 오씨를 부인으로 맞이했던 것이다.

2. 은현 지사로의 부임

1045년(인종 경력 5) 첨서회남판관으로서 3년의 임기를 마친 왕안석은 고향 임천에 잠시 들렀다가 수도 개봉으로 올라갔다. 다음 인사 명령이 내려지기를 기다리기 위해서였다. 그런데 당시의 관료들은 통상 하나의 관직을 별 탈 없이 마치게 되면, 이후 조정에 문장을 제출하고 그것을 통해 관직館職으로 승진하는 것을 노리는 것이 관례였다. 문장을 통해 관직을 담당할 만한지 시험하였던 것이다. 관직이란 본디 궁궐의 서적을 관리하는 직책이었다. 하지만 점차 궁중 도서관에 문장력과 식견을 두루 갖춘 신진 인사들을 집결시켰다가 황제에 대한 자문 역할을 하는 것으로 바뀌어 갔다. 그 결과 관직은 상위직으로의 승진이 보장된 자리가 되었고 관료라면 누구나 선망하게 되었다. 첨서회남판관을 마친 왕안석도 당연히 관직으로의 승진을 지망할 것으로 여겨졌다. 하지만 그는 그렇게 하지 않았다.

이는 무엇 때문이었을까? 그 이유로는 우선 왕안석이 세속적인 출세에 그다지 관심을 두지 않았다는 점을 들 수 있을 것이다. 비단 이 때뿐만 아니라 그는 이후에도 중앙의 요직으로 진출할 수 있는 기회가 수차례 더 있었지만 그때마다 번번이 응하지 않았다. 심지어 중앙 정부의 실세들이 직접 나서서 천거할 때에도 그것을 받아들이지 않았다.

이에 덧붙여 또 하나의 이유로 가난이라는 아주 절박한 사정이 있었다. 첨서회남판관의 임기가 끝난 후, 조정으로부터 문장을 제출하고 관직에 응시하라는 명령이 내려졌을 때 그는 다음과 같이 사양하고 있다.

저는 조모가 연로하고 부친의 장례 일이 마무리되지 않았을 뿐더러, 동생과 누이들은 결혼이 임박한 상태입니다. 집안은 가난하고 식구는 많아 서울에 거주하기가 힘듭니다.³

집안 사정이 곤궁하여 부득이 지방관 생활을 해야만 한다는 것이다. 송대 중앙관과 지방관의 급여 사이에는 많은 차이가 있었다. 7, 8품 중앙관의 경우 연간 봉록 액수는 대략 미곡으로 쳐서 100석 내외였다. 하지만 지방관에게는 이 외에 수당이라 할 수 있는 직전職田이 적어도 봉록 액수만큼 지급되었다. 여기에다가 공적 접대비라든가 관아의 비용을 대기 위해 지급되는 것이지만 때로 지방관이 개인적 용도로 전용할 수 있는 공사전公使錢도 적지 않았다. 더욱이 중앙관으로서 수도에 거주하려면 주거 구입비 내지 임차료도 만만치 않았으며 식품 구입비도 지방과는 비교할 수 없이 비쌌다. 적지 않은 가솔의 생계를 책임져야 하는 왕안석은 중앙관으로서의 박봉이 부담스러울 수밖에 없었던 것이다.

왕안석이 수도 개봉에 머물던 1046년(인종 경력 6) 전후, 화북 일대에는 각종 자연재해가 빈발하고 있었다. 1046년 5월에는 개봉에 지진이 발생하였으며, 이해 가을부터는 극심한 가뭄이 계속되었다. 이러한 상황에서 왕안석은 수도 개봉으로 유입되는 운하汴河 일대를 시찰하라는 명령을 받았다. 운하 주변에 거주하는 농민들의 생활은 비참하였다. 그들에 대한 연민의 정은 다음과 같은 시의 창작으로 이어졌다.

---

3 ≪臨川先生文集≫ 권 40, 〈乞免就試狀〉.

하북의 백성들,	河北民
변경에서 사느라 언제나 고생이네.	生近二邊長苦辛
집집마다 자식 길러 농사와 길쌈 가르치면,	家家養子學耕織
관가로 실어다가 오랑캐를 섬기네.	輸與官家事夷狄
올해는 크게 가뭄이 들어 천리 사방 붉게 타는데,	今年大旱千里赤
주현에서는 여전히 황하의 치수 사역 나오길 재촉하네.	州縣仍催給河役
늙은이 젊은이 서로 부여잡고 남쪽으로 내려가니,	老少相携來就南
남쪽 사람들 풍년 들어도 먹을 것 없네.	南人豊年自無食
슬픔과 근심으로 훤한 대낮에 천지사방 깜깜해지고,	悲愁白日天地昏
길 옆을 지나던 나 역시 얼굴 색 굳어지네.	路傍過者無顔色
그대들은 정관(貞觀)의 태평성대에 태어나지 못했구나.	汝生不及貞觀中
한 말 쌀값이 서너 푼이고 전쟁도 없던 그 시대에.	斗粟數錢無兵戎[4]

    왕안석의 시에는 이처럼 고단하게 살아가는 민중에 대해 연민과 애정을 토로하는 것들이 적지 않다. 가뭄을 당해 고향을 등지고 남으로 떠나가는 농민들 … 농민들의 유랑은 직접적으로 가뭄 때문이지만, 여기에 조정의 가렴주구 및 거란에 대한 물자의 공납이 사정을 더욱 심각하게 만들고 있었다. 위의 시는 이들의 삶을 보살펴주기 위해 당 태종의 정관 연간과 같은 선정이 필요하다고 끝맺고 있다. 이렇게 민중의 고통에 대해 따뜻한 동정을 나타내는 시가 많다는 점은, 왕안석의 시 작품이 지니고 있는 두드러진 특징 가운데 하나이다. 문학 작품을 통해서 볼 때나 훗날 단행되는 신법의 지향을 통해서 볼 때나, 왕안석에게

---

4 ≪王荊公詩注補箋≫ 권 21, 〈河北民〉.

사회적 약자에 대해 배려하는 정서가 있었다는 점은 분명한 사실이다.

수도 개봉에서 1년여를 보낸 왕안석은 27살이 되던 해인 1047년(인종 경력 7) 절강의 은현 지현으로 부임한다. 은현은 절강 동쪽의 끝에 있는 도시로서 오늘날의 닝보寧波에 해당한다. 그로서는 최초로 한 지역의 지방 장관이란 직책을 수행하게 되는 셈이었다. 3년 동안 계속된 은현 지현으로서의 업무 수행은 왕안석의 생애에서 아주 중요한 의미를 지니게 된다.

┃송대 농민이 수확하는 모습
송대에 그려진 〈경획도(耕獲圖)〉의 일부이다.

그는 은현에서 아주 성공적으로 업무를 수행하여 지역민에게 큰 감화를 미쳤다. 이 은현에서의 치적에 대해서는 후일 그와 정치적으로 반대의 입장에 섰던 사람들도 이구동성으로 인정한다. 이를테면 구법당에 동조하는 시각 아래 쓰인 책에서조차 다음과 같이 말하고 있다.

왕안석은 명주(明州) 은현의 지현이 되자, 독서하고 저술하는 한편으로 사흘에 한 번 씩 관아에 나가 업무를 처리하였다. 제방을 쌓고 수리 시설을 수축하였으며, 민간에 곡식을 대여하였다가 이자를 붙여 상환시키면서 묵은 쌀을 새 것으로 교체해 갔다. 또 학교를 세우고 보오(保伍)의 연대 책임제를 실시하였는데, 백성들이 매우 만족스러워 하였다. 훗날 그가 재상이 되어 시행하였던 신법 조항들은 모두 이때의 경험에 근거한 것이었다.[5]

여기서는 은현 지현으로서 왕안석의 치적이, 수리 시설의 확충과 민간에 대한 저리의 곡식 대여, 학교 건립, 보오의 연대 책임제 실시 등이라고 말하고 있다. 이제 그러한 치적에 대해 하나씩 조금 구체적으로 살펴보기로 한다.

명주 은현 일대는 멀리 산이 주변을 둘러싸고 있는 지역으로서 이들 산지로부터 사방에서 개울과 하천이 흘러들어 물 걱정이 없었다. 더욱이 송조가 건립되기 전 이 지역을 통치했던 오월吳越 정권 시기에는 제법 면밀하게 수리 사업이 진행된 바 있었다. 하지만 송조가 들어서고 60여년이 지날 때까지 수리 시설에 대한 관리와 보수가 전연 행해지지 않아 문제가 발생하기 시작하였다. 농사철에 제 때 비가 내려주면 다행이지만 그렇지 않으면 가뭄에 시달리는 상황에 직면하게 된 것이다. 왕안석이 지은현으로 부임하기 전 중국에 닥쳤던 자연 재해는 이곳에도 예외 없이 영향을 미쳤다. 강수량의 부족으로 명주 지역은 거의 해마다 가뭄에 시달리고 있었다.

---

[5] ≪邵氏聞見錄≫ 권 11.

왕안석은 은현 지현으로 부임하자 이러한 문제점을 간파하고 우선 수리 시설을 확충하는 사업에 나섰다. 다행히 그가 부임하던 해에는 날씨가 순조로워 가을에 상당한 풍작을 거뒀다. 이 기회를 이용하여 대대적인 수리시설 건설을 시작하였다. 그는 먼저 관내의 지형에 대한 사전 조사에 나섰다. 1047년 11월 7일 은현 시내를 나서서 약 10여일 간에 걸쳐 관내 각지역을 샅샅이 시찰하였다. 이 동안 그는 거의 매일 산봉우리에 올라 주변의 지세를 관찰하며 수리 시설의 입지 및 건설 공정에 대해 고민하였다. 때로 심야에 이르기까지 행군하기도 했다.

이 관내 시찰의 과정에서 지어진 시 가운데 하나가, 그의 전반기 시 작품을 대표하는 명시 〈천동산 계곡 옆에서天童山溪上〉이다.

개울에 잔 물결 일고 나무는 짙푸른데	溪水淸漣樹老蒼
계곡의 나무 뚫고 나가 봄의 햇빛을 밟는다.	行穿溪樹踏春陽
계곡은 깊고 나무 우거져 인적 없는 곳에	溪深樹密無人處
오직 그윽한 꽃만이 물 건너 향기를 날리네.	惟有幽花度水香[6]

왕안석은 고집스럽고 집요한 성격 및 털털한 외양과는 달리 아주 섬세한 감각과 정서를 지닌 시인이었다. 그는 시어의 조탁과 엄정한 시작 태도로도 유명하다. 특히 그의 시 중에는 자연의 아름다움을 읊으며 거기에 정서를 담아낸 것에 명작이 많다. 이렇듯 영물시詠物詩에 특장을 보였기 때문에 일부 평자들은 그의 시를 두고 '인간적인 슬픔의 표현天

---

[6] ≪臨川先生文集≫ 권 34, 〈天童山溪上〉.

性語이 없다.'고 공격하기도 한다. 하지만 그의 시 작품 중에는 절절한 슬픔을 표현한 것도 적지 않다. 뒤에 소개할 〈별은녀別鄞女〉〈일일귀행 一日歸行〉 등이 그러한 대표적 사례이다. 또 그는 여느 시인과 마찬가지로 고시로부터 근체시, 또 절귀로부터 장시에 이르기까지 다양한 작품을 남겼지만, 역시 그 시 세계의 본령을 보여주는 것은 칠언절귀라 생각한다. 섬세한 시정과 시어의 조탁이 칠언절귀라는 형식을 통해 가장 잘 반영될 수 있었던 것이다.

이야기가 잠깐 옆으로 흘렀다. 왕안석이 면밀한 준비를 통해 수리 시설의 보수 작업에 착수하자 지역민들도 전폭적으로 지지하며 동참하였다. 왕안석의 회고에 의하면, '어른으로부터 아이에 이르기까지 흔연히 따라주었다.'[7]고 한다. 그는 지역민들을 이끌고 저수 시설을 보수하고 막힌 수로를 소통시켰으며 적절한 지점에 수문을 설치하였다. 이러한 작업으로 말미암아 은현 일대의 수리 시설이 대대적으로 정비되었으며, 이전까지 매 해 지속되던 가뭄의 위협 역시 크게 줄어들었다.

한편 왕안석은 춘궁기 농민들의 궁핍한 사정을 덜어주기 위해 곡식이나 돈을 대여해주는 사업을 벌였다. 당시 중국의 어느 지역을 막론하고 춘궁기 먹을거리가 떨어진 농민들은 부호로부터 고리로 곡식이나 돈을 꾸는 것이 일반화되어 있었다. 통상 이러한 채무를 위해 자신의 농토를 저당잡히기도 했는데, 다행히 가을에 풍작이 거둬지면 문제가 없지만 흉년이라도 만나는 날에는 그 농토까지 부호의 손에 넘어가는 일이 비일비재하였다. 왕안석은 이러한 딱한 사정을 감안하여 빈궁한

---

7   위의 책, 권 75, 〈上杜學士言開河書〉.

농민들에게 저리로 곡식과 돈을 꾸어주었다가 가을에 수확한 후 약간의 이자(2할)를 덧붙여 상환하게 했다. 이러한 사업을 통해 관아의 창고에 묵혀 있던 곡식을 햅쌀로 교체해가는 부수효과도 올릴 수 있었다. 이러한 춘궁기 곡식의 대여는 훗날의 신법 조항 가운데 청묘법을 그대로 옮겨 미리 시행한 듯한 느낌이 든다.

지은현으로 부임한 이듬 해(1048, 인종 경력 8)에는 공립 학교(현학)를 설립하였다. 당시 지방에는 공립 학교가 거의 존재하지 않았다. 이전에 잠시 건립되었던 것도 시간이 흐르며 유명무실해지고 고작해야 공자의 사당孔子廟 정도로 전락해 있는 상태였다. 왕안석은 은현의 공자 사당을 공립 학교로 개편하고, 명망 있는 학자 두순杜醇을 초빙하여 학생들에 대한 교육을 맡겼다.

왕안석은 교육을 통한 인재의 양성을 최고의 급무라 여기는 사람이었다. 후일 작성되는 유명한 〈만언서〉의 내용도 한 마디로 압축하자면, '교육의 개혁을 통한 새로운 인재의 양성과 정치의 쇄신'이라 할 수 있다. 개혁을 위해서는 무엇보다 인재의 육성이 필요하고, 그 성패는 바른 교육에 있다는 것이다. 이러한 생각은 은현 지사로 재임할 때부터 이미 왕안석의 머릿속에 확고하게 자리 잡혀 있었던 듯하다. 이 시기 그가 작성하고 있는 문장들을 보면 〈만언서〉의 취지와 기본적으로 동일한 내용이 적지 않게 발견된다.

이러한 조치를 취해가던 중 1048년(인종 경력 8), 상급자인 양절로 전운사 손보孫甫가 공문을 띄워 강력하게 소금 밀매 행위를 단속하라고 명령하였다. 손보는 농민들에게 돈을 할당하여 납입시키라고 했다. 그 돈으로 사람을 고용하여 소금 밀매 상인을 체포하겠다는 것이었다.

이에 대해 왕안석은 강력하게 반대하였다. 양절 일대 해안의 경우 소금 밀매 행위가 만연되어 단속이 불가능하다고 말했다. 이런 상황에서 단속과 체포만 일삼는다면 감옥에는 죄수가 넘쳐날 것이고, 이것이 어떠한 소요 사태로 발전할지 모른다고 경고했다. 또한 농민들은 하루하루 끼니를 이어가는 것도 곤란한 상태인데 거기다 단속을 위한 경비까지 부과해서는 안 된다고 말하고 있다. 지방 정부가 시급히 취해야 할 것은 가난한 주민들의 생계를 확보하는 조치라는 것이었다. 그의 이러한 생각은 이 시기 지어진 〈수염收鹽〉[8]이란 시에서도 그대로 드러난다. 여기서 그는, '소금은 해변 사람들의 생계 수단이니 소금을 굽지 않으면 굶어 죽게 될 따름이다.'라고 말하고 있다.

▮송대의 소금 생산 모습
바닷물을 끓여 소금을 만들고 있다. 송대에 저술된 ≪중수정화본초(重修政和本草)≫에 실려 있다.

---

8   위의 책, 권 12.

3. 은현을 떠나가는 아쉬움

이렇게 은현 지사직을 수행하다 보니 3년 임기도 훌쩍 지나갔다. 1050년(인종 황우 2) 임기를 마친 왕안석은 은현을 떠나 서쪽으로 향하게 된다.

왕안석에게 은현 지사로 재임했던 기간은 매우 행복한 시기였다. 처음 한 지방의 행정을 총괄하는 직위를 맡았을 뿐만 아니라 지역 주민들도 자신을 잘 따라주었기 때문이다. 이러한 추억은 이후 오래도록 왕안석의 머리에 남았고 적지 않은 시문에 그러한 사념이 반영되기에 이른다.

더욱이 그에게 은현은 또 하나 잊지 못할 아픔이 서린 곳이었다. 바로 첫 딸을 얻었다가 불과 일 년 남짓한 시간 만에 잃어버린 땅이기도 했다. 이 딸을 그는 은녀鄞女라 불렀다. 은녀는 그가 은현 지사로 부임한 직후인 1047년 4월에 출생하였다가 이듬해 6월에 세상을 떠났다. 왕안석은 이 딸아이를 어느 사찰의 경내에 묻었다. 그는 은현을 떠나가려니 이곳에 묻고 가는 딸아이가 마음에 밟혔다.

내 나이 서른, 벌써 지친 늙은이처럼 되어 버렸구나.	行年三十已衰翁
눈에 띄는 것 모두 슬픔이 되어 가슴을 저민다.	滿眼憂傷只自攻
오늘 밤 이제 배를 타고 네 곁을 떠나야 한단다.	今夜扁舟來訣汝
우리는 살고 죽은 채 또다시 서(西)와 동(東)으로 갈리겠구나.	死生從此各西東[9]

---

9   위의 책, 권 34, 〈別鄞女〉.

딸아이를 잃은 슬픔에 그는 아직 나이 서른밖에 안 되었음에도 불구하고 늙은이처럼 심신이 지쳐버렸다고 말하고 있다. 딸이 죽은 후 세상사 모두 덧없고 슬플 뿐인데, 더욱이 이제 임기가 끝나 그 핏덩이를 묻은 땅을 떠나가야 하다니… 소리죽여 흐느끼는 시인의 슬픔이 읽는 이로 하여금 가슴 저리게 만든다. 또 몇 번 시구를 음미하다보면, 마치 말러가 쓴 〈죽은 아이를 그리는 노래〉의 느리고 구슬픈 가락을 듣는 듯한 환상에 빠지기도 한다.

왕안석은 은현을 떠나 서쪽으로 향하면서도 몇 번 씩이나 고개를 돌려 은현을 바라보았다.

절동의 산은 길이 푸르고 물 또한 길이 맑도다.	越山長青水長白
이 땅의 사람들 역시 이 산수 아름다운 땅에 길이 살아왔네.	越人長家山水國
하지만 가련한 나그네는 머물 곳 없어,	可憐客子無定宅
꿈 같은 삼년이 지나 다시 북쪽으로 향하네.	一夢三年今復北
뜬 구름 하늘하늘 성을 끼고 떠가는데,	浮雲縹緲抱城流
부질없이 동쪽 은현을 바라보다 고개를 돌리는 도다.	東望不見空回頭
세상 아무 데도 돌아가 살 곳 없으니,	人間未有歸耕處
조만간 다시 이곳을 찾아 놀고파라.	早晚重來此地游[10]

한편 은현의 주민들도 왕안석이 다스리던 시절을 두고두고 그리워하였다. 훗날 은현에는 왕안석을 기리는 사당이나 기념물이 대단히 많이

---

10 위의 책, 권 13, 〈登越州城樓〉.

생겨났다. 심지어 일부 사당은 왕안석이 아직 살아 있는데 건립되기도 했다. 또 이를테면 실성묘實聖廟란 것은, 후일 왕안석의 위패가 조정의 방침에 따라 공자묘에서 철거되자, 은현 주민들이 이에 저항하다가 그 위패를 옮겨 모시기 위해 세운 사당이라고 한다. 청대에는 총독에 의해 내려진 실성묘 철거의 명령이 주민들의 반대로 무산되기도 했다. 청대에 이르도록 은현 일대 주민의 왕안석에 대한 존경은 여전히 변함없었던 것이다.

제 3 장

서주통판으로부터 강동제형까지

1. 서주통판 재임 전후의 일들

은현지사의 임기를 마친 왕안석은 수도 동경으로 올라갔다. 다음 관직은 바로 부여되지 않았다. 이후 약 2년에 걸쳐 그는 관직이 내려지기를 기다려야 했다. 이러한 관직의 대기를 수궐守闕이라 부른다. 빈 자리가 나기까지 기다린다는 의미이다.

송대에는 실제 소요인원보다 훨씬 많은 숫자의 관료를 임명하였다. 다분히 사인들에 대한 우대의 의미가 내포된 조치였다. 관료 등용의 주된 경로는 과거제도와 음보제蔭補制였다. 음보제란 고위 관료에게 자신의 자제를 관료로 천거하게 하는 제도이다. 음서제 혹은 임자제라 불리기도 한다. 송대는 문신관료제 사회이고 또 과거제의 비중 강화로 말미암아 사대부 사회가 출현한 시대였다고 말한다. 하지만 당시 관료의 대다수는 과거출신이 아니라 음보제 출신이었다. 과거 출신의 관료는 고작해야 전체의 30% 남짓한 정도였다.

이처럼 관직 후보자들이 양산된 결과, 모든 관료들은 관직생활을 하는 중간 중간 새로운 보직을 받기 전에 대기하는 것이 불가피했다. 남송의 대유학자 주희(1130~1200)가 19살에 과거에 급제하여 70살에 은퇴할 때까지의 50여년 동안, 채 10년이 안 되는 기간만 실제 관직을 담당하였던 것은 유명한 얘기이다. 물론 주희의 경우는 어느 정도 본인의 희망이 반영된 것이기도 하고 또 당시 정계의 실세로부터 경원시된 결과이기도 했다. 주희는 극단적 사례라 해도, 송대를 통해 누구를 막론하고 수궐로 말미암아 관직생활의 공백기를 거치는 것은 불가피했다.

이러한 구조적인 문제 때문에 송대의 관료들은 상위직으로 진출하기 위해 여러 방식으로 운동을 했다. 가장 일반적인 방법은 고관들에게 줄을 대서 그 추천을 받는 것이었다. 때로는 유력 가문 출신들과 친하게 지내며 그들의 후원을 받기도 했으며, 경우에 따라서는 황궁내 총애를 받는 내시나 후궁에게 접근하기도 했다.

무엇보다 고관들의 후원이 절실한 시기는 하위 관료인 선인選人으로부터 고급 관료인 경관京官으로 승진할 때였다. 송대 하급의 문신(선인)은 고급 관료京官로 승진하기 위해 일정 기간의 근무 경력을 쌓은 후 반드시 고위 관료의 보증을 얻어야만 했다. 이러한 고위 관료의 보증 및 추천을 보거保擧 혹은 천거라 불렀다.

▌송대 사대부의 고상한 오락 활동
화창한 봄날 소식과 친구들이 모여 휴식을 즐기는 모습(송대 화가 마원[馬遠]의 〈서원아집도[西園雅集圖]〉)

과거나 음보를 통해 관직에 들어서면 특별한 경우를 제외하고는 모두 선인의 직위가 주어졌다. 이들 선인은 거의 대부분은 지방 관아의 보좌관幕職州縣官으로 근무하다가 일정의 연한을 채운 다음 비로소 보거의 과정을 거쳐 경관으로 승진하게 되는 것이다. 이렇게 선인이 경관으로 승진하는 것을 개관改官이라 불렀다. 한편 보거를 수행하는 사람은 거주擧主라 불렀는데, 거주는 지방에서는 지주 이상, 중앙에서는 어사御史 이상의 고위관료로 제한되었다. 그런데 송초 이래 선인의 숫자가 많아지면서 보거와 관련된 여러 폐단이 발생하자 다양한 규제가 도입되었다. 거주의 관직 등급에 따라 보거할 수 있는 숫자를 제한한다든가, 혹은 거주의 숫자가 5인이 되어야 개관이 가능토록 한 조치 등이 그것이다. 이처럼 선인의 숫자는 늘고 보거 관련 제한이 늘어나면서, 선인들 사이 거주를 확보하기 위한 작업이 다각도로 진행되기에 이른다. 이러한 운동 내지 작업을 분경奔競이라 불렀다.

잠시 얘기가 옆길로 비켜났다. 왕안석이 수궐하던 무렵인 1051년(인종 황우 2) 전후의 시기는, 그가 첫 관직으로 첨서회남판관에 임명되고 10년 정도 흐른 시점이다. 그런데 이 기간 동안 그는 관직을 얻기 위해 단 한 차례도 고관들에게 접근하거나 혹은 편지를 쓴 적이 없었다. 이러한 관직에의 무욕, 이야말로 왕안석의 퍼스낼리티를 잘 보여주는 단면의 하나이다. 그것은 왕안석의 청렴함을 반영하는 것이기도 하지만, 또 한편으로는 그의 괴팍한 고집스러움을 나타내는 것이라고 생각된다. 왕안석의 성향에 대해서는 뒤에 다시 언급하기로 한다.

왕안석이 이처럼 당시의 시류와는 달리 상위 관직을 얻는 데 연연하지 않고 묵묵히 지방관 생활을 계속하자, 이러한 모습은 당시 관료 사회에 상당한 파장을 불러일으켰던 듯하다. 그 무렵 새로 재상이 된 문언박文彥博(1006~1097)은 왕안석을 다음과 같이 추천하고 있다.

> 근간 관원들 사이 분경(奔競)의 풍조가 치열합니다. 지금 제어하지 않으면 걷잡을 수 없는 지경이 될 것입니다. 잠자코 할 일을 하며 명예와 이익을 탐하지 않는 사람을 우대한다면, 분경하며 승진을 노리는 자들이 부끄러워 할 것입니다.
>
> 왕안석은 과거 시험에 제4등이라는 우수한 성적으로 합격했습니다. 관행적으로 지방관직을 한 번 수행하면, 누구나 자신의 견식을 담은 문장을 제출하여 관직(館職)으로 나아가고자 합니다. 그런데 왕안석은 벌써 몇

차례 지방관직을 거쳤지만 문장을 제출하지 않았습니다. 조정에서 특별히 지시하여 문장을 제출하라고 했을 때에조차, 그는 집안이 가난하고 부모가 연로하다는 이유로 사양했습니다. 관직(館職)은 누구나 선망하는 자리입니다. 그럼에도 왕안석은 초연한 모습을 보이며 잠자코 지방관 생활을 하고 있으니 흔치 않은 인재라 할 것입니다. 파격적으로 발탁해 주십시오.[1]

여기서 관직館職이란 앞서 얘기한 바 있듯이 황궁의 도서관에서 근무하며 황제의 자문에 응하는 직책이다. 관직은 절대권력자 황제를 보좌하는 자리인 만큼 고위직으로의 승진이 보장되어 있었다. 재상 문언박의 추천 이후 조정에서는 왕안석에게 문장을 제출하여 관직에 지망하라는 명령이 내려졌다. 왕안석은 하지만 고사하고 응하지 않았다. 당시의 심경을 그는 이렇게 읊고 있다.

머리에 항아리 이고 하늘을 바라볼 수는 없는 법.	戴盆難與望天兼
염퇴(恬退)라는 헛된 이름 나 또한 겸연쩍도다.	自笑虛名亦自嫌
진흙과 질 좋은 고기는 제각기 맛이 다르다.	槁壤太牢俱有味
흙 먹는 지렁이를 두고 청렴하다 할 수 없지 않은가?	可能蚯蚓獨淸廉[2]

왕안석의 중앙직 고사는 사대부들 사이에 큰 파장을 불러일으켰다. 당시 사대부들의 여론에 대해 ≪송사≫에서는, '왕안석이 세속적 영달에 연연하지 않는다고 말하며 그와 면식이 없는 것을 한스러이 여겼

---

1 ≪續資治通鑑長編≫(北京 中華書局 點校本) 권 170, 仁宗 皇祐 3년 5월 庚午.
2 ≪王荊公詩注補箋≫ 권 47, 〈舒州被召試不赴偶書〉.

다.'³고 기록하고 있을 정도이다.

훗날 왕안석이 집권하여 신법을 단행하면서 그에 대한 여론은 완전히 뒤바뀌어 부정일변도가 되었다. 그 무렵이 되면 과거 왕안석의 중앙직 발탁에 대한 고사도 악의적으로 비판하는 주장이 대두되기도 했다. 자신의 성망을 높이기 위한 의도적인 고사였다는 것이다. 1068년(신종 희녕 원년) 한림학사라는 최고위 직위로 발탁했을 때 주저 없이 응했던 것이 그러한 사정을 잘 보여준다고 말한다.

하지만 위의 시를 읽으면 왕안석의 상위 관직에 대한 사양을 적어도 그렇게 해석할 수는 없다고 생각된다. 그는 지방관을 원하는 자신을 두고, '흙 먹는 지렁이'에 비유하고 있다. 그의 중앙직 고사는 진정성이 담겨져 있었던 것이며, 진정 세속적 출세에 초연한 모습 그 자체였다고 보아야 한다.

왕안석이 고위 관직에 대해 얼마나 욕심이 없었고, 또 나아가 진정으로 기피하기까지 했는가를 보여주는 또 하나의 재미난 사례⁴가 있다.

조금 시간이 지난 1060년(황우 5)의 일이다. 조정에서는 왕안석을 동수기거주라는 관직에 임명하고자 했다. 왕안석은 이에 대해서도 고사하며 인사명령서를 접수하려 들지 않았다. 그러자 정부에서는 서리를 보내 직접 사령장을 그에게 전달하려 했다. 하지만 왕안석은 한사코 사령장 받기를 거절했다. 곤경에 빠진 서리는 왕안석을 졸졸 따라다니며 받아달라고 사정했다. 심지어 머리를 조아리기도 했다. 급기야 왕안석

---

3   ≪宋史≫ 권 327, 〈王安石傳〉.
4   邵伯溫, ≪邵氏聞見錄≫ 권11.

은 화장실로 도망해서 나오지 않았다. 서리는 어쩔 수 없이 책상 위에 사령장을 놓아두고 갔다. 하지만 왕안석은 그것을 되돌려 보내고 말았다.

중앙관직에 초연한 모습을 보이는 왕안석에 대해 조정에서는 지속해서 중앙으로 발탁하고자 노력하였다. 당시의 명망가들도 앞 다투어 칭송하며 추천하기를 거듭하였다. 당시 문단의 영수격이었던 구양수(1007~1072), 그리고 진양陳襄(1017~1080)과 한유韓維(1017~1098), 여공저呂公著(1018~1089) 등도 이런저런 경로를 통해 왕안석을 추천하였다. 한 시대의 명신들인 범중엄范仲淹(989~1052)과 부필富弼(1004~1083), 한기韓琦(1008~1075) 등도 왕안석을 칭찬해 마지않았다.

앞서 왕안석이 신종시대가 되어 신법을 주도하자 그에 대한 사대부 사이의 여론이 일거에 변하였다고 말한 바 있다. 서주통판으로 나가기 전 수궐 상태의 왕안석을 적극적으로 추천하였던 문언박도 마찬가지였다. 문언박은 왕안석에 대해 그토록 상찬하며, 그를 파격적으로 발탁함으로써 사대부 사이 분경의 풍조에 일침을 가하자고 말한 바 있다. 하지만 신종이 즉위하여 왕안석을 재상으로 삼고 신법을 실시하자 왕안석에 대한 철저한 반대론자가 되었다. 그러던 어느 날 신종이 문언박에게 물었다.[5]

"신법의 개혁이 사대부들 사이에서는 많은 비판을 받고 있다고 들었소. 하지만 백성들에게는 아무런 불편을 끼치지 않고 있지 않소?"

이에 대한 문언박의 답변은 너무도 인상적이다.

"폐하께서는 사대부와 더불어 천하를 다스리는 것이지 백성과 더불어 천하를 다스리는 것이 아닙니다."

---

5 ≪續資治通鑑長編≫ 권 221, 神宗 熙寧 4년 3월 戊子.

┃북송 초기의 명신
범중엄(范仲淹, 989~1052)

통상 송대 사대부의 천하의식 내지 천하 정치에 대한 사명감을 말할 때 대부분 범중엄(989~1052)의 유명한 발언을 든다. 바로 '사대부는 천하에 우환이 닥치기 전 먼저 근심하고, 천하에 즐거움이 있으면 가장 늦게 즐겨야 된다先天下之憂而憂 後天下之樂而樂.'는 말이 그것이다. 참 멋진 말이다. 범중엄의 말이 사대부의 천하에 대한 책임의식을 이상적인 형태로 제시하고 있다면, 위에 든 문언박의 발언은 그것을 대조적인 측면에서 제기하고 있다. 범중엄은 사대부 계층의 천하에 대한 봉사를 촉구하는 반면, 문언박의 말은 사대부의 천하에 대한 소유의식을 보이는 것이라고나 할까?

약 2년에 걸쳐 수궐하던 왕안석에게 새로운 보직이 부여된 것은 1051년(황우 3) 가을의 일이었다. 이때까지 그는 수도 개봉에 머물다가 1050년(황우 2) 여름에는 고향인 강서성 임천에 다녀왔다. 은현지사로 부임하기 직전에 다녀오고 6년만에 다시 찾은 것이었다. 이때의 귀향에서 그는 몇 개의 시문을 남기고 있다. 무주撫州의 금봉金峰이란 곳에서는 벽에 글씨를 새겨 넣기도 했다.

새로 부여된 관직은 서주통판舒州通判이었다. 서주는 회남동로의 남쪽 끝에 위치한 지역이었다. 양자강의 바로 북쪽으로서, 대략 오늘날의 난징南京과 우한武漢의 중간쯤에 있는 지역이다. 통판이란 직책은 부지사에 해당된다. 서주통판 시기의 왕안석의 행적에 대해서는 그다지 알려진 것이 없다. 다만 이 시기에 작성된 몇 편의 시문詩文이 남아 있어 그 대략적인 활동을 추측할 수 있게 할 뿐이다. 한 지역의 정무를 책임지는 직책이 아니라 지사를 보좌하는 업무를 담당하였다는 사실도, 그러한 자료의 부족에 상당한 영향을 미쳤을 것이라 짐작된다.

서주통판 시기에 남긴 시문들 가운데는 고통 받는 농민들의 삶에 대해 동정하는 것이 많다. 가난한 농민의 고통에 연민을 표하고, 이들에게 가해지는 국가권력 내지 관리의 압박을 질타한다.

서주통판에 부임하던 해 서주 일대에는 극심한 가뭄이 몰아닥쳤다. 왕안석은 임지에 당도하자마자 기근의 구제에 주력해야만 했다. 그는 중앙에 상주하여 지원을 요청하는 한편 구제조치의 시행에 나섰다. 그가 취한 방법은 식량에 여유가 있는 부자들에게 곡식을 풀라고 권유하는 것이었다. 기근을 당해 주리는 가난한 사람들에게 여유분의 식량을 꾸어주거나 혹은 조금 저가로 팔도록 하는 것이다. 이렇게 부자들의 참여와 지원을 유도하는 것은, 사실 당시 구제 조치들의 일반적인 모습이자 동시에 지방관이 행할 수 있는 거의 모든 내용이었다.

하지만 동서고금을 막론하고 부자들은 가난한 자들의 어려움에 그다지 관심이 없다. 조금 시간이 흐른 12세기 중엽의 시기, 대유학자 주희가 거주하던 남중국의 복건 일대에 물난리가 났다. 주희는 직접 나서서 부자들의 지원을 설득하고 돌아다녔다. 하지만 아무도 반응을 보이지 않았다. 이러한 정황에 낙담한 그는 다음과 같이 말하고 있다.

나는 홍수로 말미암은 재난을 구제하기 위해 10일 동안 두루 각 지방을 돌아다녔습니다. 하지만 오늘날 고기 먹는 부자들은 백성들에게 아무런 동정이 없었습니다.⁶

주희와 같은 인물이 향촌을 돌아다니며 말해도 거의 아무런 효과가 없었던 것이다. 왕안석의 경우도 대동소이했다. 부자들은 여전히 곡식을 쌓아두고 풀려하지 않았다. 오히려 가격이 등귀하기를 기다리기도 했다.

서주통판 시기에 작성된 시나 문장 가운데 가난한 자를 동정하고 빈부의 격차에 대해 탄식하는 내용이 많은 것은 이러한 경험이 크게 작용했기 때문인지도 모른다. 그 가운데 가장 대표적인 작품인 〈겸병〉이란 시를 읽어보자.

속된 관리는 바른 정치의 처방을 몰라	俗吏不知方
마구 거둬들이는 것을 재주 있다 여기고,	掊克乃爲材
속된 유학자는 시세의 변화를 알지 못하여	俗儒不知變
겸병을 억눌러서는 안 된다 하네.	兼幷價無摧
여기저기 널려 있는 돈벌이 구멍 모두	利孔至百出
겸병하는 소인배들이 멋대로 휘젓고 있도다.	小人私闠開
관리조차 그들과 한 통속으로 이익을 쫓아다니니	有司與之爭
백성들만 가련하구나.	民有可憐哉⁷

---

6   《朱熹集》 권 43, 〈答林擇之用中〉.
7   《王荊公詩注補箋》 권 6.

〈겸병〉은 전체가 24귀에 달하는 장시여서 여기에 다 소개하지는 못했다. 위에 적은 것은 전체의 6분의 1 정도에 불과하다. 시의 첫머리에서는 저 옛날 빈부격차가 없던 시기를 이상세계라 묘사한 후, 진시황 이후 겸병이 발생하게 된 것을 한탄하고 있다. 전체적으로 겸병으로 말미암아 민생이 어려워졌으며, 관리의 수탈이 그것을 조장했다는 내용이다.

훗날 왕안석이 집권하여 신법을 추진할 때 이 시에도 파장이 미쳤다. 중국사상 최대의 문학가 가운데 하나로 꼽히는 소식蘇軾(1036~1101)의 동생이자 그 자신 역시 대문호였던 소철蘇轍(1039~1112)이 이 시에 대해 다음과 같이 공박했던 것이다.

> 각 지방마다 부자와 가난한 자가 있는 것은 자연의 이치이다. 걱정할 일도 아니고 배척할 일도 아니다. 다만 부자가 횡포부리지 못하게 하고 또 가난한 사람은 가난한대로 살아가게 하면 된다. 왕안석은 작은 인물이다. 그는 가난한 사람을 너무 동정한 나머지 부자를 몹시 싫어했다. 부자들을 모두 없애고 그 재산을 모두 가난한 사람에게 나눠주려고까지 했다. 그가 지은 시 가운데 〈겸병〉이란 게 있다. 신법으로 말미암아 오늘날 백성들은 모두 큰 재앙에 빠졌다. 그 근원은 이 시에서 비롯된 것이다. 시가 끼친 해악 가운데 이 만큼 심한 것은 없다.[8]

통상 왕안석의 신법을 둘러싼 공방을 두고, 신법당은 중소농민과 중

---

8   蘇轍 ≪欒城三集≫ 권 8, 〈詩病五事〉.

소상인의 이해를 대변하는 집단이었고, 이에 반해 구법당은 대지주 및 대상인을 옹호하였다고 구분한다. 이러한 도식적 구분은 매우 위험하고 반역사적이다. 하지만 적어도 왕안석의 개혁이념 가운데 약자에 대한 배려가 담겨 있었던 것은 분명하다.

왕안석은 서주통판으로 3년간 재직하였다. 1054년(지화 원년) 그는 임기가 만료되자 서주를 떠나 수도 동경으로 향했다. 서주를 떠나며 그는 많은 자책을 했던 듯하다.

새로운 인사 명령이 내려져 관복을 차려 입고	鄕壘新恩借舊朱
서주 땅을 떠나려니 발걸음 떼어지지 않는구나.	欲辭灞皖更躊躇
늘어선 저 봉우리들 날 질책할 테지	攢峰列岫應譏我
호의호식하며 아무 이룬 것 없이 시간만 축내다 간다고.	飽食窮年執禮虛[9]

그는 서주 통판으로 재직하던 3년간, 아무런 실적도 올리지 못한 채 하릴 없이 자리만 차지했었노라고 자탄하고 있다.

2. 최초의 중앙관 생활 - 군목판관

1054년(지화 원년) 3월 조정에서는 수도로 올라온 왕안석에게 집현교리라는 관직館職을 내렸다. 집현교리는 궁궐내의 도서관인 집현원에 배

---

[9] ≪王荊公詩注補箋≫ 권 47, 〈別灞皖二山〉.

속된 관직館職의 하나였다. 앞서 몇 번 언급한 대로 관직은 관료라면 누구나 선망하는 직책이었으며, 이를 얻기 위해서는 식견을 집약한 문장을 제출하여 좋은 평가를 받아야만 했다. 그런데 왕안석에게는 관례를 무시하고 본인이 문장을 제출하여 지원하지도 않았는데 관직이 수여된 것이다. 왕안석은 이에 대해 무려 4차례나 상주문을 올려 자신의 희망이나 처지에 맞지 않는다고 사양하였다. 언제나 그러했듯 집안 사정이 곤궁하다는 것을 이유로 들고 있다. 그 무렵 그의 조모와 두 형, 그리고 형수 하나가 세상을 떠났다. 거듭된 장사를 처리하느라 가계가 더욱 빈곤해졌다는 것이다. 그가 이렇게 완강히 사양하자 조정에서도 더 이상 강요하지 못했다.

▎안후이성(安徽省)에 위치한 포선산의 오늘날 모습

이후 왕안석은 조정에서 새로운 인사 명령이 내려지기를 기다렸다. 이 기간 동안 그는 때로 수도 동경을 벗어나 먼 곳으로 여행을 다녀오기도 하였다. 7월에는 몇 명의 지인과 더불어 회남동로의 화주에 있는 포선산이란 곳을 유람하고 왔다. 이때 여행의 감회를 적은 것이 유명한 문장인 〈유포선산기游褒禪山記〉이다. 〈유포선산기〉는 유람기의 형식을 취하고 있지만 단순한 여행의 기록만은 아니다. 유람의 행적을 적어가되 그것에다가 유람 과정을 통해 깨달은 바를 적절히 결합시켜 가는, 가벼운 논설문이라 할만한 작품이다. 고래로 이 〈유포선산기〉에 대해서는 유람기의 명편이라는 찬사가 쏟아졌다.

그 해 9월 드디어 왕안석에게 군목판관이라는 새 직책이 부여되었다. 군목판관은 집현교리보다도 상위직이었다. 왕안석이 군목판관에 임명될 때 작은 소란[10]이 있었다. 관직館職에 있던 심강沈康이란 인물이 불만을 토로하고 나선 것이다.

"저는 오랫동안 관직에 있었습니다. 그 동안 수 차례나 군목판관 직위를 요청했는데도 받아들여지지 않았습니다. 그런데 왕안석이란 자가 저보다 경력도 짧고 관위도 낮은데 군목판관에 임명된 것은 부당합니다."

이 말을 들은 진집중陳執中(991~1059)이 말했다.

"왕안석은 수 차례나 관직을 사양했기 때문에 조정에서 특별히 우대한 것이라네. 그렇기에 세세히 경력을 따지지 않은 것일세. 또 조정에서 관직館職에 천하의 인재들을 임명할 때에도 직급의 높낮이는 고려하

---

10 魏泰, ≪東軒筆錄≫ 권9.

지 않지 않은가? 그대가 이렇게 시비를 걸고 나서는 것을 보니, 그대의 얼굴이 왕안석보다 두꺼운 모양일세."

이에 심강은 부끄러워하며 더 이상 문제를 삼지 않았다고 한다.

군목판관은 전국에 산재하는 말 사육장을 관할하는 직책이었다. 매년 각지방으로 돌아다니며 말의 사육과 관리 상황을 조사하는 임무를 띠고 있었다. 왕안석은 군목판관의 직책이 수여되었을 때에도 순순히 취임하지 않았다. 그는 거듭 사양하면서 지방관을 희망했다. 하지만 구양수가 간곡히 권유하자 마지못해 군목판관 직위를 받아들였다. 이렇게 해서 왕안석은 그의 생애 처음으로 중앙관 생활을 시작하게 된다. 그의 중앙관 생활은 1057년(가우 2) 4월 지상주로 발령날 때까지 약 3년간 지속되었다. 그 동안 1056년(가우 원년) 12월까지는 군목판관으로 근무하였으며, 그리고 이후는 제점개봉부계제현진공사라는 직책을 담당하였다.

그 무렵 군목판관에는 사마광(1019~1086)과 오충吳充(1021~1080)이 동료로 재직하였다. 사마광은 두 말할 나위 없이 왕안석에게 필생의 라이벌이 되는 인물이다. 사마광은 신종의 사후인 1085년(철종 원우 원년) 재상이 되어 왕안석이 입안했던 신법의 정책들을 하나도 남김없이 깡그리 폐지하게 된다. 오충은 또 훗날 왕안석과 사돈 관계로 맺어지는 인물이자, 동시에 1076년(신종 희녕 9) 10월 왕안석이 정계를 은퇴하면서 그 뒤를 이어 재상이 되는 사람이다. 왕안석의 맏딸은 오충의 둘째 아들 오안지吳安持에게 시집갔다. 이렇게 왕안석이 군목판관에 부임하던 무렵, 후일 앞서거니 뒤서거니 재상으로 취임하게 되는 세 사람이 동일한 직위에 근무하고 있었던 것이다.

왕안석은 중앙관료로 재직하면서 여러 새로운 인물들과 사귀기 시작했다. 문단의 대선배이자 같은 강서 출신인 구양수를 만난 것도 이 무렵이었다. 사실 구양수에게도 왕안석이란 이름은 낯설지 않았다. 이미 10년 전 증공이 구양수의 문하에서 공부하면서 왕안석이 작성한 문장을 보여준 적이 있었기 때문이다. 구양수는 그 즉시 왕안석에 편지를 보내 격려하기도 했다. 1044년(인종 경력 4) 왕안석이 첫 관직인 첨서회남판관으로 근무할 때의 일이다. 구양수는 왕안석보다 14살이 연상이었다. 1056년(인종 가우 원년) 두 사람이 처음 대면했을 때의 나이는 구양수가 50살, 왕안석이 36살이었다. 당시 구양수는 문단에서 최고 권위자로 군림하고 있었다. 구양수는 성실하고 총명한 동향의 후배를 보고 대단히 기뻐했다.

그대 이름만 듣고 만나지 못하는 것을 늘 애석하게 생각했다네.	常恨聞名不相識
이제 서로 만났으니 한 잔 술 같이 기울이지 않아서야 되겠는가?	相逢樽酒盍留連[11]

구양수는 얼마 후 인종황제에게 상주하여 최상의 찬사로 왕안석을 추천[12]하였다. '학문과 도덕성을 겸비하였고 여기에다가 현실적인 행정

11　≪歐陽脩全集≫ ≪居士外集≫ 권 7, 〈贈王介甫〉.
12　≪歐陽脩全集≫ ≪奏議≫ 권 14, 〈再論水災狀〉.

능력도 갖추고 있다. 크게 발탁하여야만 되는 인재이다.'라고 말하고 있다.

왕안석은 동년배의 새로운 친구들도 사귀었다. 바로 사마광(1019~1086)과 한유(1017~1098), 여공저(1018~1089) 등이었다. 이들 역시 중앙관으로 근무하는 중이었다. 왕안석은 이들과 매우 친밀하게 어울려 다녔다. 한가한 날이면 넷이 한 데 어울려 종일토록 학문이나 국가사에 대해 환담을 나누기도 했다. 이들 네 사람이 너무도 자주 어울리고 또 다른 사람은 무리에 끼워주지 않았기 때문에, 세간에서는 이들을 두고 '가우연간의 네 벗嘉祐四友'이라 불렀다고 한다.

한유와 여공저는 명문가 출신이었다. 한유는 인종 경우 연간에 부재상을 역임한 바 있는 한억韓億(972~1044)의 아들이었다. 그의 형인 한강韓絳(1012~1088) 또한 왕안석과 매우 가까운 사이였다. 한강은 왕안석이 신법을 시행할 때 그의 충실한 동지가 되어주었다. 후일 한강은 재상을 역임하게 되며 한유 또한 부재상으로 승진하게 된다. 뿐만 아니라 한강과 한유의 형인 한종韓綜(1009~1053) 역시 과거에 급제하여, 왕안석이 한강 및 한유와 친하게 지내던 시기 이미 고위 관직에 올라 있는 상태였다. 여공저는 한유보다도 더 명망 있는 가문 출신이었다. 그의 부친은 인종 시대 10여 년간이나 재상의 직위에 있었던 여이간呂夷簡(979~1044)이었다.

왕안석이 군목판관 시절 사마광 및 한유, 여공저 등과 친하게 지냈던 것을 두고서도 훗날 악의적인 비난이 가해졌다.

> 왕안석은 본디 남방 출신으로서 중앙 무대에서 무명이었기 때문에 명
> 문가인 한씨와 여씨 두 가문에 기대어 명성을 얻고자 했다. 그래서 한강
> 및 한유, 그리고 여공저 등과 깊이 사귀었고, 이들 세 사람이 서로서로 왕
> 안석을 칭찬하여 그 명성이 높아져 갔다.[13]

위의 말은 저자 거리에서 오갔던 말이 아니다. 바로 송대 역사에 대한 전통적 관점에서의 결정판이라 할 수 있는 ≪송사≫에 실린 평가이다. 참으로 어처구니없는 모함이라 아니할 수 없다. 이에 대해서는 청대에 왕안석의 연보를 편찬한 바 있는 채상상蔡上翔(1716~1809)이 소리 높여 반박하고 있다.

> 왕안석은 과거 급제 이래 10여년이 지나도록 고관에게 편지를 써서 관
> 직을 청탁한 적이 없다. 이런 점을 높이 사서 문언박과 구양수 등이 한 목
> 소리로 왕안석을 칭찬하며 추천하였던 것이다. 더욱이 당시 한강이나 한
> 유, 여공저 등은 결코 왕안석보다 상위직에 있지 않았다. 이들 역시 문언
> 박, 구양수 등의 상주문에서 왕안석과 함께 조정에 추천되고 있었다. 어찌
> 이들이 왕안석의 성망을 높여줄 수 있었겠는가?[14]

북송이 금에 의해 멸망되고 난 후 왕안석에 대한 평가는 부정 일변도로 굳어졌다. 북송 멸망 직전 정권을 장악하고 있었던 정파가 신법당이었기 때문이다. 왕안석의 신법은 국정을 그르쳐서 북송정권을 멸망으

---

13 ≪宋史≫ 권 327, 〈王安石傳〉.
14 蔡上翔, ≪王荊公年譜考略≫ 권 4.

로 이끈 원인이었다고 평가되었다. 이러한 부정적인 평가는 남송을 거쳐 명대와 청대로 그대로 이어졌다. 이 기간을 통해 왕안석에 대해 호의적으로 평가하는 인물들은 거의 존재하지 않았다. 명말청초의 대사상가인 왕부지王夫之(1619~1692)는 심지어 ≪송론≫에서, '왕안석은 소인이다.'라고까지 말하였다. 채상상은 그러한 시기 왕안석에 대한 연보를 편찬하며 그에 대한 전면적 재평가를 주장한 거의 유일한 인물이었다.

왕안석이 군목판관으로 재직할 때의 일[15]이다. 당시 포증包拯(999~1062)이 군목사의 장관으로 있었다. 포증은 '판관 포청천'이란 별칭으로 널리 알려진 인물이다. 포증은 청렴하면서도 엄하기로 파다하게 소문이 나 있었다. 어느 날 군목사 관아의 정원에 모란이 흐드러지게 피자, 포증은 그 꽃을 완상하는 술자리를 마련

┃포증(包拯, 999~1062)
판관 포청천으로 매우 친숙한 인물이다.

했다. 포증은 직접 술잔을 들고 다니며 휘하의 관원들에게 술을 권했다. 이 자리에는 왕안석과 사마광도 동석하였다. 그때 사마광은 술을 좋아하지 않으나 포증의 권유에 못 이겨 어쩔 수 없이 몇 잔을 마셔야 했다. 하지만 왕안석만은 술자리가 파하도록 끝내 한 잔도 마시지 않았다. 그 엄하기로 소문난 포증도 왕안석에게 술을 마시게 할 수 없었던

---

15 邵伯溫, ≪邵氏聞見錄≫ 권 10.

것이다. 후일 사마광은 이 일로 인해, 왕안석이 몹시 고집 센 사람이라는 사실을 깨닫게 되었다고 말한다.

왕안석은 군목판관과 제점개봉부계제현진공사라는 중앙관으로 근무하면서도 지방관으로 나가고 싶다는 청원을 계속하였다. 중앙관 생활 3년 동안 무려 열 차례가 넘는 탄원서를 제출하였다. 이렇게 지방관을 희망하는 이유를 두고 그는 다음과 같이 말한다.

> 제 연로한 모친은 장성한 자식들이 아직 채 장가도 가지 못한 것을 밤낮으로 근심하고 있습니다. 제 형수는 객사하였는데 장사도 치르지 못한 상태입니다. 이런 사정으로 저는 강남 일대의 지방관이 되어 가족을 돌보며 살아가기를 희망하고 있습니다. 더욱이 현재 저는 건강도 좋지 않습니다. 남방의 한적한 고을에 가서 배운 바를 펼쳐 보고 싶습니다.[16]

당시 왕안석 일가는 가난한 나머지 집도 없이 관청 소유의 배를 빌려 살고 있었다. 한 번은 이 배에 불이 나 몹시 곤욕을 치르기도 했다. 이러한 경제적 어려움은 젊은 날의 왕안석에게 있어 큰 부담이었다. 중국 문학 연구자들에 의하면, '가난'이라는 코드는 이 무렵 왕안석의 문학세계를 이해하는 데 있어서도 중요한 실마리의 하나가 된다고 한다.

이러한 절절한 사연을 담은 청원은 조정 대신들의 마음을 흔들었다. 1057년(인종 가우 2) 4월 마침내 그의 소망대로 지방관의 직책이 주어졌다. 강남의 한복판에 위치한 상주라는 지방의 지사직, 곧 지상주였다.

---

16 王安石, ≪臨川先生文集≫ 권 74, 〈上執政書〉.

3. 지상주와 강동제형 시기

왕안석 일가는 이삿짐을 꾸린 다음 1057년(가우 2) 5월 수도 동경을 떠나 임지인 강남의 상주로 향했다. 그들이 목적지인 상주에 도착한 것은 약 두 달만인 7월의 일이었다. 수도 개봉으로부터 상주까지는 약 1,000Km 남짓, 도중에 산지도 전혀 없는 평탄한 길이다. 더디게 간다 해도 통상적으로는 채 한 달이 걸리지 않는 거리였다. 그럼에도 두 달이나 걸린 것은 중간에 몇 가지 우환이 겹쳤기 때문이다. 왕안석의 막내 동생인 왕안상(1037~1103)이 심한 병치레를 했고, 또 개봉에서 출생했던 왕안석의 아들이 양저우揚州 부근에서 세상을 떠났다.

상주는 태호와 양자강 사이에 위치한 곳으로서 비옥한 논이 일망무제로 펼쳐진 평야지대이다. 송대에는, '소주와 호주에 풍년 들면 그것만으로 천하의 식량이 충족된다蘇湖熟 天下足.'라는 말이 있었다. 소주는 상주의 바로 동쪽에 위치한 지역이며, 호주는 태호를 건너 상주의 맞은편에 있는 곳으로 강남 델타의 남단에 해당된다.

양자강 하류의 델타지대는 본디 늪지대였다. 따라서 약 2세기 무렵까지만 해도 사람들이 거의 거주하지 못하는 버려진 땅이었다. 이곳이 위진남북조 시대, 즉 3세기 이후 점차 개발되기 시작하여, 당대를 거쳐 송대가 되면 강남 델타의 거의 모든 지역이 농작지로 탈바꿈되었다.

물이 찰랑거리는 늪지대를 어떻게 논으로 뒤바꾸었을까? 주변에 아무런 산지가 없으니 흙을 퍼다가 메울 수도 없는 노릇이다. '막고 품는 것' 외에 다른 방법이 있을 수 없다. 늪지대에서 적당한 곳을 골라 둥그렇게 담을 쌓고 그 내부의 물을 퍼내는 것이었다. 이러한 개방 방식을 '우전圩田' 혹은 '위전圍田'이라 불렀다. 이런 '무식한' 방법은 품도 많이 들고 돈도 많이 들었다. 그렇기에 드넓은 강남 델타지대를 모두 개발하기까지 거의 1,000년이 걸렸던 것이다.

우전의 조성이 엄청난 노력을 요하고 또 기약 없이 시간이 필요한 작업이었지만, 일단 우전이 완성되면 그 농토는 놀라운 생산력을 보였다. 논농사에서 가장 중요한 요소가 적시에 물을 대는 것이다. 그런데 우전에서는 관개의 걱정이 없었다. 주변이 모두 찰랑찰랑 물이 넘치는 늪지대여서 필요한 때 물꼬만 트면 되기 때문이다. 또 원래 늪지의 바닥이었기 때문에 토질도 비옥했다.

▎송대의 우전

이렇게 하여 강남 일대가 농작지로 변모하자 그 생산력은 전중국을 압도하게 되었다. 중국 역사상 최초로 강남이 경제의 중심지로 부상하였던 것이다. 송대에는 또 다음과 같은 말도 생겨났다.

하늘에는 천당이 있고 땅에는 소주와 항주가 있다.　　　上有天堂 地有蘇杭

항주는 서호라는 경승지로 유명한 도시이다. 남송시대에는 수도가 이곳에 두어지기도 했다. 소주와 항주를 지상의 천당이라 일컬을 정도로, 강남은 풍요로운 고장이었다. 물론 그 배후에는 델타지대의 높은 농업생산력이 있었다.

상주는 이런 강남 델타 중에서도 중심부에 위치한 지역이었다. 그러기에 '소호숙 천하족蘇湖熟 天下足'이란 말과 더불어, '소상숙 천하족蘇常熟 天下足'이란 말도 널리 쓰였다. '소상숙 천하족'이란 말은, 두 말할 나위 없이 '소주와 상주만 풍년 들면 그것으로 천하의 식량이 충족된다.'는 뜻이다. '소호숙 천하족'이나 '소상숙 천하족'이나 모두 대단한 과장이다. 엄청난 크기의 중국이나 인구에 비교하여 소주나 호주, 상주는 터무니없이 작은 지방이다. 강남지방의 높은 생산력과 풍요로움을 상징적으로 표현하는 수사일 뿐이다.

상주에 도착한 왕안석은 바로 지역 상황을 점검하고 업무를 파악해 가기 시작했다. 하지만 실정은 밖에서 듣던 것과는 매우 달랐다. 지역 경제는 매우 피폐되어 있었고 행정은 몹시 문란한 상황이었다. 무엇보다 물난리가 수시로 발생하는 게 문제였다. 또 지방장관인 지주가 너무 자주 교체되었던 것도 좋지 않은 영향을 미치고 있었다.

왕안석은 지역의 현안 문제인 홍수에 대처하기 위한 작업에 착수했다. 상주의 한 복판으로는 멀리 수도 개봉으로부터 양주를 거쳐 항주의 남방까지 이어지는 운하가 지나가고 있었다. 그는 운하를 준설함으로써 상주 일대의 물줄기를 정비할 수 있을 것이라 판단했다. 운하의 보수 작업은 농업환경을 파격적으로 향상시키는 것이기도 했다.

운하의 정비를 위해 그는 관내의 각 현에 인부를 동원하라는 명령을 내렸다. 하지만 이 첫 조치에 대해서부터 반대론이 제기되기 시작했다. 상관인 절서의 전운사도 왕안석을 지지하지 않았다. 전운사는 가능한 한 최소의 인원만 동원하여 진행시키라고 지시하였다. 이런 곡절로 말미암아 공사는 지지부진한 모습을 보였다. 설상가상으로 가을이 되면서 비가 계속되었다. 공사에 동원된 인부들 사이에 병이 번지고 일부는 사망하기도 했다. 그러자 고집 센 왕안석도 물러설 수밖에 없었다. 왕안석이 야심차게 시작한 운하 정비사업은 아무런 성과 없이 중단되고 말았다.

운하 정비사업의 실패는 그를 크게 낙담시켰다. 친구에게 보낸 편지에서 당시의 심경을, '지역민에게 많은 비용을 부담시키고도 성공을 거두지 못해 원통하고 부끄럽기 짝이 없다.'[17]고 말하고 있다.

그렇다면 왕안석은 이때의 실패가 어떠한 연유에서 기인했다고 보았을까? 이에 대해 그는 다음과 같이 회고한다.

---

17 王安石, ≪臨川先生文集≫ 권 74, 〈與劉原父書〉.

운하공사의 실패는 상관인 전운사의 협조가 거의 없었던 데다가 비가 그치지 않아 인부 사이에 질병이 돌았기 때문이다. 하늘의 도움과 다른 사람들의 협조가 있을지 없을지에 대해 나는 미처 헤아리지 못했다. 그러니 남들이 날 이리저리 비난한다 해도 원망할 수 없는 노릇이다.[18]

어쩐지 공사의 실패가 자신의 책임이기보다는 어쩔 수 없는 여건 때문이었다고 말하는 느낌이다. 왕안석은 자신이 틀릴 수도 있다는 생각을 하지 못하는 사람이었다. 훗날 신법의 개혁을 추진할 때 조야의 사대부가 모두 한 목소리로 반대하고 나서게 되는 것도, 그러한 왕안석의 독선적 태도와 무관치 않았다고 생각한다.

운하의 정비사업을 곁에서 지켜보았던 사람들의 논평은 다소 차이가 난다. 당시 사마단이란 인물이 상주 관내 의흥현의 지현으로 있었다. 사마단은 왕안석이 추진하는 운하 공사에 대해 다소 다른 의견을 개진[19]했다. 왕안석이 큰 사업을 너무 서두르는 통에 백성들이 고통스러워하였다고 말한다. 그래서 자신은 왕안석에게, 조급히 완성시키려는 마음을 버리고 각 현 별로 한 해씩의 공사를 부담시켜 가자고 제안했다고 한다. 이렇게 하면 늦지만 민간에 물의를 일으키지 않고 사업이 완성될 것이라고 말했으나, 왕안석이 듣지 않고 무리하게 일을 추진하다가 실패했다는 것이다. 사업을 중단하는 과정에서도 인부가 자살하는 소동까지 빚어지자 어쩔 수 없이 왕안석이 마음을 돌린 것이라고 한다.

---

18 위와 같음.
19 ≪宋史≫ 권 298, 〈司馬旦傳〉.

운하 정비공사를 벌였다 실패하고 실의에 잠겨 있던 왕안석은 얼마 되지 않아 바로 상주를 떠나야만 했다. 이듬 해인 1058년(가우 3) 2월 강동로의 제점형옥으로 발령이 났기 때문이다. 애초 그는 상주에 도임하여 가능한 한 오래도록 머물고 싶다는 희망을 피력한 바 있다. 좋은 치적을 남겨서 상주 사람들에게 보탬이 되고 싶었다. 하지만 첫 번째 사업을 일으켰다가 실패하고 나서 바로 떠나야 하는 처지가 되었던 것이다. 그가 상주에 머물렀던 기간은 불과 10개월 남짓이었다.

이렇게 급작스러운 전근 명령은 사실 왕안석의 정책적 실수를 문책한다는 의미가 담긴 것이 결코 아니었다. 조정에서는 강동로의 제점형옥으로 재직하던 심강沈康과 지상주로 재직하던 왕안석의 보직을 맞바꾸었다. 당시 심강은 불과 열흘 전 강동로 제점형옥으로 발령이 난 상태였다. 이런 이례적인 인사명령은, '심강이 재능도 부족하고 청렴도도 떨어진다.'는 평판[20] 때문이었다고 한다. 심강은, 1054년(지화 원년) 왕안석에게 군목판관이란 직책이 부여되었을 때 자신과 비교하며 지나친 우대라고 강하게 불만을 제기했던 바로 그 사람이다.

제점형옥은 로路 단위의 고위 지방관으로서 관내 지방관들의 재판행위를 감찰하는 것이 주된 임무였다. 로는 송대 최상급 지방 행정단위로서 현재의 성에 해당된다. 로에는 세 명의 최고 지방행정관이 배치되어 각각 다른 업무를 분장하고 있었다. 재정을 관할하는 전운사, 군사 업무를 총괄하는 안무사, 그리고 사법 처리를 담당하는 제점형옥이 그것

20　《續資治通鑑長編》 권 187, 仁宗 嘉祐 3년 2월 丙辰.

이다. 이들을 일괄하여 감사監司라 불렀다. 왕안석의 신법이 단행된 다음에는 신법 관련 업무를 담당하는 감사로서 제거상평사가 추가로 배치된다.

강동로의 제점형옥, 곧 강동제형으로 부임한 왕안석은 집무실이 요주饒州에 있으되 업무 성격상 끊임없이 관내 각 지방을 순찰하여야 했다. 주와 현 단위 지방관들이 처리한 재판에 혹시라도 잘못이 없는가 감찰하는 것이 주임무이기 때문이다.

집 떠날 때는 뜨거운 여름날이었는데	離家當日尙炎風
말 몰아 돌아오니 9월의 늦가을이로구나.	叱馭歸時九月窮
아침에는 서리 내린 등계를 건너고	朝渡藤溪霜落後
저녁에는 달 빛 속에 휘령을 넘는도다.	夜過麾嶺月明中[21]

이 시 속에 나오는 등계는 강동로 중부를 흘러가는 하천이며 휘령은 그보다 약간 남쪽에 있는 고갯마루였다. 모두 제점형옥의 관청이 있는 요주로부터는 300여 Km 이상 떨어진 지역이다. 왕안석은 제점형옥의 업무를 수행하기 위해 몇 개월만에 한 번 씩 집에 들르고 또 매일 장거리를 여행해야 하는 고달픈 생활을 계속하였다.

이 무렵 왕안석의 모친이 와병한 상태였다. 따라서 왕안석은 곁에서 병구완할 필요가 있었고, 업무 처리를 위해 먼 거리를 돌아다녀야 하는 제점형옥의 직책은 매우 부담스러웠다. 그는 상주를 떠나 요주로 부임하기

---

21 ≪王荊公詩注補箋≫ 권 31, 〈寄沈鄱陽〉.

전, 자신을 강동제형에 추천해 주었던 부재상 증공량曾公亮(999~1078)에게 편지를 보내 간곡하게 인사명령을 철회시켜 줄 것을 요청하였다. 요주에 와서 업무를 처리하면서도 조정에 계속 상주문을 올렸다. 순찰을 지속해야 하는 강동제형 대신 한 곳에 근무하며 모친을 돌볼 수 있는 지방장관 직위를 요청하였다.

이러한 왕안석의 상주에 대해 손모 및 증공과 같은 친구들은 그러지 말라고 충고하였다. 이리저리 핑계를 대도 결국 자신의 편안함을 구하는 것이며, 그러한 것으로 조정을 번거롭게 하지 말라고 말했다. 왕안석은 이를 받아들이고 더 이상 지방장관을 요청하는 상주문을 올리지 않았다.

왕안석이 강동제형으로 재임한 기간은 지상주 시기보다도 짧았다. 그는 불과 8개월 후인 1058년(가우 3) 10월 다시 중앙관인 삼사탁지판관에 임명되었다. 모친의 와병으로 말미암아 상주에서 요주로 부임할 때 상당한 기일이 걸렸던 것까지 감안하면, 강동제형으로서의 업무 처리는 전후 반년 정도에 지나지 않았다.

제점형옥 왕안석의 근무 성향은 매우 관대한 것이었다. 그는, '가능한 한 큰 처벌은 가하지 않으려 한다. 이를 두고 비난이 있다는 사실을 잘 안다. 하지만 나는 될 수 있는 대로 형벌을 줄임으로써 교화를 이루려 한다.'[22]고 말하고 있다.

22 　王安石, ≪臨川先生文集≫ 권 72, 〈答王深甫書 二〉.

제 4 장

〈만언서〉와 〈명비곡〉의 작성

1. 〈만언서〉의 상주

조정에서 중앙관으로 부르자 그는 복잡한 상념이 들었다. 그는 어느덧 38살이 되었고 모친은 더욱 쇠약해져 있었다. 한편으로 각지로 순찰을 다녀야만 하는 임무(강동제형)에서 벗어날 수 있다는 것은 매우 기뻤다. 중앙관이 되면 이제 모친을 편안하게 봉양할 수 있을 것이다. 더욱이 수도의 환경은 모친의 병세를 돌보는 데도 유리할 것이 분명하다. 그렇다 해도 여전히 중앙 관직이 달갑지는 않았다. 중앙의 복잡한 정계 동향에 휩쓸리는 것도 싫었다. 그는 이러한 심경을 친구인 왕령王令(1032~1059)에게 보내는 편지[1] 속에서 솔직하게 토로하고 있다.

적극적인 성격의 그는 재상인 부필(1004~1083)에게 편지를 썼다.

---

1 《臨川先生文集》 권 75, 〈與王逢原書 3〉.

스스로 돌아보건대 저는 한 지방의 정무를 담당하기에도 부족합니다. 강동제형에 재직할 때도 능력에 버거워 빨리 벗어나기만을 기다렸을 정도입니다. 그러한 제가 중직인 삼사탁지판관을 맡을 수 있겠습니까? 삼사탁지판관은 지방을 순시하며 각지의 재정을 감찰해야 하는 막중한 직책입니다. 업무도 제가 잘 모르는 분야입니다.

감히 제 희망을 말씀드리면, 작고 조용한 지방의 주지사 자리를 내려주시기 바랍니다. 그러면 온 정성을 기울여 직책을 수행하겠습니다.[2]

참 궁색한 변명이라는 느낌이 든다. '능력이 모자라고 해당 분야를 잘 모른다.'는 얘기는 진부하기 짝이 없다. 더욱이 작고 조용한 주州의 지사 자리, 즉 편하고 달콤한 자리를 달라는 부탁에 이르면, 조금 고개가 갸웃거려진다. 이러한 청원은 물론 받아들여지지 않았다. 재상인 부필은 답장조차 보내지 않았다.

▌북송 수도 개봉(東京)의 번화한 모습(송[宋] 장택단[張擇端], 〈청명상하도[清明上河圖]〉의 일부)

---

2   위의 책 권 74, 〈上富相公書〉.

왕안석은 어쩔 수 없이 짐을 꾸려 수도 동경으로 향하지 않을 수 없었다. 그가 동경에 도착한 것은 이듬해인 1059년(가우 4) 늦봄 무렵이었다.

그는 새 관직인 삼사탁지판관에 부임하면서, 자신의 시국관과 정치론을 종합하여 장문의 상주문을 올린다. 이것이 바로 유명한 〈상인종황제언사서上仁宗皇帝言事書〉이다. 이 〈상인종황제언사서〉는 통상 '왕안석의 〈만언서〉'라 칭해지기도 한다. 전체 글자 숫자가 10,000자에 육박하는 장문이기 때문이다. 실제로 어떤 판본에서는 〈상황제만언서上皇帝萬言書〉란 제목을 붙이고 있기도 하다.

만언서란 관료들이 황제에게 올리는 장문의 상주문으로서, 통상 자신의 식견과 문장력을 과시하며 현실 정치에 대해 전반적인 분석을 시도할 때 채택하는 것이었다. 송대에도 여러 편의 만언서가 작성되었다. 왕안석과 대략 동일시대 인물인 소식(1036~1101)이 신종에게 올리는 〈만언서〉도 널리 알려진 명문이다. 그런데 왕안석의 〈상인종황제언사서〉 역시 소식의 〈만언서〉와 나란히 칭해지는 명문의 하나이다. 글자 수가 만여 개에 가까운 장문이면서도 지루하거나 중복되지 않고, 기백과 힘이 넘치는 어조로 팽팽한 긴장감을 유지하며 논의를 진행시키기 때문이다. 왕안석에 대해 비판적인 견지에 섰던 인물들조차, '문장을 이끄는 것이 마치 수십만 대군을 흐트러짐 없이 지휘하는 장군과 같다.'[3]고 상찬했던 것도 바로 그 때문이었다. 심지어 왕안석을 두고 '중국사의

---

3 沈德潛, 《唐宋八家文讀本》 권 29.

영광'이라고 평가했던 양계초와 같은 사람은, 이 〈상인종황제언사서〉야말로 '진한시대 이래 최고의 명문'⁴이라고까지 극찬한 바 있다.

이 상주문에서 말하는 요체는, 당시 체제 위기의 본질이 인재의 부족에 있다는 것이었다. 이 인재의 부족은 옛 성현(선왕)들의 제도를 채용하지 않은 데 있으며, 인재의 '교육敎之, 처우養之, 선발取之, 임용任之'의 네 측면에서 집약적으로 나타난다고 말한다. 결국 북송중엽 당시의 문제는, 인재에 대한 교육, 처우, 선발, 임용의 네 측면을 본질적으로 개혁함으로써만 해결될 수 있다는 것이다. 왕안석은 이러한 논조를 기본으로 하면서, 이에 덧붙여 재정의 문제라든가 국방의 문제, 정치구조의 문제 등에 대해 광범위하게 언급해간다. 그러면서도 논의의 초점인 인재양성의 문제를 크게 벗어나지 않는다. 〈만언서〉가 만여자에 육박하는 장문이면서도 간결하고 강렬한 어조를 띠고 있는 까닭이 바로 여기에 있다.

여기서 잠시 〈만언서〉의 내용에 대해 살펴보기로 한다. 〈만언서〉가 왕안석의 생애와 사상을 추적하는 데 있어 너무도 중요한 문장이기 때문이다.

왕안석은 개혁의 주장을 펼치기에 앞서, 우선 당시의 상황이 심각한 위기라고 말한다. 안으로 사직이 흔들리고 밖으로는 거란과 서하를 위시한 이민족들이 국가를 위협하고 있다. 이러한 문제의 근원은 옛 성현들이 제정했던 법제를 따르지 않고 있기 때문이라고 진단한다. 그렇다

---

4   梁啓超, ≪王安石傳≫(海南出版社本), 79쪽.

고 해서 옛날의 제도를 그대로 따르자는 것이 아니다. 그 정신을 계승해야 한다는 것이다.

하지만 옛 성현들의 법제를 본받고자 해도 지금의 상태에서는 불가능하다. 왜냐하면 그것을 뒷받침할만한 인재가 없기 때문이다. 그는 북송 중엽만큼 인재가 부족했던 시기는 역사상 일찍이 없었다고 말한다. 이처럼 다소 상투적인 느낌이 든다 할 정도로 인재의 부족을 강조한 다음, 이어 그 문제점을 어떻게 타개할 것인가 하는 것으로 논의의 초점을 옮겨간다. 왕안석이 주장하는 인재의 육성 방안, 그것이 바로 〈만언서〉의 본론을 구성하는 교육敎之·처우養之·선발取之·임용任之 제도의 개혁론이다.

먼저 교육의 문제에 대해서, 그는 각지의 학교제도를 충실히 한 다음 그 교육 내용도 실제에 부합되는 것으로 바꾸어야 한다고 말한다. 시와 문장 등 실제 정치에 아무 쓸모가 없는 문학적인 교육만 시켜서는 안 된다. 관료에게 꼭 필요한 사항禮樂刑政을 중심으로 교육 내용을 바꾸어야 하며, 옛날을 본받아 지식인들이 무예도 공부하도록 해야 한다.

다음으로 관료에 대한 처우 역시 실제에 부합되도록 개혁할 것을 주장한다. 대민 행정의 말단을 담당하는 서리로부터 고위 관리에 이르기까지 봉록을 충분히 지급해야 한다는 것이다. 봉록이 넉넉해야 부정부패가 사라진다. 그리고 나서 사치나 불법 행위가 있으면 엄격히 처벌해야 한다고 주장한다.

그런데 국가의 재정은 그렇지 않아도 커다란 적자상태를 면치 못하고 있는데 무슨 수로 관원의 봉록을 넉넉하게 올려줄 수 있단 말인가?

이 대목에서 유명한 주장이 제기된다. 바로, '천하의 생산력을 진작시켜 필요한 재물을 생산해 내고, 그 천하의 재물을 가지고 국가에 필요한 비용을 대야 한다因天下之力以生天下之財 取天下之財以供天下之費.'는 것이다.

생산력을 자극하고 경제를 활성화시킴으로써 국부를 늘려갈 수 있다고 주장하는 것, 여기에 왕안석의 경제 사상이 지닌 진보적 측면이 있다. 이러한 주장에 대해 전통적인 유가 지식인들은 격렬히 비난하였다. 사마광과 같은 인물은 훗날, '천하의 재원이란 고정되어 있다. 그것을 늘린다는 것은 있을 수 없다. 재화는 백성에게 있지 않으면 정부에 있는 것이다. 그것은 마치 비 내리는 것 같아서, 여름이 많이 내리면 가을에는 적게 되는 것과 마찬가지다.'[5]라고까지 말하고 있다. 오늘날의 견지에서 본다면 사마광의 발언은 우스꽝스럽다 하리만치 소박하다. 하지만 적어도 전통시대 유가의 입장에서 그러한 사고는 당연한 것이었다. 그렇기에 그들은 재정 부족의 문제에 대처하기 위해 무엇보다 먼저 절약과 예산 규모의 축소를 주장하게 된다. 이러한 전통적 관점에 비교해 볼 때, 왕안석의 경제론은 분명 파격적이다. 제자백가 시대의 ≪관자≫를 연상시키는 면모가 보이기도 한다. 이러한 경제론의 차이점, 훗날 왕안석의 개혁(신법)이 내외의 강력한 반대에 부딪히는 이유의 하나도 바로 여기에 있다고 생각된다.

---

[5] ≪三朝名臣言行錄≫ 권 7의 1, 〈司馬光〉.

▌송대 상업의 발달상
무지개 모양의 다리를 따라 각종 상인과 점포가 줄지어 들어섰고, 다리 아래로는 상인과 상품을 가득 실은 배가 지나고 있다(송[宋] 장택단[張擇端], 〈청명상하도[清明上河圖]〉의 일부).

세 번째로 그는 당시의 관료 선발 제도를 모두 바꾸어야 한다고 주장한다. 당시 관원의 선발 방식은 크게 보아 두 가지였다. 과거제와 음보제이다. 통상 송대에 문신관료제가 확립되고 문치주의가 채택되었으며 그 기반을 이루는 것이 과거제였다고 일컬어진다. 과히 틀린 얘기는 아니다. 하지만 그 연장선상에서 송대 관료들의 대다수가 과거제를 통해 등용되었을 것이라 생각하는 것은 잘못이다. 오히려 관료의 태반은 음보제를 통해 임용되었다. 과거 출신은 전체의 약 30% 정도에 불과했다. 음보제란 임자제라고도 불리는 것으로서, 고위 관료가 자기 자손들을 관료로 추천하여 입사시키는 제도였다. 왕안석은 음보제는 물론이고 과거제도 폐지해야 된다고 말한다. 과거제가 문학적 재능만 시험하여 당락을 결정하므로, 관료가 된 후 정무에 대해 아무 것도 모르는 인재를 양성하기 때문이라는 것이다.

그럼 어떻게 관료를 임용해야 할까? 그는 완전히 옛날 방식대로 하자고 주장한다. 즉 향촌과 학교에서 우수한 인재를 추천케 하고, 그 다음 조정에서 그 능력을 시험하여 그 재능에 맞는 관직을 부여하자는 것이다.

이러한 주장은 훗날 그가 집권하여 신법을 시행할 때 실행에 옮겨지지 못했다. 과거제를 개혁하여 진사과로 통합하고, 또 진사과에서도 문학 능력에 대한 시험을 폐지하는 정도로 그쳤다.

마지막으로 제기하는 문제는 관리의 임용 방식이다. 당시 행해지던 연공 서열식의 승진을 비판하고 실제 능력에 따라 임용할 것을 주장하고 있다. 관료의 근무 실적에 대한 평가를 엄정히 하고 그것에 기초하여 관리의 승진과 좌천을 결정하자는 것이다. 또 사람의 능력에는 한계가 있으므로, 모든 관료들이 번갈아가며 재정과 사법, 의례 등을 담당토록 해서는 안 된다고 말한다. 관리마다 전문 분야를 지니도록 유도하고 실제 인사 명령을 내릴 때 그것을 존중하자고 주장하고 있다.

이상이 〈만언서〉에 개진된 개혁론의 대체적인 내용이다. 통상 왕안석은 이 〈만언서〉를 통해 훗날 신법이라 불리우는 대개혁의 큰 줄기를 제시하였다고 일컬어진다. 이러한 이해는 어느 정도 타당한 측면이 없지 아니하다. 개혁의 근거를 '옛 성현先王'으로 칭해지는 전고에서 구하고 있는 점이라든가, 혹은 이재理財를 통해 재정위기를 해소할 수 있다는 주장, 그리고 무엇보다도 본 상주문의 주제이기도 한 교육구조의 문제점 등에 대한 해결책 제시 등이 그러한 신법과의 연결성을 잘 보여준다.

하지만 훗날 시행되는 왕안석의 신법은 실로 극히 포괄적인 것이었다. 재정구조의 개선을 주안점으로 하면서도, 국방·수리·관료제·농촌·과거제·상업 등에 이르기까지, 가위 사회의 전반에 걸친 대개혁을 지향하는 것이었다. 따라서 이처럼 포괄적인 분야에 걸쳐있는 것이었던 만큼, 신법의 개혁은 처음부터 종합적인 구도 아래 진행된 것이라고 보기는 힘들다. 실제로 개혁의 과정을 조금 자세히 살펴보면, 일부 지역에서 어느 정도 효과를 올린 것으로 파악되면, 면밀한 분석 없이 다소간 즉흥적으로 그대로 채용하는 측면도 보인다. 요컨대 왕안석의 신법은 다각적인 분야에 걸쳐있는 만큼이나 다양한 성격을 지닌 존재이며, 그러한 만큼 그 개혁에 10여년이나 앞서 제시된 이 〈만언서〉를 통해 신법의 성격 전모를 파악하고자 하는 것은 조금 위험한 자세라 여겨지는 것이다.

이 상주문은 왕안석의 명망을 높이는 데 다시 상당한 기여를 했다. 하지만 당시 집권세력으로부터는 철저히 백안시되었을 뿐이었다. 상주문을 받은 황제 인종부터 이에 대해 별다른 반응을 보이지 않았다. 뿐만 아니라 당시 재상직위에 있던 부필(1004~1083), 한기(1008~1075) 등은, 이 상주문 가운데 재상을 격하게 공박하는 내용으로 인해 매우 불쾌해하기조차 했다.[6]

2. 〈명비곡〉과 이를 둘러싼 논란

왕안석은 〈만언서〉를 작성할 무렵 또 하나의 대표적인 문학 작품을 발표한다. 바로 유명한 〈명비곡明妃曲〉이 그것이다. 전체가 2수로 되어 있는 7언 고시로서, 첫째 수가 16행, 둘째 수가 12행인 장시이다. 그 내용은 다음과 같다.

명비(明妃)가 처음 한나라 궁전을 나설 때,	明妃初出漢宮時
눈물은 춘풍(春風) 속에 젖어 흐르고	漏濕春風鬢脚垂
머리채는 힘 없이 내려뜨려져 있었다네.	
스스로 돌아보기에도 차림새는 볼품 없었으나,	低回顧影無顏色
그래도 그 모습 보고 황제는 넋을 잃었지.	尙得君王不自持
황제는 돌아와 화공(畫工)을 탓하며 말했다네.	歸來卻怪丹青手
'이런 미인을 도대체 내 평생에 만난 적이 있었는가?'라고.	入眼平生未曾有
그러나 어쩌리, 속내의 아름다움은 뉘라도 그려낼 수 없는 것을.	意態由來畫不成
황제의 노여움에 부질없이 화공인 모연수(毛延壽)만 죽임을 당했다오.	當時枉殺毛延壽
한나라 궁전을 떠나간 명비는 다시는 돌아오지 못할 것을 알고,	一去心知更不歸
그리움에 헤지도록 한나라의 옷을 입고 살았다네.	可憐著盡漢宮衣
말을 전해 저 남쪽 한나라의 소식을 듣고자 하나,	寄聲欲問塞南事
대답은 없고, 해마다 덧없이 기러기 떼만 날아가고 날아올 뿐.	只有年年鴻雁飛
그 누구라도 만 리 저편 고향 땅에 소식을 전해줄 이 있을까?	佳人萬里傳消息

---

6   洪邁, ≪容齋四筆≫ 권 4, 〈王荊公上書幷詩〉.

'나는 여기 흉노 땅에서 잘 지내고 있으니 서러워하지 말라'고. 好在氈城莫相憶
세상 사람들이여 듣지 못했소? 君不見
저 옛날 한무제 때 진황후(陳皇后)인 아교(阿嬌)가 총애를 잃어, 咫尺長門閉阿嬌
　　지척에 있으되 장문궁(長門宮)에서 갇혀 지냈던 것을,
인생의 실의에는 본디 남북이 없는 것이라오. 人生失意無南北

명비가 시집가서 흉노 땅에 이르니, 明妃出嫁與胡兒
보이나니 유목식 수레에는 온통 흉노의 여인들 뿐. 氈車百兩皆胡姬
속내를 털어놓고자 하나 누구에게 말할 수 있을꼬? 含情欲語獨無處
그 마음 부질없이 비파에 담아 내었세라. 傳與琵琶心自知
황금 비파 채를 쥔 봄바람처럼 가녀린 그녀의 손은, 黃金捍撥春風手
하늘의 기러기를 보며 비파를 탔고, 또 흉노의 남자에게 술을 彈看飛鴻勸胡酒
　　권했다네
이를 보는 명비의 시녀들은 숨죽이며 눈물을 흘렸고, 漢宮侍女暗垂淚
지나는 사막의 나그네들은 그 가락 듣고 고개 돌려 슬퍼했다오. 沙上行人卻回首
하지만 어이하리, 한나라의 은혜는 얕고 흉노의 대우는 漢恩自淺胡自深
　　지극했던 것을.
인생의 즐거움이란 본시 서로의 마음을 알아주는 것이 人生樂在相知心
　　아니던가?
슬프다, 명비의 무덤은 이제 폐허가 되고, 可憐靑冢已蕪沒
그 애절한 비파 가락만 남아 오늘날까지 전하는구나. 尙有哀絃留至今

　　시에 묘사된 명비의 인생이 우리를 슬프게 한다. 고향을 향한 그리움에 한 나라에서 입고 간 옷을 다 헤질 때까지 입었다는 그녀…… 남녘으로 향하는 기러기를 보며 눈물을 지었을 그녀…… 그러면서도 슬픔을 참으며 가족들에게, '나는 잘 살고 있으니 걱정 말라.'는 말을 전해주고 싶어 했던 그녀…… 〈명비곡〉을 읽어나가다 보면 누구라도, 명비가 살았던 기구한 인생에 대해 동정이 일게 되고, 나아가 그녀가 느꼈을 비애와 쓸쓸함에 가슴 아파하게 될 것이다.

▎왕소군이 흉노로 떠나는 모습(금[金] 궁소연[宮素然], 〈명비출새도[明妃出塞圖]〉의 일부)

이 시의 소재가 되는 명비는, 전한의 말기인 기원전 33년 흉노의 군주(선우)에게 시집간 왕소군이다. 왕소군은 본래 원제 시기의 후궁이었다. 전한 후반기가 되면서 한과 흉노의 관계는 급속히 가까워졌다. 흉노의 호한야 선우는 직접 한의 수도인 장안에 와서 황제를 알현하기도 했다. 그 무렵 호한야 선우가 황실의 공주와 결혼하여 한 왕조의 외척이 되고 싶다는 청원을 하였다. 그러자 황제인 원제는 궁녀를 자신의 딸이라 둘러대서 시집보냈던 것이고, 이렇게 흉노 땅으로 보내진 후궁이 바로 왕소군이었다.

왕소군은 호한야 선우에게 시집가서 아들을 하나 낳았다. 그런데 불행하게도 그 얼마 후 호한야는 세상을 떠났다. 왕소군이 흉노 땅으로 시집간 지 2년만의 일이었다. 흉노 사회에서는 아버지가 죽으면 그 아내들은 모두 아들에게 다시 시집가야만 했다. 형이 죽으면 그 아내들을 아우가 데리고 살기도 했다. 이러한 관습을 형사취수제, 혹은 수혼제娞婚制라고 부른다. 호한야의 장남이 선우로 즉위하자 왕소군은 그의 아내가 되었다.

이러한 습속은 중국에서 자란 왕소군에게 받아들이기 어려운 것이었다. 왕소군은 전한 조정에 글을 올려 귀국을 청했다. 하지만 조정에서는 흉노 땅으로 시집갔으니 흉노의 풍속을 따르라고 명령하였다. 왕소군은 어쩔 수 없이 새로운 선우와 다시 결혼하였고 그 사이에서 두 딸을 낳았다.

여기까지가 왕소군과 관련된 사실들이다. 이렇게 흉노 땅으로 시집간 왕소군은 과연 비운의 여인이었을까? 전통시대의 지식인들은 그렇다고 생각했다. 아니 그렇다고 믿고 싶었다.

그래서 왕소군 이야기는 각색에 각색을 거듭하여 눈물겹고도 드라마틱한 스토리가 되었다. 그 첫 번째 결말을 보이는 것이 서진 시대에 쓰여진 ≪서경잡기≫이다. 여기서 위 왕안석의 〈명비곡〉에 나오는 화가 모연수란 가공의 인물이 만들어졌다.

후한 황실에 하도 많은 후궁들이 있는지라, 황제는 그 얼굴과 이름을 일일이 기억할 수 없었다. 그래서 생각해낸 방법이 궁중 화가로 하여금 후궁의 초상화를 그리게 하는 것이었다. 황제는 그 초상화를 보고 마음에 드는 후궁을 지목하여 잠자리 시중을 들게 하였다. 그러자 후궁들은 다투어 화가에게 뇌물을 주며 실물보다 예쁘게 그려달라고 운동하였다. 이러한 분위기 속에서 왕소군만은 화가에게 뇌물을 주지 않았고, 이를 괘씸하게 여긴 화가(모연수)는 왕소군을 밉상으로 그렸다. 황제는 밉상의 초상화를 가진 왕소군을 부르지 않았다. 이 무렵 호한야 선우가 황실의 공주를 아내로 맞고 싶다고 청원하였다. 황제인 원제는 후궁을 한 명 선발하여 공주라 속여 보내기로 하고, 흉노로 보내 아깝지 않을 후궁을 찾았다. 그래서 밉상으로 그려진 왕소군을 지목하게 되었던 것이다. 그런데 흉노 땅으로 보내기 전 만나본 왕소군은 대단한 미인이었다. 원제는 어떻게든 왕소군을 보내지 않으려 했으나, 이미 흉노와 약속한 상태에서 어찌할 도리가 없었다. 왕소군을 떠나보낸 원제는 초상화를 그렸던 화가 모연수를 곧바로 사형에 처했다.

이렇게 《서경잡기》를 통해 비극의 형태가 갖추어진 왕소군 이야기는 이후 대대로 문학작품의 소재가 되었다. 위진남북조 시기에도, 그 뒤를 이은 당대에도 많은 시인묵객들이 왕소군의 슬픈 이야기를 시와 노래로 읊었다. 중국 문학사상 최고의 시인이라 칭해지는 이백과 두보도 왕소군을 소재로 한 시를 남기고 있다.

이러한 문학 작품의 완결판이 원대에 쓰여진 유명한 희곡 작품인 마치원의 《한궁추》이다. 여기에서는 왕소군이 흉노로 보내지는 도중 국경에 이르러 황하의 강물에 투신하여 죽는다. 이국 남자에게 몸을 맡기지 않으려는 중국 여인으로서의 긍지를 보이는 것이었다.

그런데 '왕소군'이 어쩌다 '명비'가 되었던 것일까? 왕소군은 궁녀였을 뿐 '비'로 승진한 적이 없었다. 그렇게 이름이 바뀌게 된 것은 피휘避諱 때문이었다. 서진 왕조의 창건자인 사마염의 부친은 이름이 사마소였다. 따라서 황제의 부친 이름으로 쓰인 '소昭'라는 글자는 피해야 했다. 그래서 비슷한 의미의 '명明' 자로 바꾸어 부르게 되었고, 그러면서 '왕명군王明君'이 점차 '명비明妃'라 칭해지게 되었던 것이다.

피휘를 말하려다 보니 생각나는 이야기가 있다. 때는 당 후반기, 대문학가인 한유(768~824)가 빈한한 서생 이하(790~816)에게 진사과에 응시하라고 권유하였다. 이 말을 듣고 이하가 진사과에 응시하여 합격하자, 일부 사람들이 딴지를 걸었다. 이하의 부친 이름이 이진숙李晉肅이니, 동일한 발음을 가진 진사과進士科에 응시한 것은 잘못이라는 논리였다. 이러한 논란에 대해 한유는 〈휘변諱辯〉이란 문장을 지어 명쾌히 반박하고 있다. 그리고 나서, '만일 그러한 논리대로라면 부친 이름 가운데 어질 인仁 자가 있으면, 인仁과 인人이 같은 발음이니, 피휘를 하기 위해 그 아들은 사람(人)이 될 수도 없다는 것인가?' 라고 덧붙이고 있다.

왕안석의 〈명비곡〉은 왕소군을 소재로 한 뭇 문학 작품 가운데 가장 문학성이 뛰어난 것의 하나라는 평판을 받고 있다. 실제로 〈명비곡〉이 발표되자 구양수, 유창, 사마광, 매요신 등 당대의 기라성 같은 문인들이 다투어 그것에 답하는 시(창화시)를 지었다. 그 중에서도 구양수의 화답시는 왕안석의 〈명비곡〉에 견줄 만큼 우수한 작품이었다. 구양수 스스로도 자신의 화답시에 대해 자부심을 지니고 있어서, '이백이나 두보의 작품보다 오히려 낫다.'7고 말하였다고 한다. ≪고문진보≫에는 왕안석과 구양수의 시가 나란히 수록되어 있다.

〈명비곡〉은 그 우수한 문학성과 높은 명망으로 인해 후대 몇 차례나 논란의 대상이 되었다. 첫 번째 논란은 북송시대의 유명한 시인 황정견(1045~1105)과 관련된다. 황정견은 소식의 수제자 가운데 대표적인 네 사람, 즉 '소문사학사蘇門四學士'의 하나이다. 정치적으로는 소식의 입장을 그대로 답습하여 왕안석의 신법에 대해 강경한 반대의 입장에 섰다. 또 문학적으로는 후대 중국 시단의 주류를 점하게 되는, 이른바 강서시파의 창시자이자 영수가 된다.

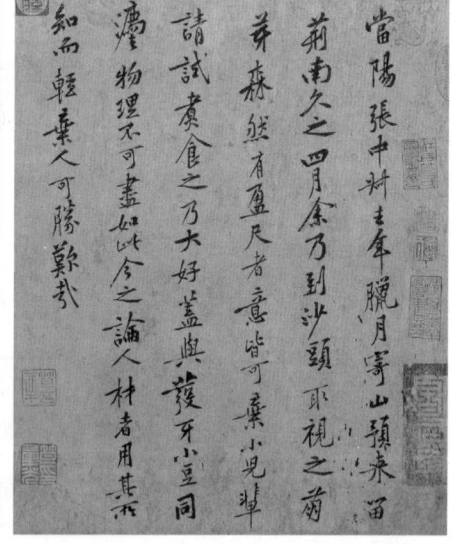

▋황정견(黃庭堅, 1045~1105)과 그의 서예 필치

---

7   葉夢得, ≪石林詩話≫.

황정견의 어린 시절에 있었던 얘기[8]이다. 그가 어느 날 왕안석의 〈명비곡〉을 읽고서 왕회란 사람에게,

"시의 전편에 깊은 의미가 흐르는 명작입니다." 라고 말했다.

이 말을 듣고 왕회는,

"그렇지 않다. 공자님은, '오랑캐에게 군주가 있다 하더라도 그것이 오히려 중화민족에게 군주가 없는 상황보다 못하다.'고 말씀하셨느니라. '인생의 실의에는 본디 남북이 없다人生失意無南北.'고 말한 것은 옳지 않다." 고 말했다.

이에 대해 어린 황정견은 다시 대답했다.

"선생님의 말씀은 충효를 강조하는 입장에 서 계신 것이라 생각합니다. 하지만 공자님도 오랑캐 땅에서 사는 것에 대해, '군자가 거주함에 있어 어찌 누추함을 따지리오?'라 하셨습니다. 왕안석 선생의 시에 문제가 없다고 생각합니다."

그 후 왕회는 다른 사람에게 황정견을 칭찬하며 다음과 같이 말했다고 한다.

"황정견에게 좋은 스승과 친구가 있게 되기를 바란다. 그는 비록 나이가 어리지만 훌륭한 식견과 안목을 지니고 있다."

비슷한 논란이 남송 초기의 조정에서 재차 발생하였다.[9] 1134년(고종 소흥 4), 사관인 범충이란 인물이 왕안석을 힐난하면서 고종에게 다음과 같이 말했다.

---

8   李壁, ≪王荊公詩注補箋≫ 권 6, 〈明妃曲〉의 下注.
9   ≪建炎以來繫年要錄≫ 권 79, 高宗 紹興 4년 8월 戊寅.

"그는 〈명비곡〉에서, '한나라의 은혜는 얕고 흉노의 대우는 지극했다. 인생의 즐거움이란 본시 서로의 마음을 알아주는 데 있다漢恩自淺胡自深 人生樂在相知心.'고 말하고 있습니다. 그러한 논리대로라면 역적인 유예에게도 잘못이 없다고 할 것입니다. 맹자는, '군주와 어버이를 저버리는 것은 금수이다.'라고 했는데, 오랑캐에게 은혜가 있다고 해서 군주와 어버이를 배반하는 것은 금수나 할 짓이 아니겠습니까?"

남송초는 왕안석을 극도로 깎아 내리며 심지어 북송 멸망의 책임까지 왕안석에게 돌리는 시기였다. 범충이란 사람도 구법당의 중요 인물 가운데 하나였던 범조우(1041~1098)의 아들이었다. 범충의 말 가운데 등장하는 유예(1073~1143)는, 금이 북송을 멸망시킨 다음 화북일대에 세운 '제'라는 괴뢰정권의 황제였다. 전통시대의 역사가들은 '제'를 사이비 정권이라는 의미에서 '위제僞齊'라고 부른다. 남송초 유예는 금의 앞잡이가 되어 남송을 정벌하는 데 선봉 역할을 하고 있었다.

왕안석의 〈명비곡〉에 대해 화답시를 작성하였던 구양수나 사마광은 훗날 구법당의 핵심인물이 되었다. 〈명비곡〉을 극찬하였던 황정견 역시 강경 신법 반대론자가 되었다고 말한 바 있다. 그들이 처음 〈명비곡〉을 접하였을 때, 모두 그 내용에 아무 문제가 없다고 생각하였다. 오히려 왕소군의 슬픈 이야기를 소재로 한 훌륭한 문학 작품이라 여겼기에, 다투어 화답시를 작성하고 또 찬탄해 마지않았던 것이다.

왕안석의 행적이나 문학 작품 가운데, 정치적 환경의 변화에 따라 평가가 굴절되어 가는 것이 적지 않다. 신법에 대한 반대가 치열해 지면서, 이전까지 찬사를 받던 것들이 급전직하하여 비난의 대상이 되기도 한다. 〈명비곡〉에 대한 평가와 논란은 그러한 사례의 대표 가운데 하나이다.

제 5 장

짧은 중앙관 생활과 모친상

1. 4년에 걸친 중앙관 생활

1059년 늦은 봄 수도에 올라온 왕안석은 삼사탁지판관 업무를 수행하기 시작하였다. 그리고 얼마 후 그에게 거란의 사신을 전송하는 업무가 맡겨졌다. 이러한 직책을 송반사送伴使라고 부른다. 1004년(진종 경덕 원년) 거란과 '전연의 맹약'이라 불리는 평화조약을 체결한 이래, 송과 거란 양국은 정기적으로 사신을 주고받았다. 정기적인 사신의 왕래만 해도, 황제와 황태후의 생일에 대한 축하生辰使, 그리고 매년 새해의 축하正旦使 등 세 차례였다. 1060년 정월 왕안석은 거란측에서 파견된 새해 축하의 사신을 전송하여 국경까지 수행하는 송반사에 임명된 것이다. 거란의 사신을 따라 가는 것은 매우 답답하였다. 말이 통하지 않기 때문이었다. 그는 당시의 심경에 대해, '거란의 사신과 18일이나 동행하였다. 하지만 서로 간 아무 말도 주고받지 않은 채 묵묵히 말을 타고 갔다.'[1]고 적고 있다.

❙ 거란 지배층의 모습
거란의 이찬화(李贊華)가 그린 〈동란왕출행도(東丹王出行圖)〉의 일부이다.

이렇게 무료하게 지내야 했지만, 이때의 여행은 그로서는 처음으로 북쪽의 변경지대를 시찰하는 기회이기도 했다. 북쪽의 강적 거란과 맞서고 있는 지역의 여행은 그에게 강렬한 인상을 주었다. 변경지역에 배치된 송의 군대는 대체로 거란에 대해 수세적인 자세를 취하고 있었다. 이러한 변경의 정황에 대해 그는 아래와 같이 읊고 있다.

백구하 주변은 송과 거란의 접경 지대,	白溝河邊蕃塞地
거란 사신을 떠나보내고 맞아들이는 일이 연중 행사일세.	送迎蕃使年年事
거란 군사의 말이 늘상 와서 우리의 여우와 토끼를 잡아가도	蕃馬常來射狐兎
우리 병사는 나 몰라라 봉화조차 올리지 않네.	漢兵不道傳烽燧[2]

---

1   ≪臨川先生文集≫ 권 84, 〈送返北朝人士詩序〉.

여정의 마지막은 거란 사신을 따라 거란의 영역인 탁주로 들어가는 일이었다. 탁주는 만리장성 이남 지방이지만 오대의 후진 정권 이래 거란 영토가 되어 있었다. 이렇게 만리장성 이남 지방으로서 거란의 지배를 받고 있는 지역을 '연운십육주燕雲十六州'라고 부른다. 오늘날의 북경 주변이 여기에 해당한다. 만리장성은 고래로 중국인의 거주지역과 북방의 초원지대를 구분하는 경계선 역할을 하였다. 그런데 거란이 건국되며 그 남부지역인 연운십육주를 영유하게 된 것이다. 연운십육주는 송대에 들어서도 회복되지 못하여 지식인에게 민족의식을 일깨우는 자극제 역할을 하였다. 왕안석 역시 탁주를 다녀오며 많은 감회가 들었다.

탁주 모래밭 위에서 한 잔 술을 마시고 머뭇거리며	涿州沙上飮盤還
봄바람 속에 거란의 춤사위 〈소거란〉을 구경하노라.	看舞春風小契丹
변방에 내리는 비는 은근히 연운지역 사람들을 눈물짓게 만들고,	塞雨巧催燕淚落
또 한편으로 자욱이 흩뿌려 중국 사신의 의관을 적시네.	濛濛吹習漢衣冠³

1060년 2월, 송반사의 업무를 마친 왕안석은 삼사탁지판관의 직위에 복귀하였다. 그리고 그로부터 10개월 정도 지난 후인 11월 하순, 사마광과 왕안석을 동수기거주同修起居注에 임명하는 인사 명령이 내려졌다. 이에 대해 사마광은 5차례 사양한 다음 받아들였다. 하지만 왕안석은

---

2   《王荊公詩注補箋》 권 7, 〈白溝行〉.
3   위의 책 권 45, 〈出塞〉.

무려 8번이나 사양하는 상주문을 올리며 거부하였다.

조정에서는 왕안석의 의사를 묵살하고 임명을 강행하였다. 왕안석이 뜻을 굽히지 않고 인사명령서를 받아가지 않자, 중간에 있는 서리의 입장이 난처해졌다. 인사명령서의 전달을 맡은 서리는 어쩔 수 없이 왕안석의 근무부서인 삼사의 탁지로 찾아가 사령장을 전달하려 했다. 왕안석은 이마저 거부하였다. 어떻게든 사령장을 전달해야 하는 서리는, 왕안석을 쫓아다니며 애걸복걸하였다. 심지어 머리를 조아리며 제발 받아달라고 애원하였다. 귀찮아진 왕안석은 화장실로 도망해서 나오지 않았다. 서리는 어쩔 수 없이 책상 위에 사령장을 놓고 갔다. 하지만 왕안석은 그것을 되돌려 보내고 말았다. 이러한 왕안석의 완강한 사양에 밀려 결국 조정도 포기하고 말았다.

왕안석에게 새로운 인사 명령이 내려진 것은 이듬해인 1061년(가우 6) 6월의 일이었다. 새로 부여된 관직은 지제고였다. 지제고는 조정에서 내려지는 각종 포고령의 초안을 작성하는 직책이었다. 왕안석은 지제고 직을 맡으면서부터 다시는 이전과 같이 관직을 사양하지 않게 되었다고 한다.

지제고로 옮긴 지 얼마 되지 않아 광서의 옹주 지주였던 소주라는 인물이 부정부패와 무능으로 말미암아 처벌을 받게 되었다. 그 처벌의 명령서를 기초하는 업무를 담당하게 된 사람이 바로 왕안석이었다. 그런데 왕안석을 위시한 지제고들이 소속된 기관인 사인원舍人院에서는 소주의 처벌 수위와 관련하여 조정의 대신들과는 다른 의견을 지니고 있었다. 사인원은 대신들의 결정에 대해 이의를 제기했으나 받아들여지지 않았다. 왕안석은 소주에 대한 처벌 명령서를 조정의 방침과는 다른 내용으로 작성하였다.

이러한 월권 행위에 대해 조정이 가만히 있을 리 없었다. 조정에서는 즉각 명령서의 수정을 지시하고 이어, '향후 사인원에서는 조정의 조칙에 대해 개정을 요구해서는 안 된다.'는 지침을 하달하였다.

사인원의 지제고들은 조정의 조치에 승복하려 들지 않았다. 그러한 사인원의 여론을 대표하여 왕안석이 상주문을 올렸다.

> 사인원의 지제고가 명령서의 내용을 조금도 수정할 수 없다는 것은, 지제고의 업무를 그만두라는 것과 마찬가지입니다. 모든 일을 조정 대신들의 뜻에 맞추어 처리하라는 의미입니다.
>
> 이러한 지침은 폐하의 뜻에 따른 것인가요? 아니면 대신들의 뜻에 따른 것인가요? 만일 폐하의 뜻이라면, 이처럼 군주가 조정 신하의 주장을 막는 일은 일찍이 들어보지 못했습니다. 만일 대신의 뜻에 따른 것이라면, 폐하가 정무를 직접 주재하지 못하고 모두 대신에게 내맡기고 있다는 의미일 것입니다.
>
> 실제로 근래 폐하는 몇몇 대신들에게 천하의 정무를 모두 위임하고 있습니다. 힘 있는 대신들이 폐하를 핑계로 하고 싶은 대로 하고 있는 것입니다.[4]

이와 같은 사태의 전개, 그리고 조정과 사인원의 대응은 우리를 어리둥절하게 만든다. 사인원의 일개 관료인 지제고가 어떻게 조정의 방침

---

4 《續資治通鑑長編》 권 193, 仁宗 嘉祐 6년 6월 戊寅.

을 멋대로 바꿀 수 있다는 말인가? 그리고 지제고가 명령서를 작성하며 조정의 결정 사항을 멋대로 고친 것에 대해, 조정이 주의를 주고 재발을 엄금하는 것은 당연한 일일 것이다. 그런데 조정의 조치에 대해 다시 반론을 제기하는 상황은 어떻게 된 것일까?

이를 이해하기 위해서는 송대 관료제의 구조에 대한 인식이 필요하다. 우선 송대에는 관원들 사이의 업무 분장 자체가 명확하지 않았다. 이를테면 추밀원은 군사 업무를 관할하는 기구였으나, 그 소속 관원들이 꼭 군사 관련 업무에 대해서만 발언할 수 있는 것은 아니었다. 재정을 관할하는 부서인 삼사의 관원들도 국정 전반에 대해 비교적 자유롭게 의견을 개진할 수 있었다. 그 의견 개진이 상주문의 형식을 취할 때는, '언로言路의 보호'라는 명분 아래 거의 무제한으로 보장되어 있었다. 뿐만 아니라 주요 현안 문제가 논의될 때에는, 조정의 어떠한 중하급 관원이라 할지라도 절차를 밟아 의견을 개진할 수 있는 길이 개방되어 있었다.

나아가 관료의 업무 처리에 대한 재량권도 매우 넓었다. 이를테면 송대 가장 큰 지방행정 단위인 로路의 장관으로서 재정을 담당하는 관리가 전운사였다. 그런데 전운사에게는 재정 문제에 그치지 않고 민생 전반에 대해 포괄적인 조치를 취할 수 있는 권한이 부여되었다. 전운사는 각급 지방관원을 감찰할 수도 있었다. 이러한 점은 로의 사법을 관할하는 장관인 제점형옥에게도 마찬가지였다. 제점형옥 역시 사법 문제 뿐만 아니라 재정에 대해서 간여할 수 있었고, 또 전운사와 마찬가지로 각급 지방관원을 감찰할 수 있었다.

┃북송 중기의 명신 한기
(韓琦, 1008~1075)

지제고가 각종 명령서의 초안을 담당하면서, 명령서의 내용에까지 간여할 수 있었던 것은 이러한 송대 관료제의 성격 때문이었다. 왕안석의 활동 시대가 되면, 지제고는 조정의 조치가 자신의 판단과 맞지 않는다 여겨질 때 그 조치의 재고를 요구할 수도 있었다.

그렇다 하더라도 왕안석의 상주문은 상당히 자극적이고 공격적이라 하지 않을 수 없다. 이 상주문이 올려지자 당시 재상의 자리를 지키고 있던 한기(1008~1075)는 몹시 불쾌해 했다고 한다. 상주문의 내용이 거의 대부분 재상을 공박하는 것이었기 때문이다. 이로 인해 한기와 왕안석 사이의 관계는 더욱 나빠졌다고 한다. 한기는 왕안석이 과거에 급제한 후 첫 부임지에서 만난 사람이었다. 왕안석이 첨서회남판관이 되어 양주로 내려간 지 2년만에 한기는 양주지사로 부임하였다. 그 무렵 밤 새워 공부하고 아침이 되어 부스스한 모습으로 출근하는 왕안석에게, 술 마시고 방탕하다고 오해하여 핀잔을 주었던 바로 그 사람이다.

왕안석은 지제고로 근무하던 시절 재미난 일화[5]를 하나 남기고 있다. 어느 봄 날 인종 황제는 조정의 관료들을 모아 꽃구경을 겸하는 낚시

5　《邵氏聞見錄》 권 2.

대회를 열었다. 내시들이 금박을 입힌 접시에 낚시 밥을 가득 담아 여기저기에 놓아두었는데, 왕안석은 자기 앞의 낚시 밥을 다 먹어버렸다. 이튿날 인종이 대신들에게 말했다.

"왕안석은 사악한 사람이오. 어쩌다 잘못해서 낚시 밥을 먹었다면 한 알 먹고는 바로 그만 두어야 할 것이오. 다 먹어버린다는 것은 보통 사람이 할 일이 아니오."

아무렇지도 않게 낚시 밥을 다 먹어버리는 남자… 아무리 생각해도 이해할 수 없는 사람이다. 인종처럼 '간사하고 악독하다.'라는 생각을 갖게 한다. 그런데 실은 그것이 왕안석이란 사람의 성격이 극히 무신경했음을 보여주는 것이었다.

이보다 조금 앞서 왕안석이 군목판관으로 재직할 때의 일[6]이다. 그의 나이는 35살 전후였다. 그 무렵 그는 한유, 여공저 등과 어울려 다니기를 좋아했다. 이른바 '가우연간의 네 벗嘉祐四友'이라는 호칭이 있던 시기였다. 어느 날 이들이 어울려 어떤 사찰에서 목욕을 하게 되었는데, 왕여라는 사람이 목욕 후 갈아입을 새 옷을 한 벌 씩 준비했다. 하인들은 왕안석의 친구들이 목욕하고 나올 때마다 새로 준비한 옷을 건넸다. 다른 사람은 모두 새 옷을 보고 놀라며 고마워했다. 하지만 왕안석만은 아무 것도 눈치 채지 못한 채, 하인들이 건네는 옷을 원래 자기가 입고 온 것인 줄 알고 그냥 받아 입었다고 한다.

이보다 더 재미있는 이야기[7]도 있다. 이번에는 조금 시간이 흘러 왕

---

6 《曲洧舊聞》 권 10.
7 위와 같음.

안석이 재상으로서 신법을 주도하던 시기에 있었던 일이다. 누군가 왕안석의 부인에게 말했다.

"재상께서 말린 노루 고기를 좋아하시더군요."

그러자 부인이 고개를 갸웃거리며 말했다.

"그 양반은 평소 음식에 대해 별로 관심이 없습니다. 그런데 유독 그것만 좋아할 리 없어요. 어떻게 말린 노루 고기를 좋아하는지 알게 되셨죠?"

"식사할 때마다 다른 것에는 눈길도 주지 않고 말린 노루 고기만 드시더군요. 그래서 알게 되었습니다."

"식사할 때 말린 노루 고기가 어디에 있었나요?"

"재상 자리 바로 앞에 놓여 있었습니다."

"그럼 다음에는 다른 음식을 앞 자리에 놓아 보세요."

아니나 다를까, 다른 음식을 앞에 놓자 왕안석은 그것에만 젓가락을 대었다. 말린 노루 고기는 거들떠 보지도 않았다.

이런 성격이었으니 그가 좋은 옷을 챙겨 입는다든가 혹은 외관을 깨끗이 한다든가 하는 일에 신경을 쓸 리가 만무하다. 그는 언제나 부스스한 얼굴에 꾀죄죄한 옷을 입고 다녔다. 그러니 그를 두고 소순(1006~1066)이, '오랑캐 신하 같은 옷차림을 하고 개 돼지나 먹을 음식을 먹으며, 갓 장사를 지낸 듯 지저분한 몰골을 하고 있다.'[8]고 말했던 것도 무리는 아니다.

---

8 《蘇洵集》 권9, 〈辨姦論〉.

1062년(가우 7) 가을, 왕안석은 지제고의 관직을 유지한 채 수도인 개봉부의 사법 업무를 감찰하는 업무를 맡게 되었다.

왕안석의 고집스럽고 독선적인 성격은 이때도 그대로 드러났다. 그것을 잘 보여주는 사례가 싸움 메추라기를 둘러싼 살인 사건의 처리였다. 어느 젊은이 하나가 길에서 싸움 메추라기를 주웠는데, 그 친구가 자기에게 달라고 하다가 주지 않자 그냥 빼앗아 달아났고, 젊은이는 쫓아가 그 친구를 살해한 사건[9]이 일어났다. 개봉부에서는 그 젊은이를 사형에 처하려 했다. 이에 대해 왕안석이 반대하며 말했다.

"법률에 의하면 공공연히 빼앗는 것이나 몰래 도둑질하는 것이나 모두 절도이다. 이편에서 주지 않으려 하는데 저쪽에서 가지고 가버렸으니 절도인 것이 분명하다. 그러니 이편에서 쫓아가 때린 것은 도둑을 잡아 처벌한 셈이다. 비록 그가 죽었으나 그 사실을 문제 삼아서는 안 된다."

왕안석은 개봉부의 처리가 잘못되었다고 탄핵하였고, 개봉부측에서는 이에 불복하여 사건이 중앙 정부로 넘어갔다. 중앙정부의 사법 기관인 심형원과 대리시는 모두 개봉부의 판단이 옳다고 하였다.

사건의 처리가 결말이 난 다음, 조정에서는 왕안석의 잘못에 대해 책임을 추궁하지는 않되 공개적으로 사죄할 것을 명령하였다. 하지만 왕안석은, '나는 아무 잘못이 없다.'고 말하며 사죄를 거부하였다. 그러자 어사들이 일어나 심하게 왕안석을 공박하였으나, 조정에서는 왕안석의 명망이 높은 것을 감안하여 불문에 부치기로 결정하였다.

---

9 ≪續資治通鑑長編≫ 권 193, 仁宗 嘉祐 7년 10월 甲午.

2. 모친상과 낙향

왕안석은 1059년 말부터 1063년 가을까지 중앙관으로 근무하였다. 만 4년 정도 수도 개봉에 머문 셈이다. 1063년(가우 8) 3월 인종이 붕어하였다. 그로부터 5개월 후인 그해 8월 왕안석의 모친이 작고하였다. 왕안석은 복상을 위해 사직하고 오늘날의 난징인 금릉으로 내려갔다.

그는 모친에게 극진한 효도를 바쳤다. 관직과 근무지를 고려할 때도 연로하고 병든 모친을 봉양할 수 있는가 하는 문제가 중요한 고민 거리였다.

복상 기간 동안 왕안석은 매우 검소한 생활을 하였다. 이 시기 그의 생활 모습을 전해주는 흥미로운 일화[10]가 하나 전해진다. 복상을 하면서 그는 집에서 잠을 자지 않고, 신위가 모셔진 상청에 볏짚을 깔고 기거하였다. 그때 친구 하나가 편지를 보내왔다. 편지를 갖고 온 심부름꾼은, 허름한 옷차림에 꾀죄죄한 모습을 하고 앉아 있는 왕안석을 보고 하인이라 생각했다. 심부름꾼은 그를 하인이라 부르며 지제고 댁에 지체 없이 편지를 전하라고 말했다. 그런데 왕안석이 편지를 받아든 다음 개봉해 버리자 노발대발했다.

"지제고께 전해질 편지를 하인이 멋대로 개봉해도 되는 것이냐!"

이를 보고 있던 주변 사람들이 말했다.

"이 분이 바로 지제고시네."

심부름꾼은 몸 둘 바를 몰라 하며 혼잣말을 했다.

---

10 《默記》 권 下.

"참 좋은 어른이시다. 참 좋은 어른이시다."

전통시대의 복상이란 왕안석처럼 하는 것이 원칙이었다. 양친을 잃은 자식은 죄인 모습을 하고 산소 주변을 지켰다. 이런 상태로 2년 동안 바깥 일을 끊고 살아야 하는 것이다.

1065년(영종 치평 2) 왕안석의 복상 기간이 끝나자, 조정에서는 예전의 관직인 지제고로 복귀하라고 전갈을 보냈다. 하지만 그는 사양하고 금릉에 그대로 남아, 한편으로 저술을 하며 또 한편으로 제자들을 가르치는 생활을 해 나갔다. 그가 재차 조정에 나서는 것은 그로부터 다시 3년여가 지난 1068년의 일이었다.

제 2 부
신법의 주도와 당쟁

제 1 장

신종의 발탁과 신법 시행

1. 청년 황제 신종의 즉위

1067년(영종 치평 4) 정월, 북송의 제5대 황제인 영종이 붕어하고 새로운 황제가 즉위하였다. 그가 바로 신종이다. 당시 신종은 약관 20세의 청년이었다. 그는 이후 1085년(원풍 8) 38세의 나이로 죽기까지 20년 가까이 황제 자리에 있으면서 왕안석에 대한 절대적인 후원자 역할을 하였다. 왕안석의 신법도 신종이란 인물이 없었다면 아마 중국 역사에 이름

▍북송의 제6대 황제 신종(재위 1067~1085)

을 남기지 못하였을지도 모른다. 아니 적어도 신법이란 개혁이 대단히 다른 형태를 띠었을 것이 분명하다.

11세기 중엽 건국한지 100여년을 넘긴 송 나라는 안팎으로 여러 가지 문제에 직면해 있었다. 가장 중요한 문제는 심각한 재정적자였다. 서하와의 전쟁으로 말미암은 군사비의 증가로 재정이 거의 파탄지경으로 몰려 있었다. 예컨대 1065년(영종 치평 2)의 재정적자는 총 세입의 13퍼센트에 달하였다. 재정 적자는 자연스레 농민에 대한 부담으로 전가되었다. 이러한 부담의 증가로 인해 농민들의 동요와 반란도 심각한 양상을 띠었다. 훗날 왕안석의 신법에 반대하였던 사람인 부필(1004~1083)은 그 무렵의 상황에 대해 다음과 같이 말하고 있다.

> 천하에 도적 떼가 가득차려 하고 있다. 이것을 생각하면 춥지 않은데도 두려워 떨린다.[1]

신종이 즉위할 무렵은 체제의 여러 모순이 중합되어 심각한 위기를 보이고 있었던 시기였다.

청년 황제 신종은 무엇보다 거란과 서하에 대한 굴욕적인 관계를 청산하고 싶어 했다. 이를 위해서는 군사력을 기르고 재정을 튼튼히 해야만 한다. 신종이 이처럼 군사적인 업적을 이루고자 했다는 사실은 다음과 같은 일화[2]에서 잘 드러난다. 그는 황제로 즉위한 이후 자신이 군사

---

1 《續資治通鑑長編》 권 143, 仁宗 慶曆 3年 9月 丁丑,
2 蔡絛, 《鐵圍山叢談》(四庫全書本) 권 1.

를 이끌고 진두지휘하여 거란과 서하를 정복하는 모습을 꿈꾸기도 했다. 어느 날 그는 갑옷을 차려 입고 태황태후를 찾아가 말했다.

"할머니, 제가 이렇게 한 번 입어 봤는데 잘 어울리나요?"

태황태후인 조씨는 웃으며 대답했다.

"갑옷이 잘 어울리는군요. 하지만 황제까지 이런 차림을 하면 국가가 어떻게 되겠소?"

신종은 이 말을 듣고 속으로, '그렇겠구나.' 하고 생각한 후 갑옷을 벗었다고 한다.

신종에게 이처럼 강력한 군사적 성취욕구가 있었다는 사실을 보여주는 일화로서 다음과 같은 것[3]도 있다. 역시 황제가 된 직후의 일이다. 그는 대신들과 협의하여 거란에 대한 원정을 결의하고 이를 태황태후 조씨曹氏에게 알렸다.

이에 조태후曹太后가 말했다.

"이 일은 보통 일이 아닙니다. 수많은 사람들의 목숨이 걸린 문제입니다. 가볍게 처리해서는 안 됩니다. 만일 거란 정벌이 가능했으면, 태조나 태종 때에 벌써 해냈을 것이지 어찌 지금까지 방치했겠습니까?"

그러자 신종은 다음과 같이 대답했다고 한다.

"그 말씀만은 받아들일 수 없습니다."

태황태후 조씨太皇太后 曹氏는 신종의 아버지인 영종을 양자로 받아들여 손수 양육한 인물이며, 동시에 영종英宗의 등극 후에는 한동안 수렴

---

[3] ≪宋史≫ 권 242, 〈慈聖光獻曹皇后列傳〉.

청정을 했었다. 신종은 이러한 조태후에게 지극한 효성을 바쳐서, 그녀를 기쁘게 하기 위해서는 무슨 일이라도 했다고 한다. 또 정무의 처리에 있어서도 늘 그녀의 자문을 구하였다. 그럼에도 불구하고 거란에 대한 정벌문제에 있어서만은, 이처럼 결연히 조태후의 제지를 뿌리치고 있는 것이다.

나아가 신종은 대외정벌을 위해 특별히 물자를 비축하는 창고까지 설치하고 있었다. 그러한 창고가 그의 통치기 말엽이 되면 20개에 이르렀다. 그는 이 창고에 다음과 같은 시까지 친히 지어 걸어두었다.

매일 저녁마다 두려워하며 반성하노라.	每虞夕惕心
선대 황제들의 유업을 헛되이 저버리지는 않았던가?	妄意邀遺業
돌아보니 내게는 무사다운 모습이 없구나.	顧予無武姿
언제나 오랑캐를 쳐부술 수 있을까?	何日成戎捷[4]

신종은 황제로 즉위한 이후 국정의 대대적인 쇄신을 이루고자 했다. 그는 황제 등극 직후인 1067년(치평 4) 초 내외의 문무 신하들에게 명령하여 내정과 군사 등 국정 전반에 대한 숨김없는 직언을 구했다. 이어 같은 해 6월에는 당시 커다란 사회문제였던 역법의 개선방향에 대해 모든 지방관으로 하여금 견해를 제출케 하였다. 이러한 내외 관료에 대한 개혁의 자문은, 나아가 재정수지의 절감방안과 재정책의 개선방향, 전반적인 정치의 방향과 변경의 군사문제 등에 이르기까지 다양한 사

---

4 ≪宋史≫ 권 179, 〈食貨 下一〉〈會計〉

람들을 대상으로 수시로 행해졌다.

하지만 이러한 신종의 적극적인 모색에도 불구하고 당시의 유력한 대신들은 그의 개혁의지에 부응하지 못하거나, 아니면 그들이 제시한 방향이 전연 신종의 의도에 부합되지 않았다. 이러한 정황에 대해 소철(1039~1112)은 훗날 다음과 같이 회고하고 있다.

> 신종은 처음 즉위하였을 때 만사를 바로잡고 사방 이민족을 제압하려는 뜻을 지녔다. 하지만 모든 신하들은 팔짱을 끼고 서로 바라보기만 하였다.[5]

신종은 국정을 개혁하고 이어 이를 바탕으로 거란과 서하를 제압하고자 하는 강렬한 열의를 지녔으나, 주변의 신하들로부터 전연 도움을 받지 못하는 상황이 한동안 지속되었던 것이다.

그렇다면 당시의 대신들은 신종의 개혁을 위한 자문에 대해 과연 어떻게 응답하였던 것일까? 한유(1017~1098)가 제시한 방향은, "천하의 대사는 급작스럽게 해서는 안 됩니다. 천자의 조치는 앞뒤가 있으니 신중하게 해야 합니다."[6]라는 것이었다. 신종의 적극적인 태도를 견제하며 개혁에 대한 반대의 입장을 분명히 했던 것이다. 사실 그는 신종이 태자로 세워지기 전부터 신임하여 매사에 자문을 구하던 인물이었으며, 그렇기 때문에 신종의 의도를 잘 파악하고 있었다.

---

5 ≪蘇轍集≫, 〈欒城集〉 권 47, 〈進御集表〉
6 ≪長編≫ 권 209, 英宗 治平 4년 2월 乙酉

■ 사마광(司馬光, 1019~1086)

재정수지의 적자에 대해 자문을 받은 사마광(1019~1086)의 태도 역시 한유의 신중론과 크게 다르지 않는 것이었다. 신종은 사마광에게 상당한 재량권을 부여하여, 재감국이란 명칭의 기구를 설치하고 재정 전반에 걸친 개혁을 모색하도록 명했다. 하지만 사마광의 응답은 신중일변도였다. 즉 '재정의 부족은 우선 절검으로 대처해야 하며, 장구한 시간을 두고 면밀히 검토해야 되는 것이지 신이 일조일석에 방안을 강구할 수 없습니다.'라는 내용[7]이었다. 이러한 사마광의 태도에 신종은 실망하고 재감국의 설치를 포기했다고 한다.

인종 이래의 노신이었던 부필(1004~1083)의 신종에 대한 제언도, 마찬가지로 그 급속한 개혁지향을 버려야 한다는 것이었다. 그는 신종이 자신의 주된 관심사인 군사문제에 대해 자문하자, "폐하께서는 즉위한지 얼마 되지 않으니 마땅히 덕과 은혜를 베풀어야 합니다. 원컨대 20년간 군사 문제를 입에 올리지 마소서."라고 대답할 정도였다.[8]

이러한 상황에서 신종이 국정개혁을 추진할 대안으로서 선택한 인물이, 당시 조야에서 명망을 얻고 있었던 왕안석이었다. 이렇게 신종이

---

7 ≪宋史≫ 권 179, 〈食貨 下一〉〈會計〉
8 ≪宋史≫ 권313, 〈富弼傳〉

왕안석을 발탁하는 정황에 대해, 명말청초의 인물 왕부지(1619~1692)는 다음과 같이 말하고 있다.

> 신종에게는 밖으로 드러내 말할 수 없는 비밀이 있었는데, 국정을 맡은 대신 가운데는 그 뜻을 헤아려 더불어 일할 만한 인물이 없었다. 그리하여 왕안석이 그 틈을 타고 나아갔다. 신종은 처음 즉위했을 때 문언박에게 이르기를, "군대를 길러 변경을 방어하기 위해서는 국고가 충실해야만 한다."고 했다. 이는 왕안석이 이끈 것이 아니다. 신종에게 그러한 생각이 있은 지 오래였다.[9]

신종은 개혁을 위한 모색 끝에, 당시 정계를 주도하던 대신들의 지나친 신중함 내지 무사안일에 실망하고, 그때까지 거의 지방관으로만 일관하고 있던 참신한 인물 왕안석을 발탁하기에 이르렀던 것이다. 다만 위 인용문 가운데, 왕부지가 신종에게 외정의 추구라는 비밀이 있었다고 말하고 있으나, 앞서 살펴본 대로 사실 신종의 그러한 의도는 당시 누구에게나 이미 명확하게 감지되고 있었다. 신종은 여러 타진을 거쳐 바로 자신의 국정 쇄신 의도에 왕안석이 가장 잘 부응할 수 있다고 판단했던 것이다.

---

[9] 王夫之, ≪宋論≫(臺北, 里仁書局, 1985) 권 6, 〈神宗〉 2

2. 왕안석의 발탁과 부재상 임용

신종의 즉위 당시 왕안석은 모친상 복상기간을 막 마친 상태였다. 신종은 그를 중앙관으로 부르려 했으나 병을 이유로 고사하자, 일단 현재의 난징인 강녕부江寧府의 지부로 삼았다가 6개월 후 마침내 한림학사에 임명하였다. 신종이 즉위한지 9개월여만인 1067년(치평 4) 9월의 일이었다. 당시 왕안석의 나이는 47세였다. 한림학사란 직위는 황제의 조칙을 기초하며 한편으로 황제의 지근거리에서 자문에 응하는 것이었다. 따라서 한림학사는 추후 재상 등의 요직으로 진출하는 디딤돌 역할을 하는, 대단히 중요한 직책이었다.

그런데 왕안석은 그때까지 20대 초반 과거에 급제한 이래 25년여 동안 지방관으로만 전전하는 상태였다. 물론 인종의 말엽 약 4년 동안 중앙관직을 맡으며 유명한 〈만언서〉를 올리기도 했다. 하지만 그 직후 모친상을 당하여 영종의 통치기(1064~1067)를 통해 복상을 계속하였다. 이렇게 중앙정계에서의 경력이 보잘 것 없었음에도 불구하고 이 무렵 왕안석의 명망은 조야에 널리 퍼져 있었다. 당시 그러한 명망에 대해 사마광은 다음과 같이 술회하고 있다.

지난 번 왕안석과 조정의 일을 논할 때 생각이 서로 어긋났는데 그가 너그러이 헤아려주었는지 모르겠습니다. 하지만 나의 왕안석에 대한 흠모의 마음은 전혀 변하지 않았습니다. 왕안석은 30여년 간 천하에서 큰 명망을 받아 왔습니다. 학식이 높으며, 높은 관직에 오르는 데 욕심이 없었습니다. 그래서 원근의 선비들이 그를 알든 모르든 모두 말하기를, '왕안석

이 몸을 일으키지 않으면 어쩔 수 없지만 일으킨즉 천하에 태평시대가 도래하리라.'고 했습니다.[10]

왕안석이 중앙의 발탁에 고사해서 그렇지, 중앙정부에서 책임 있는 지위에 오르기만 하면 국정을 훌륭히 다스려갈 것이란 평판이 광범위하게 확산되어 있었다는 것이다. 유안세(1048~1125)라는 인물은 이러한 분위기를, "당시 천하의 여론은 강령에 머무는 왕안석을 대신으로 삼지 않는 것에 대해 이상히 여겼다."[11]고 전하고 있다. 또 다른 사람은, "천하가 왕안석을 널리 추앙하며 그가 훗날 반드시 태평을 이룰 것이라 여겼다."[12]고 말하고 있다.

당시 왕안석에 대한 중망은 어떠한 연유로 말미암은 것이었을까? 위 인용문에서 사마광은, 높은 학식과 관직에 대한 무욕을 들고 있다. 이 중에서도 후자, 즉 중앙의 발탁에 대한 고사는 왕안석의 평판을 높이는 데 결정적인 요소로 작용했다.

그는 26세 되던 해인 1046년(인종 경력 6), 회남판관을 마친 후 중앙관으로의 진출을 마다하고 다시 지방관인 절동 은현의 지현이 되었다. 당시 지방관의 임기를 무사히 마치면 보고서를 올려 일정의 시험을 치른 다음 중앙관직으로 진출하는 것이 관례였다. 이어 31세 때인 1051년(인종 황우 3)에는 재상이었던 문언박이 조정에 그를 추천했으나 사양하고 지방관을 다시 계속하였다.

---

10 司馬光,〈與介甫書〉(《溫國文正司馬公文集》권 60)
11 馬永卿 編,《元城語錄》(四庫全書本) 권 上
12 韓琦,《韓魏公集》(叢書集成初編) 권 20에 附載된, 王巖叟,〈別錄〉

이러한 중앙정계의 발탁에 대한 사양은, 인종 때에도 몇 차례나 지속되었으며 다음 황제인 영종 때에도 두 차례나 거듭되었다. 그러한 결과 세간의 사대부들 사이에서는, '그가 출세에 무욕함을 칭찬하며 그와 만나지 못하는 것을 한탄'[13]하는 정도가 되었다 한다. 이와 더불어 지방관 재직시 그가 상당한 업적을 쌓았던 것이라든가, 그의 학문이나 문학적 재능 등도 그에 대한 세평을 만드는 데 상당한 역할을 했다.

신종 또한 황제로 즉위하기 이전 여러 경로로 이와 같은 왕안석의 명망을 접하고 있었다. 특히 황태자로 책봉되기 직전 신종은 한유(1017~1098)로부터 학문을 배우고 있었다. 신종은 그 가르침을 마음에 들어 했는데, 그러한 신종의 칭찬에 대해 한유는, '이는 제 주장이 아닙니다. 제 친구인 왕안석의 견해입니다.'[14]라고 말했다. 또 한유는 훗날 신종의 곁을 떠나게 되면서 자기 후임으로 왕안석을 추천하였다. 이러한 연유로 왕안석이란 인물에 대해 깊은 관심과 호감을 갖게 되었다고 한다.

1068년(희녕 원년) 4월 왕안석은 한림학사로 임명된 지 7개월만에 입경했다. 신종은 즉시 그를 불렀다. 당시의 기록에서는 이러한 신종의 신속한 왕안석 호출을 '월차越次'라 적고 있다. 순서를 건너뛰었다는 것이다. 그의 새 인물 내지 새로운 정책제안에 대한 기대를 잘 보여주는 것이라 하겠다.

신종은 처음 대면하자마자 대뜸 물었다.

"짐은 경에 대한 명망을 들은 지 오래요. 지금 정치에서 무엇이 가장 시급하오?"

---

13 《송사》 권327, 〈왕안석전〉
14 위와 같음.

이에 왕안석이 대답했다.

"정책 방향을 결정짓는 것입니다."

이어 왕안석은 신종에게, 저 옛날의 성왕인 요순을 본받아 간요하고 번잡하지 않은 정책의 실시를 제안했다.

이때의 대화는 신종에게 큰 인상을 주었으며, 왕안석에 대한 신뢰를 굳히는 계기가 되었던 듯하다. 신종은 왕안석을 면담하고 나서, 자신에게 능력이 없어 왕안석의 의도에 부응하지 못할까 우려된다는 뜻을 피력하고, 그에게 '진력하여 짐을 보필하여 주시오. 경의 제안을 따라 같이 나가기를 바라오.'라고 당부했다고 한다.[15]

▎북송 문인들의 유유자적
문인들이 차 모임을 즐기는 모습. 송 사회의 번영과 평화를 상징적으로 보여준다.
(송 휘종[徽宗], 〈문회도[文會圖]〉)

15　이상 신종과 왕안석의 첫 대면 및 그 대화에 대해서는, ≪續資治通鑑長編拾補≫ 권 3 上을 참조.

신종은 첫 대면을 마치기 전 왕안석에게, 송나라가 그 창건 이래 100여 년 동안 큰 변고 없이 태평이라면 태평이라 할 만한 통치를 구가할 수 있었던 이유에 대해 물었다. 왕안석이 이에 대한 답변으로 올린 것이 유명한 〈본조백년무사차자本朝百年無事箚子〉이다. 여기서 그는, 백년 동안 천하가 무사했던 것은 천우신조라고 단언한다. 즉 다행히 이민족이 흥성하지도 않았으며 커다란 자연재해도 없었기 때문이라는 것이다. 오히려 국정을 살펴보면 재정의 방향을 그르쳐서 백성은 가난하고 국가의 재정은 큰 어려움에 직면해 있다고 진언했다. 이 상주문을 접하고 나서 신종은 구체적인 정책대안에 대해 물었다. 그래서 왕안석이 자신의 견해를 개략적으로 밝히자, 신종은 일찍이 들어본 적이 없는 것이라며 매우 기뻐했다고 한다.[16]

이러한 접촉과 대화를 거치며 신종은 왕안석이 주장하는 바대로의 개혁을 결심하게 되었다. 그런데 왕안석이 제시했던 개혁의 방향이란 구체적으로 어떠한 것이었을까? 왕안석은 입경한지 4개월 후인 1068년 (희녕 원년) 8월 신종의 면전에서 사마광과 논쟁을 벌였다.[17] 이 논쟁은 왕안석의 재정 사상 내지 개혁의 구상을 단적으로 보여주는 사건이었다고 할 수 있다.

당시 정기적인 국가적 행사를 마치고 전례에 따라 조정의 관료들에

---

16 ≪續資治通鑑長編拾補≫ 권3上.
17 사마광은 1067년(치평 4) 9월 왕안석보다 5일 후 동일하게 翰林學士로 임명되었다. 특별하사품의 지급 여부를 둘러싼 논쟁의 경과는 ≪續資治通鑑長編拾補≫ 권3상을 참조.

게 특별 하사품을 내릴 것인가 하는 문제가 쟁론의 대상이 되었다. 대부분의 신하들은, 재정이 궁박한데다가 지방에 물난리도 있으니 특별하사를 이번에 한해 생략하자고 말했다. 그러나 왕안석은 특별하사품의 지급을 주장하며 말했다.

"특별하사품 자체가 큰 액수도 아니니 생략한다 해서 재정에 큰 도움이 되지 않습니다. 오히려 조정에서 관료를 우대한다는 전통적인 정신과 원칙만 손상시킬 것입니다."

그러자 사마광이 나서서 반박했다.

"이 어려운 때에 조정의 신하들이 마땅히 절약의 모범을 보여야 합니다. 관료들이 솔선수범하지 않으면 백성들이 어찌 조정을 따르겠습니까?"

이에 왕안석은 다시 말했다.

"재정이 부족한 것은 훌륭한 재정 관료가 없었기 때문입니다."

"훌륭한 재정 관료란 백성들을 수탈해서 도적이 되게 하는 존재일 따름입니다."

"그런 사람은 훌륭한 재정 관료가 아닙니다. 진정 훌륭한 재정 관료란 백성에게 부담을 더 지우지 않으면서 재정을 풍족하게 하는 사람입니다."

'백성의 부담을 늘리지 않으면서 재정을 확보하는 것', 이것이 바로 왕안석의 지향이었던 것이다. 이후 논쟁은, 사마광이 다시 한무제 때의 재정관료였던 상홍양 등을 예로 들면서 반박하는 등 오랜 동안 지속되었다. 그러다가 신종이, '짐은 사마광의 입장에 동조하나 특별하사품은 전례대로 지급하겠다.'고 결정함으로써 종료되었다.[18]

이 논쟁에서는 외관상 신종이 사마광의 주장에 동조한 듯이 보인다.

하지만 이후의 상황전개는 전연 달랐다. 이튿날 황제는 왕안석만을 따로 불러 해질 무렵까지 담론했다. 조정의 여타 대신들은 감히 먼저 나가지 못하고 계속 기다리는 상태였다. 이로부터 10여일 후 다시 신종은 왕안석을 불러 대화를 나누었다. 신종이 왕안석과 처음 대면하여 그의 정책주장을 접한 지 4개월, 이 단계가 되면 신종은 왕안석 중심의 국정개혁을 거의 굳혀가고 있었던 것이다.

이처럼 신종의 왕안석 중용 방침은 매우 신속히 결정되었다. 당시 신종이 얼마나 왕안석 중심의 국정운영을 서둘렀나 하는 것은 다음과 같은 일화[19]에서 잘 드러난다. 위에서 언급한 사마광과의 특별하사품 지급을 둘러싼 논쟁이 있은 후 얼마 되지 않아, 신종과 왕안석이 만나 정치 전반에 대해 견해를 주고받았다. 그러다 신종이 말했다.

"경이 아니면 짐을 위해 이러한 일을 해줄 사람이 없소. 짐은 장차 정치를 경에게 맡기고자 하니 사양하지 않기를 바라오."

하지만 왕안석은 신종의 조급함을 만류하였다.

"폐하께서 진실로 신을 임용하고자 한다면 너무 서두르지 마십시오."

그러나 신종은 듣지 않았다.

"짐이 경을 안 것은 비단 어제 오늘의 일이 아니오."

이처럼 신종은 왕안석의 중용에 대해 조바심을 내고 있었다.

이러한 과정을 거쳐 신종은 이듬해인 1069년(희녕 2) 2월 마침내 왕안석을 부재상인 참지정사에 기용했다. 왕안석의 개혁주장을 중심으로

---

18   ≪長編拾補≫ 권 3下, 神宗 熙寧 元年 8월 癸丑
19   위의 책, 권 4, 神宗 熙寧 2년 2월 庚子.

한 정국운영의 의지를 분명히 한 것이다. 왕안석이 한림학사로 임용되어 수도 동경에 들어온 지 불과 10개월만의 일이었다.

3. 제치삼사조례사制置三司條例司의 설립과 폐지

제치삼사조례사는 1069년(희녕 2) 2월 왕안석이 참지정사로 발탁된 직후 설립된다. 왕안석을 중심으로 한 정권이 구성되면서 곧바로 발족했던 것이다. 그런데 조례사(제치삼사조례사의 약칭)는 과연 어떠한 전후 맥락에서 설치되었던 것일까? 신종과 왕안석은 어떠한 배경에서 조례사라는 임시기관의 설립에 동의하였던 것이고, 두 사람의 조례사에 대한 구상 내지 기대는 어떠하였을까?

조례사 설치의 직접적인 계기는 신종의 국방문제에 대한 자문이었다. 신종은 새로이 부재상이 된 왕안석에게 무엇보다도 먼저, 섬서 일대의 군수물자 부족 문제에 대한 처리방안을 물어보았다. 왕안석은 북변의 물가를 유지하면서도 무리 없이 군수물자를 확보할 수 있는 방안을 묻는 신종에게, 유통체계의 개선을 제안하였다. 그 바람직스러운 방안은, 다름 아닌 선왕先王의 정책을 본받아 물가통제권 및 재원을 국가가 장악하고 이를 통해 겸병을 통제하는 것이었다. 신종은 이러한 왕안석의 제언을 받아들여, '재정기관三司의 전반적인 체제 및 제도를 검토하여 개선하는 권한'을 지닌 조례사를 설립했다. 제치삼사조례사란 이와 같이 신종의 국방문제에 대한 관심 및 왕안석의 재정관이 합치된 산물이었다.

▌거란의 무사
허리의 화살통으로부터 화살을 하나 꺼내 점검하고 있다.
거란은 기병을 앞세워 군사적으로 송을 압도하였다(요[遼] 이중화[李重華]의 〈기사도[騎射圖]〉).

    조례사는 그 설립 이후 송조의 재정정책을 주도하며 적극적인 역할을 수행하기 시작했다. 그러한 활동은 특히 조례사 설립의 일차적인 취지이기도 했던 재정 구조의 변화 및 재정 수지의 개선, 즉 균수법 분야에서 두드러졌다. 조례사는 설립 직후부터 수차에 걸쳐 내외 관료들을 중심으로 전국적인 재정 내지 유통 체계의 개선과 관련한 의견을 수렴하였다. 그러한 과정을 거쳐 개혁의 방향을 확정한 후 1069년(희녕 2) 7월 마침내 정식으로 균수법을 발포하였다.

    이 균수법을 현지에서 실제로 집행하는 역할을 수행한 것은 설향薛向이란 인물이었다. 설향은 균수법을 실행하면서 여러 업적을 남겼다. 중앙정부에 납부해야 될 것으로서 당시 누락되어 있던 재원을 확보한 것이라든가, 조운의 부정을 바로잡아 그 효율을 높였던 것, 해외무역의 이익 확보, 그리고 정부예산의 합리적인 편성으로 재정 낭비를 절감했던 것 등이 그것이다. 이러한 공로로 말미암아 제치삼사조례사가 폐지된 직후인 1070년(희녕 3) 6월, 그는 상급 관직으로 발탁되기에 이른다. 당시 신종이 그를 승진시키며, '경에게 정치의 중심이라 할 수 있는 재정 문제를 의뢰하였던 바 심히 적절히 처리하여 훌륭한 성적을 올렸도다.' 라고 최상의 찬사를 보내고 있는 것[20]은, 그러한 균수법의 성과를 잘 전해주는 것이라 할 것이다.

비단 균수법뿐만이 아니다. 예컨대 조례사의 주관하에 시행된 농전수리법과 같은 정책 역시 커다란 실적을 올렸다. 농전수리법이 시행된 1070년대야말로 북송시대를 통해 수리사업이 가장 활발하게 진행된 시기였다는 평가가 그러한 사실을 여실히 대변한다. 또한 조정 및 궁중의 제반 경비에 대해서도 조례사가 적절히 조치를 취한 결과 전체 경비의 4할을 절감하였다고 한다. 이러한 사례는 당시 조례사의 활동이 얼마나 세밀한 부분에까지 미치고 있었으며, 나아가 송조의 재정 및 예산 구조 개선에 어느 정도의 성과를 올리고 있었는가 하는 점을 단적으로 보여주는 것이라 하겠다. 그러기에 신종은 조례사의 활동 및 그 업적에 대해, "제치삼사조례사는 본디 천하의 재원을 조정하기 위해 설립했는데 이제 그 큰 줄기는 이루었다."[21]고 말하고 있는 것이다.

이와 같은 자못 주목할 만한 업적 내지 활동에도 불구하고 조례사는 설립된 지 불과 1년 3개월만인 1070년(희녕 3) 5월에 해체된다. 어떠한

---

20 ≪장편≫ 권 212, 신종 희녕 3년 6월 辛巳.
21 위의 책 권 211, 신종 희녕 3년 5월 甲辰.

이유에서 이처럼 단기간에 폐지되었던 것일까?

　이를 헤아려볼 수 있는 유력한 단서는, 조례사의 존폐 여부를 둘러싼 신종과 왕안석 사이의 거듭된 의견 불일치에 있다고 생각한다. 신종은 조례사가 설립된 지 불과 9개월만인 1069년(희녕 2) 11월, 조례사가 설립될 때 왕안석과 더불어 조례사의 장관으로 임용되었던 지추밀원사 진승지가 재상으로 승진한 직후에도 조례사의 폐지를 주장한 바 있었다. 진승지가 재상으로서 조례사라는 특수 관아의 수장을 겸직하는 것이 부자연스럽다는 의견을 피력하자 이에 적극 동조했던 것이다. 신종은 여기에 그치지 않고,

> 전에는 진승지가 추밀원에 있었지만 지금은 왕안석과 같이 중서에 있으니 조례사를 폐지하여 중서로 되돌리는 것이 어떻겠소?[22]

라며 왕안석에게 조례사의 해체를 종용했다. 이에 대해 왕안석은 재정정책이야말로 선정의 토대이며 재정 관련 제도의 개선이 바로 조례사를 설립한 근본취지가 아니냐며 반박했다. 이때의 의견 대립은 결국 추밀부사 한강(1012~1088)을 조례사의 수장에 임용함으로써 끝났다. 이전과 마찬가지로 중서와 추밀원의 고위 관료로 하여금 조례사를 지휘하게 하는 체계가 유지되었다.

　신종의 조례사 폐지 종용은 이후에도 지속되었다. 조례사가 최종적으로 폐지되는 것은 1070년(희녕 3) 5월 15일의 일이었는데, 그 직전인 5

---

[22]　위와 같음.

월 9일에도 신종은 왕안석에게 조례사의 해체를 권유하고 있다. 또한 신종은 조례사의 폐지를 확정하기 전 문언박(1006~1097) 등의 왕안석 반대파들이 조례사의 폐지를 주청하자, '왕안석의 반대를 무마시킨 후 반드시 해체시키겠다.'고 응답했다고 한다.[23] 이렇게 볼 때 왕안석과 신종은 조례사를 보는 관점이 서로 달랐으며, 그 폐지는 결국 신종의 종용에 왕안석이 자신의 뜻을 굽힌 것이라 보아야 할 것이다.

한편 1069년(희녕 2) 2월의 설립 이후 조례사의 업무 실태는 어떠한 양상을 보이고 있었던 것일까? 일단 조례사라는 정규 관료기관 이외의 임시 관서가 설치되고 또 여기에 파격적인 권한이 부여되자, 그 활동은 점차 황제인 신종의 통제를 벗어나기 시작했던 것으로 보인다. 조례사가 최초의 설립 의도와는 달리 1069년(희녕 2) 7월 균수법을 실행한 이후 9월에는 청묘법을, 이어 11월에는 농전수리조약을 반포하는 등 지속적으로 그 활동영역을 넓혀갔던 것이 그것을 단적으로 보여준다. 조례사는 처음 설립될 때에는 단지 군수물자의 원활한 조달체계를 수립한다는 제한된 목표만을 지녔으나, 점차 활동영역을 넓혀가 개혁정책 전반을 관할하는 부서로 발전해간 것이다. 그리하여 조례사의 재량적인 정책시행으로 말미암아 당시, 황제의 명령도 파급되지 않는 또다른 정부라는 비판까지 제기되고 있었다. '조례사가 업무를 추진하면서 중서나 추밀원과도 의논하지 않고 황제의 뜻조차 받들지 않는다.'[24]든가, '위로는 정부체계를 벗어나 있으며 아래로는 유관 관리조차 배제한 채 업무

---

23   위와 같음.
24   ≪宋會要≫〈食貨 4〉〈青苗 上〉, 神宗 熙寧 3년 3월 4일. 食貨 4之29.

를 처리한다.'²⁵는 비판 등은 그러한 실태를 여실히 보여주는 것이라고 하겠다. 왕안석 또한 효율적인 개혁의 추진을 위해서는 편의적으로 황제를 배제하는 것 또한 무방하다는 태도를 공개적으로 취하기조차 했다. 요컨대 조례사는 신종의 대외 전쟁을 위한 개혁의도에서 비롯된 것이었지만, 점차 그 존속기간을 통해 성격이 변질되어 왕안석의 주도하에 전반적인 개혁을 주관하는 기관으로 변질되어 갔던 것이다.

앞서 보았던 것처럼 조례사의 존폐여부를 두고 신종과 왕안석이 수차에 걸쳐 의견 대립을 보였던 것은 이상과 같은 정황 때문이었다고 판단된다. 신종은 조례사의 성격 변화를 목도하고, '오래 전부터 그 폐지를 희망하다가'²⁶ 마침내 그 설립 1년 3개월만인 1070년(희녕 3) 5월에 이르러 왕안석의 반대를 꺾고 자신의 의지를 관철시켰던 것이다.

1070년 조례사가 폐지되었지만 왕안석의 주도 아래 개혁은 지속되었다. 조례사가 존속하던 1069년(희녕 2) 7월에는 균수법이, 이어 9월에는 청묘법이, 그리고 11월에는 농전수리법이 반포되었다. 이후에도 신법은 속속 발포되었다. 이듬해인 1070년(희녕 3)에는 면역법(모역법)과 보갑법이 도입되었다. 다음으로는 시역법, 방전균세법, 보마법, 면행법, 장병법 등이 시행되었다. 이밖에도 과거제의 개혁, 창법 등, 왕안석의 개혁은 국정의 거의 모든 분야에 걸쳐 있었다 해도 과언이 아닐 정도이다.

---

25 《장편》 권 210, 神宗 熙寧 3년 4월 戊辰.
26 《장편》 권 211, 神宗 熙寧 3년 5월 甲辰의 注.

제 2 장

신법의 내용

1. 재정 확보책과 관련한 개혁

(1) 균수법

왕안석의 개혁, 즉 신법 가운데 첫 번째로 시행한 조치가 균수법均輸法이다. 균수법은 제치삼사조례사(조례사)가 설치된 직후인 1069년(신종 희녕 2) 7월에 도입되었다. 조례사가 설치된 것이 1069년(희녕 2) 2월이니 그로부터 5개월 후에 시행된 것이다.

사실 조례사 자체 그 최초의 설립 목적은 앞서 언급했던 것처럼 균수법을 시행하기 위한 것이었다. 당시 송은 북방의 거란 및 서하에 맞서기 위해 막대한 군대를 변경지역에 배치하고 있었다. 이 때문에 엄청난 군사비 부담이 재정을 압박하고 있었다. 신종은 새로이 발탁한 왕안석에게 이러한 재정 부담의 타개책에 대한 자문을 구하였고, 왕안석은 이에 조례사의 설치를 건의하였던 것이다.

　왕안석은 국가의 유통구조를 효율화시킴으로써 재정 낭비를 줄이고자 했다. 당시 송 정부는 필요한 물자를 각 지방으로부터 현물로 징수하고 있었다. 그런데 지방에서 공출한 물자와 정부의 필요가 일치하지 않아 막대한 낭비가 생기는 상황이었다. 때로는 정부가 각 지방의 실정을 제대로 파악하지 못하여, 현지 상황과 동떨어진 물자를 공출하라 규정하기도 했다. 그런 경우 농민들은 생산하지 않는 물자를 공출하기 위해 상인으로부터 비싼 돈을 주고 매입해야 했다.

　정부의 공출은 주로 멀리 있는 남중국 지방에 집중되었다. 11세기 중엽이 되면 남중국의 경제력이 다른 지방을 압도하게 되었기 때문이다. 그런데 이렇게 먼 남중국으로부터 수도인 개봉으로 물자가 어렵사리 운송되어 왔지만, 그 상당수는 정부에게 아무 쓸 데가 없는 애물단지가 되었다. 결국 정부는 불필요한 물자를 상인들에게 헐값으로 불하하여 대상인의 배만 불렸다. 반면 정작 정부에게 필요한 물자는 반대로 상인들로부터 고가로 매입하여야만 했다.

　균수법은 이러한 재정 낭비를 줄이기 위한 조치였다. '균수법均輸法'이란 명칭은 지방으로부터의 물자 운송輸을 효율적으로 한다均는 의미였다. 매년 정부에서 필요한 물자를 조사하여 각 지역에 그 수량을 적절히 할당하는 것이었다. 이와 동시에 정부에서 물자의 유통에도 직접 개입하여, 산지의 저렴한 물품을 다른 지방으로 운송하여 판매함으로써 재원을 확보하도록 했다. 이로써 대상인의 폭리를 억제하고 물자 유통권을 국가가 장악할 수 있도록 했다.

▎복원된 송대의 선박
수도 동경으로 이어지는 변하(汴河)를 오갔던 선박이다. 〈청명상하도〉를 토대로 복원하였다.

균수법의 시행으로 정부는 크게 재정 지출을 줄일 수 있었다. 또 물자의 유통에 간여함으로써 막대한 이익을 거두었다. 이러한 균수법의 성공은 설향薛向이란 인물의 재능에 힘입은 바 크다. 당시 남중국으로부터 필요한 물자를 조달하는 책무는 발운사發運司라는 기관에 부여되어 있었다. 설향은 발운사의 책임자로 임명되어 균수법의 시행을 총괄하였다. 그는 놀라운 수완으로 단기간에 균수법을 정착시키고 막대한 이익을 창출하였다.

(2) 청묘법

균수법 다음으로 도입한 신법의 조항이 청묘법이다. 청묘법靑苗法은 청묘靑苗의 시기, 즉 곡식이 아직 여물지 않아 파릇파릇한 춘궁기에 저리로 농민에게 대출해 주는 제도였다. 당시 곡식이 부족한 춘궁기에 농민들은 고리대금업자로부터 돈이나 곡식을 꾸었다. 그리고 가을에 수확이 끝난 후 상환하는데, 그 이자는 5할 내지 6할에 달하였다. 봄부터 가을까지의 기간, 즉 6개월 남짓한 기간에 5할 이상의 이자를 물었으니, 연리로 계산하면 100%가 넘는 셈이다. 청묘법은 고리대금업자 대신 정부가 직접 춘궁기의 농민에게 대부해주는 것이었다. 정부는 고리대금업자보다 이자율을 대폭 낮추어 2할만 징수하였다. 연리로 따지면 4할의 이자를 부과한 것이다.

왕안석의 신법은 모두 논란의 대상이 되었다. 구법당, 즉 신법 반대파들은 모든 신법의 조항에 대해 격심하게 반대하였다. 하지만 청묘법만큼 반대가 거세었던 것도 드물다. 이러한 반대의 구체상에 대해서는 나중에 조금 더 자세히 살펴보기로 한다.

청묘법에 대한 구법당의 격렬한 반대로 말미암아 왕안석에 대한 절대적 지지자였던 신종조차 크게 동요하였다. 청묘법에 대한 논란이 가장 격심했던 것은 1069년(희녕 2) 말부터 1070년(희녕 3) 초까지의 시기였다. 또 이 시기는 신법 전반에 대한 신법당과 구법당의 대립이 가장 치열하게 벌어진 때이기도 했다. 청묘법을 둘러싼 논쟁과 대립은, 구법당과 신법당을 결정적으로 갈라서게 만들었다. 그리고 이후 구법당은 차례차례 파면되어 중앙의 조정에서 사라지게 된다.

일견하여 청묘법은 그 취지가 명확하므로 반대의 여지가 없을 것 같이 여겨지기도 한다. 이렇게 좋은 법령, 즉 고리대금업자로부터 소농민을 보호하고 농촌을 안정시키기 위한 개혁 조치에 대해 왜 구법당은 반대하였을까?

이를 두고 일부의 학자들은, 청묘법이 고리대금업자, 즉 지주의 이해를 침해했기 때문에, 지주와 경제적 이해를 같이하는 관료들이 반대한 것이라 설명한다. 관료의 경제적 연원은 지주층인데, 청묘법이 지주층의 고리대 수취를 불가능하게 하고 소농민을 보호했기 때문에 관료들이 반대한 것이라는 논리이다. 이러한 설명은 현재까지도 많은 학자들에게 지지를 받고 있다. 또 오늘날 우리나라의 중고등학교 교과서에 통설과 같이 적혀 있는 얘기이기도 하다.

▌안후이(安徽) 포선산(褒禪山)의 왕안석 상
아랫부분에 '중국 11세기의 개혁가'라는 레닌의 말이 적혀 있다.

하지만 우리가 통상 구법당이라 부르는 인사들은 사마광, 한기, 구양수, 여공저, 정호程顥, 정이程頤, 소식 등 일대의 명신들이며 대학자들이다. 사마광은 유명한 ≪자치통감≫을 저술한 대역사가이자 대유학자이다. 정호와 정이는 성리학의 정통을 잇는 대 유학자이며, 소식은 중국 문학사상 최대의 문호라 일컬어지는 인물이자 또 중요한 유학자이다. 한기, 구양수, 여공저 등도 한 시대를 풍미한 명신이자 문호였다. 그런데 아무럼 이들이 치사하게도 고리대금업을 유지하기 위해 청묘법에 반대하였을까?

　신법당과 구법당의 대립은 그처럼 단순하게 이해할 사안이 아니다. 신법의 성격을 이해하기 위해서는, 신법의 취지와 시행의 실태, 신종 시대 송조 권력의 성격 등에 대해 종합적으로 살펴보아야만 한다.

　구법당이 청묘법에 반대한 논점은 다기롭지만, 그 핵심은 시행의 실제 모습이 농민들에게 해가 되고 있다는 점이었다. 조정에서는 신법의 시행 실적을 기준으로 지방관을 평가하였다. 청묘법의 실시도 근무평가의 중요한 기준이 되었다. 그럼 청묘법의 시행실적이란 무엇일까? 최종적인 지표는 청묘법 실시로 인한 이윤(이자)의 획득이었다. 그렇다 보니 지방에서는 무리하게 청묘법을 실시하여 많은 폐단을 불러일으켰다. 필요하지 않은 사람에게 대부를 강요한다거나, 가을에 원리금을 갚지 못해 도망간 사람 대신 이웃에게 상환하게 하는 것 등이 그것이다. 청묘법 실시가 소농민의 안정에 도움이 되지 않는 상황이 적지 않았던 것이다.

(3) 모역법(면역법)

　청묘법만큼이나 논란이 많았던 신법 조항의 하나가 모역법募役法이다. 모역법을 설명하기 위해서는 먼저 송대의 차역법差役法에 대해서부터 이야기를 시작해야 한다.

　송대에는 농민을 재산 정도에 따라 다섯 등급으로 분류하였다. 이를 호등제戶等制라 한다. 농민들은 이러한 등급戶等에 의거하여 여러 가지 직역職役을 담당하였다. 직역이란 정부 기관에 나가서 말단의 여러 업무를 처리하거나 혹은 촌락의 책임자가 되어 조세의 징수나 치안을 담당하는 것을 말한다.

이러한 직역 중에서도 특히 아전衙前이라 불리는 직무가 문제였다. 아전은 지방 정부의 창고를 관리하거나 혹은 세금으로 징수한 곡물을 운송하는 업무를 담당하였다. 만일 문제가 생기면 결손액을 고스란히 변상해야 했다. 그런데 농민들은 업무에 익숙하지 않은 탓에 한번 아전을 맡게 되면 파산하는 일이 비일비재했다. 이 문제를 해결하기 위해 송조는 골머리를 앓았다. 여러 가지 보완책이 도입되기도 했다. 하지만 개혁책이 도입되면 그때뿐 조금만 시간이 지나면 다시 문제점이 드러났다.

아전은 지주층, 그러니까 상등호가 맡았다. 그런데 아전의 직무를 수행하는 것이 너무도 힘들고 손해가 많은지라, 아전을 피하기 위해 갖가지 수단이 동원되었다. 재산이 많으면 호등이 높아지고 그러면 아전을 맡아야 하기 때문에, 지주들은 재산을 숨기거나 혹은 농사를 소홀히 하는 일도 있었다. 심지어 아전을 피하기 위해 노인이 자살하는 일도 발생하였다.

모역법은 이러한 역법의 문제를 본질적으로 해결하려는 조치였다. 왕안석이 들고 나온 방법은 직역을 담당해야 되는 사람으로부터 돈免役錢을 받고 그 대신 면제해 주는 것이었다. 그리고 그 돈으로 직역을 맡고자 하는 사람을 모집하여 급여를 주었다. 면역전을 내는 대신 직역을 면제해 주는 까닭에 면역법免役法, 그리고 직역 담당자를 돈 주고 모집하였기 때문에 모역법이라 불렀다.

그런데 직역, 특히 아전은 위험 부담이 많은 것인데 누가 모집에 응하였을까? 물론 충분한 돈을 주었기 때문이다. 그리고 행정을 알지 못하고 물정에 어두운 농민이 아니라 수완이 좋고 경험이 있는 사람이라면 상대적으로 위험 부담이 훨씬 줄어들 수 있었다. 받는 돈만으로 업무를 처리하며 충분히 수지를 맞출 수 있는 사람이 적지 않았던 것이다.

여기까지라면 모역법은 아무런 하자가 없는 이상적인 제도인 것처럼 보인다. 그런데 문제는 면역전의 징수에 있었다. 정부는 실제로 소요되는 금액보다 더 많은 돈(면역전)을 농민들로부터 거두었다. 이러한 여유분은 비상시를 대비한 비축(면역관잉전[免役寬剩錢])이라 불렀다. 이러한 비축, 즉 면역관잉전은 점차 정부의 재원으로 돌려지게 된다. 나아가 종래에는 직역을 담당하지 않던 소농민(하등호)에게도 면역전을 부과하였다. 반면 모역법은 이전까지 아전 등 위험하고 부담이 많은 직무를 맡아야 했던 지주(상등호)에게는 아주 유리하였다. 상대적으로 적은 돈을 내고 험하고 어려운 일에서 해방되었기 때문이다. 반면 소농민에게는 모역법의 실시로 난데없이 면역전의 납입이라는 새로운 부담이 생겨났다. 모역법은 왕안석의 신법이 내세웠던, 유력자(겸병가)의 횡포에 대한 단속과 소농민의 보호라는 이념에 크게 상치되는 제도였다. 구법당 인사들은 모역법에 대해서도 완강하게 반대하였다. 구법당 관료들의 반대는 소요 경비보다 훨씬 많은 면역전의 징수, 그리고 유력자에 대한 우대 및 소농민의 피해라는 현상에 집중되었다.

(4) 시역법

시역법市易法은 조금 뒤늦어서 1072년(희녕 5) 이후에 실시되었다. 균수법과 마찬가지로 유통체계를 개혁하면서 정부의 재원을 확보한다는 취지를 지닌 것이었다.

11세기 중엽 중국의 대도시에는 상품경제가 자못 발달하였다. 각 지역 사이의 물자 유통도 매우 활성화되어 있었다. 이에 따라 대상인이 약소 상인 위에 군림하여 이윤을 농단하는 현상도 비일비재하였다. 당시 수도 개봉을 위시한 주요 도시에는 여러 형태의 상인이 출입하며 물자를 교역하였다. 그런데 대상인들은 중소 상인들이 물자를 반입해 올 경우 가격을 후려친다던가, 혹은 상품 구매를 원하는 상인들에게 터무니 없는 가격을 강요하기 일쑤였다.

▌세계 최초의 지폐인 교자(交子)
교자는 1023년 발행되어
쓰촨 지역에서 통용되었다.

왕안석은 이러한 불합리한 유통구조를 정부 중심으로 개편하면서 동시에 재원을 확보하고자 하였다. 1072년(희녕 5) 3월 송 정부는 자본을 들여 시역무市易務란 기구를 개설하였다. 그리고 시장에서 팔리지 않고 적체되어 있던 물자滯貨를 대량으로 구매하였다. 상품이 팔리지 않아 애태우는 중소 상인을 구제하기 위한 조치였다. 시역무는 이러한 상품을 보관하고 있다가, 시간이 흘러 그것을 매입하고자 하는 상인이 나타나면 저가로 방매하였다.

시역무가 보유한 물자의 매입을 원하는 상인은 5인 이상의 연대 보증인을 구성해야 했다. 정부는 이들 상인에게 외상으로 물자를 내주었다. 다만 상인들은 상당한 물품을 저당으로 잡혀야 했다. 그리고 일정 기간이 지난 후 시역무에 이자를 붙여 상환하도록 규정하였다. 이자율은 연 2할이었다.

결국 시역무는 정부에서 설립한 도매 기관, 즉 관영 무역회사인 셈이었다. 이를 통해 왕안석은, 대상인이 농락하고 있던 도시내 유통 질서를 바로잡으면서 재정을 확보하고자 하였던 것이다.

시역법에 대해서도 구법당의 반대는 가해졌지만 재정 확보의 효과는 괄목할 정도였다. 시역무는 수도 개봉을 위시한 각지에 개설되었다. 그리하여 시역법을 통한 이윤의 획득은, 1075년(희녕 8)에는 133만관, 1077년(희녕 10)에는 152만관에 달하였다. 이러한 수치는 당시 송조 국가권력이 징수한 양세 수입의 30%에 달하는 것이었다.[1]

2. 군사력 강화를 위한 개혁

(1) 보갑법과 보마법

보갑법保甲法은 1070년(희녕 3) 수도 개봉에서 실시되기 시작하여, 1073년(희녕 6) 전국으로 확대된 제도이다. 처음 시행할 때는 농민들을

---

[1] 鄧廣銘, ≪北宋政治改革家王安石≫(北京, 人民出版社, 1997), 179쪽.

몇 단계의 조직保甲으로 묶어, 그 조직에 자율 경찰 업무를 부여하는 것이었다. 즉 10가구(호)를 1보保, 5보를 1대보大保(50가구), 10대보를 1도보都保(500가구)로 편제하여, 각각의 조직마다 보장, 대보장, 도보정都保正 및 부보정副保正을 두었다. 그리고 각각의 조직, 즉 보·대보·도보에 연대 책임제를 부과하고 순찰과 방범 활동 등 치안유지 활동을 하도록 규정하였다. 보장·대보장·도보정·부보정은 모두 향촌내 유력자, 즉 지주들이 임명되었다. 결국 보갑제는 촌락을 지주 중심으로 조직화하여 중앙의 통치에 배속시키는 성격을 지니고 있었다.

그런데 보갑법의 향촌 치안유지 업무는 모역법 이전, 즉 차역법 시대에 존재하던 것이었다. 차역법이 시행되던 시기 향촌에는 기장耆長과 궁수弓手라는 직역이 있어서 이들이 도둑을 잡고 치안을 유지하는 역할을 수행하였다. 기장과 궁수는 농민들이 순번에 따라 번갈아가며 담당하였다. 신법의 일환으로 시행된 모역법은 면역전을 징수하고 그 대신 직역을 면제해 주는 것이었다. 이때 면제 대상에는 심각한 사회문제였던 아전은 물론이려니와 기장과 궁수를 포함한 모든 직역이 포함되어 있었다. 보갑법의 도입으로 농민들은 면역전을 납입하면서도 예전과 마찬가지로 직역을 담당해야 하는 이중 부담을 져야 했다.

보갑법을 도입한 왕안석의 구상은 단순히 농민을 조직하여 자율 치안업무를 맡긴다는 것에 머물지 않았다. 그는 농민의 보갑을 장차 군대 조직으로 발전시키고자 했다. 농민에 대한 훈련을 점차 강화하여 보갑 조직을 민병 부대로 탈바꿈시키려 한 것이다. 보갑의 군대조직화는 1071년(희녕 4)부터 시작하여 화북의 전 지역으로 확대되어 갔다.

▎송대 황궁의 의장대
황제의 행차 때마다 수천 명의 금군(禁軍)이 동원되었다.

송대는 중국 역사상 군사적으로 가장 나약한 면모를 노출한 시기의 하나였다. 북방의 거란과 금에 대해서는 물론이고 서쪽의 서하와 남방의 베트남에 대해서도 군사적으로 약세를 보였다. 왕안석은 농민을 보갑법으로 조직하여 민병화시킴으로써 군사적 나약상을 보완하려 했던 것이다.

보갑법은 왕안석 연구자, 특히 왕안석의 신법에 대해 긍정적 평가를 내리는 학자에게는 매우 곤혹스러운 문제이다.[2] 통상 왕안석의 개혁은 중국 사회의 변화와 진보를 상징하는 것이라 이해된다. 신법은 국정의 각 분야를 진보적인 견지, 즉 상품경제의 원리와 효율성의 측면에서 개혁하고자 하는 시도라고 해석되고 있다. 이러한 인식에 따를 경우, 보갑법은 전연 상반된 면모를 보이는 것이 된다. 당대 후반기 이래 정착된 모병제를 부정하고 그 이전의 병농일치제(부병제)로 되돌아가고자 하는 것이기 때문이다.

왕안석의 신법은 매우 광범위한 개혁을 지향하는 것이었다. 국정의 거의 모든 분야를 송두리째 뒤흔드는 내용을 지니고 있었다. 그러한 만큼 신법을 하나의 성격으로 규정하는 일은 쉽지 않다. 더욱이 왕안석은 매 개혁의 조치를 내놓을 때마다 그 근거를 선왕先王, 즉 고대 이상적 군주의 제도에서 찾았다. 특히 기원전 11세기에 있었던 서주西周의 주공周公 시대야말로 왕안석에게는 이상적인 시기였다. 이렇듯 수천 년 전의 규정과 제도에 근거한 개혁, 과연 이러한 신법을 '진보'라 규정할 수 있는 것일까? 물론 근거를 선왕의 제도에서 구한다고 해서 꼭 진보적이 아니라 할 수는 없다. 탁고개제托古改制야말로 유교의 전통이라 할 수 있다. 하지만 왕안석의 개혁이 설령 탁고개제였다 할지라도, 그러한 조치에 적극적인 진보의 의미를 부여하기는 힘들다 생각한다. 송대의 사회는 서주의 주공 시대와 판연히 다른 것이었기 때문이다.

보갑법과 더불어 도입된 군사력 강화를 위한 조치가 보마법保馬法이다. 송조는 관영 목마장牧馬監을 설치하여 군사용 말을 사육하였다. 하지만 그 실적이 극히 미미하여 막대한 재정만 축내고 있는 상황이었다.

---

2   이에 대해서는, 池田誠, 〈保甲法の成立とその展開〉(《東洋史研究》12-6, 1954) 참조.

왕안석은 이러한 문제점을 해결하기 위해 보갑법 하의 농민들에게 군사용 말을 기르게 하였다. 말을 기르는 농가에는 세금을 감면해 주는 등 여러 가지 특혜를 주었다.

보마법의 도입으로 인한 성과는 적지 않았다. 정부의 재정 지출을 크게 줄였을 뿐만 아니라 군사용 말의 확보도 용이해졌다. 보마법이 시행되면서 관영 목마장도 대폭 폐지되었다.

하지만 보마법 역시 실제 시행에 있어서는 많은 문제점을 노정하였다. 규정상으로는 원하지 않는 농민에게 말의 사육을 강요하지 않는 것으로 되어 있었지만 규정이 제대로 지켜지지 않았다. 많은 농민들은 정부의 강제에 의해 말의 사육을 떠안아야 했다. 더욱이 농민들은 말의 사육에 익숙지 않아, 도중에 말이 병들어 죽거나 쇠약해지면 엄청난 배상금을 물어야 했다.

(2) 장병법將兵法

송대의 군대는 금군禁軍과 상군廂軍으로 나뉘어져 있었다. 이 가운데 금군만이 사실상 전투력을 보유한 집단이었고 상군은 지방에서 노역과 토목공사 등에 할당되는 잡역인에 지나지 않았다. 금군은 10세기 후반 태종 시기의 경우 총 30만 명 가운데 20만은 수도 일원에, 그리고 나머지 10만은 지방에 배치되었다. 이렇게 각지에 배치된 금군은 일정 기간 한 곳에 주둔하다가 정해진 기한이 지나면 다른 곳으로 순환 배치되었다. 주둔 기간은 통상적으로는 3년이지만 서남부의 광남서로는 2년, 서북 변경의 섬서는 반 년으로 규정되어 있었다. 이러한 순환 주둔 제도를 갱수제更戍制라 불렀다. 주둔지를 바꾸어 가며更 방어에 임한다戍는 의미이다.

이러한 갱수제는 당말 오대에 절정을 보였던 무인 집단의 발호를 견제하기 위한 조치였다. 당시 절도사들은 휘하의 무력을 기반으로 중앙 정부를 무시한 채 독자적인 행동을 보였다. 오대 십국의 혼란은 이러한 절도사의 발호가 정점을 보인 것이었다. 오대 십국의 정권 거의 모두 절도사의 지방 할거에서 발전한 것이었기 때문이다. 송조를 창건한 태조는 이러한 무인의 발호를 견제하기 위해 여러 가지 조치를 도입하였는데 그 중의 하나가 갱수제였다. 갱수제의 도입으로 무인이 군사력을 바탕으로 발호할 여지는 완전히 사라졌다.

하지만 갱수제가 시행되며 무인의 발호는 근절되었지만 다른 문제가 생겼다. 군대의 주둔지가 자주 바뀌다 보니 장수와 병사 사이의 관계가 소원해져 버린 것이다. 그리하여 병사는 장수를 잘 모르고 장수도 병사를 잘 모르는 상태가 발생하였다. 송대 군사력의 약화는 여러 요인이 복합적으로 작용한 것이지만 갱수제의 영향도 적지 않았다.

이와 같은 문제점을 해소하기 위해 도입된 조치가 장병법이다. 종래와 같은 순환 주둔제를 폐지하고 금군의 각 부대에 관할 구역을 설정하는 조치였다. 동시에 군대를 지휘하는 장수 역시 고정시켜 병사와 장수 사이의 유대를 강화시켰다.

장병법의 실시는 송대 군대가 지니고 있던 문제점을 극복하고 전투력을 향상시키는 데 상당히 기여했던 것으로 보인다. 각 부대에 관할지역이 부여되고 부대의 장수가 고정됨에 따라, 군대가 주둔지의 지형이나 사정에 대해 숙지하게 되었으며 장수의 책임 의식도 상당히 높아졌다.

3. 신법의 재정절감 효과

위에 열거한 것들 이외에도 왕안석 신법 시기에 도입된 개혁의 조치는 대단히 많다. 왕안석의 신법이 국정의 거의 모든 분야를 포괄하고 있었다고 일컬어지는 이유도 이 때문이다. 앞에서 살펴본 조치 이외의 신법 조항에 대해 간략히 언급하자면 다음과 같다.

농전수리법農田水利法은 1069년(희녕 2) 말에 반포된 것으로서 각지에서 황무지를 개간하고 수리 시설을 수축하기 위한 조치였다. 이를 장려하기 위해 송 정부는 대대적으로 자금을 방출하고 지역의 유지들로 하여금 솔선하여 공사를 주관하도록 유도하였다. 농전수리법은 송대 황무지의 개간과 수리시설 홍수에 이정표적 역할을 하였다. 특히 강남 지역의 개발에 끼친 영향은 대단히 크다.

어전법淤田法은 하천의 수로를 바꿈으로써 하천의 비옥한 부유토를 농토 위에 가라앉히는 토목공사였다. 주로 황하 인근 지역을 대상으로 했다. 왕안석은 어전사淤田司란 관청을 특설하고 단기간에 집중적으로 어전법을 시행하여 효과를 높였다.

방전균세법方田均稅法은 1072년(희녕 5)에 시행된 신법의 조항으로 조세 부과의 공정을 기하려는 것이었다. 당시 농토를 다른 사람의 명의로 돌려 숨김으로써 조세의 부과를 피하는 행위가 광범위하게 자행되고 있었다. 방전균세법은 농토를 정확하게 측량하고 토지 소유자를 명확하게 파악하는 것을 자세히 규정하였다.

면행법免行法은 도시 상공업자를 대상으로 실시한 것으로서 도시판 모역법이라 할 수 있다. 당시 도시의 상공업자 조합인 행行은 정부에 의무적으로 물자를 수납해야 했다. 이를 지응祗應이라 불렀는데, 면행법은 행 소속의 상공업자로부터 면행전을 징수하는 대신 지응을 면제하는 것이었다. 면행법은 행에 가입하지 않은 상공업자를 규제하는 동시에 상공업자 조직을 국가권력에 순응시키는 성격도 함께 지니고 있었다.

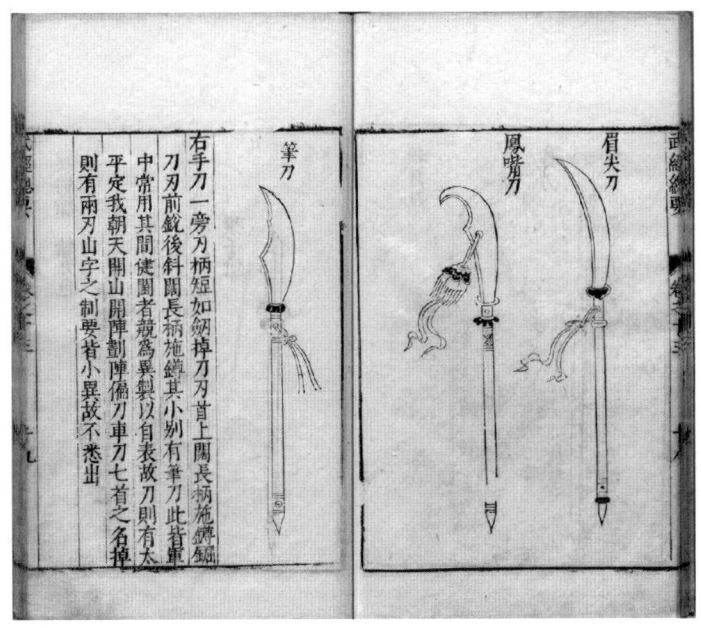

■ 송대 병사가 사용한 무기
북송 중기에 만들어진 병서(兵書) ≪무경총요(武經總要)≫에 실려 있다.

제2부 신법의 주도와 당쟁

군기감軍器監은 수도에 설치된 병기 제조의 총괄기관이었다. 이를 통해 전국의 병기 제조업을 감독하며, 각지의 공장에서 동일한 규격으로 병기를 제작하도록 하였다. 군기감은 각지 제조창에 대해 품질 기준에 합치되는 일정 수량의 병장기를 납품하라고 요구하였다. 이로 말미암아 병기의 품질이 현저히 개선되고 또 그 수급 상황도 원만해졌다.

창법倉法은 중록법重祿法이라고도 불렸던 것으로서, 수도 주변에 있는 관영 창고의 서리들에게 급여를 지급하는 대신 뇌물의 수취를 금지하는 법령이었다. 서리들은 공적인 업무를 수행하지만 급여가 없으므로 수수료라는 명목으로 막대한 뇌물을 받아서 먹고 살았다. 왕안석은 이러한 관행을 근절시키고 서리의 업무를 공적인 체계내로 끌어들여 감독하고자 했던 것이다.

과거제에 대해서도 대개혁을 단행하였다. 당시 과거의 시험 문제는, 시와 문장의 창작詩賦, 현실 정치에 관한 논술策, 그리고 경전에 대한 해석經義 등으로 구성되어 있었다. 이 중에서도 특히 중시된 것은 시와 문장의 창작 능력, 즉 문학적 자질이었다. 왕안석은 이를 대폭 개혁하여, 문학적 자질을 측정하는 것을 폐지하였다. 현실 정치에 대한 논술과 경전 해석 만을 남겼던 것이다. 경전 해석도 철저히 자신의 견해에 따를 것을 요구하였다.

나아가 왕안석은 수도에 있는 국립 대학인 태학太學을 확대 개편하여 점차 그것으로 과거제를 대체하고자 했다. 즉 태학을 외사外舍 - 내사內舍 - 상사上舍의 3단계로 구분하여 외사로부터 내사, 상사로 승급시키는 체제를 구성하고, 상사의 학생으로부터 관료를 선발하려 했다. 왕안석은 과거 대신 학교제를 확충시키고 그로부터 관료를 임용하고자 했던 것이다.

이와 같은 대대적인 개혁, 즉 왕안석의 신법은 재정적으로 과연 어느 정도의 효과를 올렸던 것일까? 신법의 효과는 이미 제치삼사조례사 시기부터 분명하게 드러나기 시작했다. 조례사 설립의 기본적인 취지이기도 했던 균수법의 경우, 다방면에서 커다란 수입을 올리며 동시에 재정 지출을 절감하는 실적을 올렸다. 이로 인해 균수법의 사실상 집행자였던 설향薛向은 1070년 파격적으로 승진하였다. 조례사의 주관 아래 시행된 농전수리법의 실적도 놀라울 정도였다. 농전수리법은 그 도입 7년만에 전국적으로 36만경의 농경지 개간 실적을 올렸다. 이는 당시 파악된 총 농경지의 약 8%에 해당하는 것이었다. 신종이 조례사의 업적을 평가하며, '천하의 유통을 바로잡고 많은 재원을 확보했도다.'[3] 라고 말했던 것도 이러한 성과 때문이었다.

조례사의 폐지 이후에 도입된 신법의 조항, 즉 모역법 · 시역법 · 면행법 · 방전균세법 등으로 인한 재정적 효과도 눈부셨다. 그래서 신법의 실시 이전 만성적인 적자 상태를 보이던 재정수지는 일거에 반전되었다. 심지어 신법당 집권의 막바지가 되면 전국의 재정 축적은 연간 지출의 12배에 달할 정도였다고 한다.[4] 그리하여 이 무렵이 되면, '전국 각지의 창고가 넘쳐나고 아무리 궁벽진 지방일지라도 모두 엄청난 재정 비축을 지니고 있었다.'고 말해졌다.[5]

---

3   ≪續資治通鑑長編≫권 211, 神宗 熙寧 3年 6月 甲申.
4   畢仲游, ≪西臺集≫권 7, 〈上門下侍郎司馬溫公書〉.

이러한 엄청난 재정적 효과는 그 자체 신법이 실제 시행에 있어 상당한 문제점이 있었다는 것을 잘 보여주는 것이라 생각한다. 신법이 실시되던 때, 구법당 인사들은 일관되게 신법의 문제점을 비판하며, 그것이 백성에게 새로운 부담을 강요하는 것이라 지적하였다. 나아가 설령 입법의 취지가 소농민의 보호라는 선의를 지니고 있다 할지라도, 지방 단위에서 시행될 때는 왜곡되는 단면이 많다고 말하였다. 실제로 중앙정부에서 신법의 시행을 독려하며 그 실적과 관료에 대한 평가를 결부시켰기 때문에, 지방관은 각 신법 실시를 무리하게 추진하는 경우가 많았다. 신법으로 인한 막대한 재정 잉여와 비축은, 그 만큼 백성으로부터 거두어들인 것이 많음을 보여주는 것이기도 했다.

---

5 ≪宋史≫권 328, 〈安燾傳〉.

제 3 장

구법당의 비판과 당쟁

1. 신법에 대한 구법당의 비판

1067년(영종 치평 4) 정월 영종이 붕어하고 신종(1048~1085)이 새로운 황제로 즉위하였을 때의 일이다. 20세의 청년 황제는 황태자 시절부터 주목하고 있던 왕안석(1021~1086)을 중용하고 싶어 했다. 신종은 즉위 직후 왕안석에 사람을 보내 입궐하라는 전갈을 보냈다. 하지만 왕안석은 병을 핑계로 오지 않았다.[1]

신종은 당황스러워 대신들에게 물었다.

"왕안석은 부황인 영종이 수차례나 발탁하고자 했으나 거절한 바 있소. 사람들은 이를 두고 불경스럽다고 말하기도 했었소. 그런데 이번에도 짐이 불렀으나 오지 않으니 어찌된 것이오? 진짜 병에 걸렸소? 아니

---

1 ≪宋史紀事本末≫ 권 37, 〈王安石變法〉.

면 무언가 짐이 모르는 사악함이 있는 것이오?"

당시 증공량曾公亮(999~1078)과 한기韓琦(1008~1075)가 나란히 재상의 직위에 있었다. 증공량은 왕안석을 발탁함으로써 한기를 견제하고자 했다. 증공량은 극력 왕안석을 추천하였다.

"왕안석은 진정 재상의 재목입니다. 반드시 폐하의 기대에 부응할 것입니다."

하지만 부재상인 참지정사로 있던 오규吳奎의 의견은 달랐다.

"신은 전에 왕안석과 함께 근무한 적이 있습니다. 그는 대단히 고집스럽고 자신감이 넘치는 인물입니다. 그를 중용하면 필시 국정을 크게 어지럽힐 것입니다."

그렇다면 다른 또 하나의 인물, 즉 재상인 한기는 어떠한 입장을 보였던 것일까? 한기는 저 옛날 왕안석이 첫 번째 관직인 첨서회남판관으로 근무할 때 직속 상관인 양주 지사로 재직한 바 있다. 당시 왕안석은 밤 새워 공부하다 부스스한 형색으로 출근하는 일이 많았다. 한기는 이에 대해 오해하여 술 마시고 논다고 생각하였다. 이로 인해 왕안석은 주변 사람들에게 대단히 서운함을 토로했었다. 아쉽게도 이때 신종의 자문에 대해 한기가 어떠한 발언을 했는가를 보여주는 자료는 없다.

한기는 이로부터 얼마 되지 않은 1067년 9월, 재상직에서 물러나 판상주判相州로 임명되었다. 증공량과의 의견 불일치가 심해져, 재상을 사직하고 지방 관직으로 나가기를 강력히 희망했기 때문이다. 신종은 떠나가는 한기에게 물었다.

"경이 한사코 재상직에서 물러나고자 하니 짐도 어쩔 수 없구료. 경이 그만 두면 누구에게 국가 대사를 맡기는 게 좋겠소?"

한기는 아무 대답을 하지 않았다. 신종이 다시 물었다.

"왕안석은 어떻소?"

"왕안석이라면 한림학사翰林學士를 맡기에는 충분한 재목이나, 재상이나 부재상으로 쓰기에는 부족합니다."

이번에는 신종이 아무 말을 하지 않았다고 한다.[2]

신종은 부재상인 오규의 반대에도 불구하고 1067년 3월 왕안석을 강녕부江寧府 지사로 임명하였다. 이어 9월에는 중앙의 요직인 한림학사에 임명하였다.

이 무렵 왕안석에 대하여 의혹의 시선을 보이는 인물이 하나 둘 생기고 있었다. 대부분의 인사들은 그의 견식을 칭찬하며 그에게 우호적인 자세를 보였다. 하지만 일부는 그를 비판하며 신뢰할 수 없다고 주장하였다. 그의 지나친 자신감과 고집스러움 때문이었다. 그에 대해 평생 따라다녔던 비판 가운데 하나가 '우활하다.'는 것이었다. '우활하다.'는 말은 현실 감각이 부족하다, 원칙에 지나치게 집착한다는 의미이다. 물론 여기서 원칙이란 것은 유교적 가르침, 즉 경전의 내용을 의미한다.

이 시기 제기된 왕안석에 대한 비판 내지 경계 가운데 가장 유명한 것이 소순蘇洵의 〈변간론辨姦論〉[3]이다. 소순은 유명한 삼소三蘇의 한 사람으로 소식과 소철의 부친이다. 그는 왕안석이 강령부에서 모친상에 복상하고 있던 시기인 1063년(인종 가우 8), 〈변간론〉을 지어 왕안석의

---

2 위와 같음.
3 蘇洵, ≪嘉祐集≫(中國古典文學叢書, 上海古籍出版社, 1993) 권9.

사악함을 신랄하게 지적하였다. 여기서 그는 왕안석을 두고, 더러움을 아무렇지도 않게 여기는 괴이한 사람이라 말한다. 개 돼지나 먹을 음식을 먹으며 옥에 갇힌 죄수 머리에 장사 치르는 사람의 얼굴을 하고 있다는 것이다. 그러면서 유교 경전을 논하고 다니니 굉장히 위험한 사람이라고 지적한다. 그의 비판은 이것으로 그치지 않는다. 나아가 그는, '왕안석은 음험하고 교활하기가 희대의 간신이었던 서진의 왕연王衍과 당대의 노기盧杞를 합한 것 같다. 장차 천하의 재앙이 될 것이다.'라고 말하고 있다.

▎삼소(三蘇)의 동상
쓰촨성 청두시에 있다. 중앙의 앉은 사람이 소순이며, 그 곁에 소식과 소철이 서 있다.

소순의 왕안석에 대한 비판은 처음에는 호사가들의 애깃거리 정도로 여겨졌다. 왕안석에 대한 호평이 너무도 압도적인 시기였기 때문이다. 하지만 후일 왕안석의 개혁이 본격적으로 추진되고, 내외의 명신들이 모두 왕안석에 등을 돌리면서 시대를 앞서 내다본 선견지명이었다는 평가를 받게 된다.

왕안석에 대해 본격적으로 비판이 제기되기 시작하는 것은, 1069년(신종 희녕 2) 2월 그가 부재상인 참지정사參知政事에 임명되어 개혁을 위한 임시 기구인 제치삼사조례사制置三司條例司를 설치하면서부터이다. 조례사의 설립과 더불어 드센 비판이 일어났다. 재정 부서인 삼사三司의 권한을 침범하여 정부 기관의 업무 분장에 근본적인 혼란을 초래한다는 것이었다. 또 개혁을 통해 전국에 소동을 일으켜서는 안 된다고 주장하였다.

이러한 반대에는 당시 대간관臺諫官이라 일컬어졌던 언관들이 앞장섰다. 시어사侍御史 유술劉述, 간의대부諫議大夫이자 참지정사인 조변趙抃, 시어사지잡사侍御史知雜事인 진양陳襄 등이 그들이다. 뿐만 아니라 소식(1036~1101)과 사마광(1019~1086)도 반대 진영에 가담하였다. 이 시기까지만 해도 사마광은 왕안석과 절친한 사이로서, 과거 여공저(1018~1089) 및 한유(1017~1098) 등과 함께 '가우 연간의 네 벗嘉祐四友'이라 일컬어졌다.

조례사의 설립과 관련하여 가장 강력하게 비판하고 나선 인물은 어사중승御史中丞 여회呂誨였다. 그는 조례사 설치의 부당성뿐만 아니라 왕안석의 성품에 대해서도 본질적인 문제를 제기하였다. 이른바 왕안석의 10대 죄상을 거론하며, '몹시 간사하면서도 충직한 듯 위장하고, 안으로 음험함과 사악함을 감추고 있다.'고 말하였다. 왕안석은 당대의 간신인 노기盧杞나 다름없는 인물로, 천하의 창생을 반드시 그르치게 될 것이니 즉시 파직해야 한다고 주장하였다.[4]

이와 같은 격렬한 비난과 반대에 직면하여 왕안석은 사직을 요청하였다. 하지만 신종은 굳건한 신뢰를 표명하며 여회를 파직시켜 지방관으로 내보냈다. 왕안석은 그 대신 자신과 절친한 여공저를 어사중승으로 추천하였다.

1069년(희녕 2) 7월에는 왕안석 신법의 첫 번째 조치로 균수법이 발포되었다. 국가가 유통 구조에 간여하여 상품을 직접 매매하는 것이었다. 균수법의 시행과 동시에 반대의 목소리도 제기되기 시작하였다. 조례사의 검상문자관檢詳文字官 소철, 지간원知諫院 범순인范純仁, 시어사侍御史인 유기劉琦와 전의錢顗 등의 비판이 그것이다. 이들은 균수법이 민간으로부터 돈을 긁어 모아 재정을 확보하는 데만 관심을 두고 있다고 말하였다.

시어사 유기와 전의는 심지어, 균수법이 관자管子와 상앙商鞅의 사악한 술책과 다름없다고 비판하였다. 여기서 관자란 제자백가 서적인 ≪관자≫를 가리킨다. 상앙은 법가의 대표적 사상가이자 진의 변법을 주도한 인물이다. ≪관자≫는 부국강병을 지상의 목표로 삼고, 이를 위해 다양한 경제 정책을 추구해야 된다는 입장을 보이고 있다. 이후에도 왕안석을 두고 전통적인 유가에서 벗어난 인물이라는 비판이 심심치 않게 제기되었다. 정통 학문이 아닌 법가 등의 정책을 취하면서, 겉으로만 유가인 척 유교의 경전을 끌어대고 있다는 것이다.[5]

---

[4] ≪宋史紀事本末≫ 권 37, 〈王安石變法〉.

┃엄밀하게 서적을 찾아 조사하는 사대부
오대(五代) 남당(南唐)의 왕제한(王齊翰)이 그린
〈감서도(勘書圖)〉의 일부이다.

1069년 9월에는 청묘법이 도입되었다. 이와 더불어 왕안석 및 개혁 정책에 대한 비판이 실로 봇물처럼 터져 나왔다. 조례사 내에서의 논의 단계에서부터 소철이 반론을 제기하였다. 발포된 이후에는 어사중승 여공저·한림학사 범진范鎭·한림학사 사마광·간관諫官 손각孫覺·참지정사 조변·우정언右正言 이상李常·감찰어사리행監察御史裏行 장전張戩·시어사지잡사 진양 등이 극렬하게 반대하였다. 이전에 몇 차례나 왕안석을 추천했던 구양수도 반대 진영에 가담하였다. 이에 신종은 왕안석에게, '비판이 이처럼 분분한데 어찌하면 좋겠소?' 라고 묻고 있다. 왕안석을 절대적으로 신뢰하고 있던 신종조차 당황스러워 할 정도로 반대론은 강하였다. 이처럼 청묘법은 북송의 정계를 구법당과 신법당으로 결정적으로 구분짓는 역할을 하였다.

청묘법을 둘러싼 논란은 이듬해인 1070년 2월 전임 재상 한기가 반대의 상주문을 올리며 더욱 심각한 양상을 띠게 된다. 한기는 자신의

---

5 神宗 熙寧 3년(1070) 4월 侍御史知雜事 陳襄이 청묘법을 비판하며 "特爲管仲·商君之術, 非陛下之所宜行."(《續資治通鑑長編》 권 210, 4월 癸未)라 지적하는 것, 그리고 北宋末 楊時가 蔡京을 비판하며, '謹按安石挾管·商之術, 飾六禮以文姦言'(《宋史》 권 428, 〈楊時傳〉)이라고 말하고 있는 것 등이 그 대표적 사례이다.

관할 지역인 하북河北 일대의 상황을 예로 들며 청묘법의 폐해를 조목조목 지적하였다. 신종은 왕안석에게 한기의 상주문을 보여주며 말했다.

"한기는 진정한 충신이구려. 바깥에 있으면서도 황실을 이처럼 잊지 않고 있소이다. 짐은 애초 청묘법이 백성에게 이롭다 생각했는데, 이처럼 해악이 되고 있을지 몰랐소."[6]

신종은 왕안석에게 청묘법의 폐지를 제안하였다. 이에 왕안석은 사직을 요청하고 칩거한 채 조정에 출근하지 않았다. 신종은 왕안석을 달래기 위해 사마광에게 조서詔書를 작성하라고 지시하였다. 이때 사마광이 작성하여 왕안석에게 전달된 조서에는, '지금 사대부의 여론이 비등하고 백성들은 소동에 빠져 있다.'는 내용이 들어 있었다. 이 조서는 오히려 왕안석의 반발을 불러 일으켰다. 왕안석은 노하여 상주문을 올리고 강력히 반론을 폈다. 신종은 사마광의 조서를 철회하고 여혜경呂惠卿을 보내 자신의 뜻을 알렸다. 한편으로는 한기의 상주문을 조례사로 보내 증포曾布로 하여금 반박하게 하였다. 이러한 조치에 마음이 풀린 왕안석은 다시 출근하기 시작하였다.

한기의 청묘법 반대 상주문과 이로부터 비롯된 왕안석의 칩거 및 재출근 과정을 거치며 신종은 왕안석에 대한 신임을 재차 확고히 했다. 그리고 신법에 대한 반대자들에게 단호한 태도를 취하기 시작하였다. 1070년 4월 신종은 여공저, 조변, 정호, 장전, 이상, 왕자소王子韶 등을

---

6 《宋史紀事本末》 권 37, 〈王安石變法〉.

차례로 좌천시켰다. 이 가운데 정호, 장전, 이상, 왕자소 등은 언관, 즉 대간이었다. 이들을 일거에 파직시킴으로써, '수일 사이 대간臺諫은 텅 비게 되었다.'고 할 지경이었다.

이 시기 청묘법에 반대하다가 좌천된 인사들은 이들만이 아니다. 어사대의 언관言官인 유술·유기·전의·손창령·진양·진천陳薦·양회楊繪·유지劉摯, 그리고 간관諫官인 범순인范純仁·손각·호종유胡宗愈 등도 모두 자신들의 반대가 받아들여지지 않자 잇따라 물러났다. 이들을 대신하여 신법당측의 이정李定이 어사御史로 임명되었다. 이에 지제고知制誥인 송민구宋敏求와 이대림李大臨·소송蘇頌 등이 이정에 대한 인사 명령의 초안 작성을 거부하다 파직되었다. 또한 어사인 임단林旦·설창조薛昌朝·범육范育 등은 이정이 불효하다고 주장하다가 모두 쫓겨났다. 한림학사인 범진은 세 차례나 상주하여 청묘법을 공박하다가 관직이 박탈되었다. 이러한 소동을 거친 후 사마광 역시 1070년 9월 마침내 지방관으로 나갔다.

균수법과 청묘법에 이어 1070년 12월에는 보갑법과 모역법이, 1072년에는 시역법과 보마법이 차례로 도입되었다. 이들 신법 역시 반포될 때마다 구법당 인사들은 강력하게 반대하였다. 특히 면역법을 둘러싼 공방은 청묘법에 버금갈 정도로 심각하였다. 정도의 차이는 있지만 농전수리법, 방전균세법, 면행법, 과거제 개혁 등에 대해서도 구법당측의 반대는 마찬가지였다.

왕안석의 신법이 개시된 이후 구법당측과 신법당측은 사사건건 대립하였다. 한참 시간이 지난 후 구법당 인사들은 신법 조항 가운데 일부에 대해서는 그 장점을 인정하였다. 모역법이라든가 과거제 개혁 등이 그 대표적인 사례이다. 하지만 왕안석 신법이 추진될 당시에는 쌍방 간 날선 대립만 오갔다. 냉정하게 개혁의 선악이나 공과에 대해 살펴볼 수 있는 분위기가 아니었다. 구법당 측에게 왕안석과 왕안석의 신법은 그냥 통째로 부정과 타기의 대상일 뿐이었다.

2. 왕안석과 사마광의 결별

우리는 신법에 대한 반대 인물이라 하면 무엇보다 먼저 사마광을 떠올리게 된다. 사마광을 두고 구법당의 영수라 말하기도 한다. 하지만 사마광이 신법 반대파의 상징과 같은 인물로 떠오르는 것은 한참 후의 일이다. 즉 1085년 신종이 붕어하고 어린 철종이 즉위하여 태황태후 고씨高氏가 수렴청정할 때, 사마광은 비로소 재상이 되어 신법의 전면 폐지를 주도하였다. 왕안석이 신법을 시행할 당시 신법에 대한 반대는 조야를 막론하고 광범위하게 자리 잡고 있었다. 특히 한기, 문언박文彦博, 부필, 구양수, 조변趙抃, 당개唐介 등의 노신들은 거의 한 목소리로 신법에 반대하였다. 사마광은 이러한 반대파 가운데 한 사람일 뿐이었다.

사마광은 왕안석이 중앙으로 발탁되던 것과 거의 비슷한 시기에 요직인 한림학사에 임명되었다.[7] 하지만 왕안석과 사마광 양인의 정치적

---

[7] 왕안석과 사마광은 治平 4년(1067) 9월, 5일 간의 차이를 두고 공히 翰林學士에 임명되었다.

입장은 판이했다. 왕안석은 〈만언서 上仁宗皇帝言事書〉에서 단적으로 드러나듯 포괄적이고 전면적인 개혁을 주장하였다. 반면 사마광은 정치 지도자들의 반성과 도덕성 회복이야말로 문제 해결의 열쇠라고 주장하고 있었다.[8]

사마광도 11세기 중엽 송조가 심각한 위기 국면에 있다는 점은 인정한다. 심지어 '백성이 진흙 구덩이에서 죽어가고 있으며 기강이 문란하여 민심이 동요하고 있다.'[9]고 말한다. 하지만 그가 제시하는 위기 타개의 핵심은 위정자의 마음 자세이다. 황제를 위시한 정치 지도자들의 자기 절제와 근신이 관건이라는 것이다. 사마광의 입장은 철저히 유교의 전통적인 '인치 人治'에 의거하고 있었다.

왕안석의 신법이 추진되면서 왕안석, 사마광 양인 간의 대립은 더욱 첨예해진다. 그러한 인식의 차이 내지 대립이 가장 절정으로 치닫던 시기가 대략 1070년(희녕 3) 2월로부터 3월까지이다. 앞서 살펴본 대로 청묘법을 둘러싼 논란이 최고조에 달한 때였다. 당시 한기가 청묘법의 폐단을 비판하는 상주문을 올리고 이에 신종이 동요하자 왕안석은 병을 핑계로 칩거하고 있었다. 이러한 상황에서 신종은 왕안석과 대립각을 세우고 있던 사마광을 발탁하여 추밀부사에 임명하고자 했다. 사마광은 이에 대해 신법, 특히 청묘법의 폐지와 조례사의 해체를 요구하는 상주문을 연속으로 올렸다.

---

8   이러한 사마광의 주장이 가장 잘 드러나는 문장이 〈進五規狀〉(《司馬光奏議》, 太原, 山西人民出版社, 1986, 권 3·4) 및 〈體要疏〉(《司馬光奏議》 권 25)이다.
9   《司馬光奏議》 권 3·4, 〈進五規狀〉.

▎사마광의 동상
산시(山西) 성 하현(夏縣)의 사마광 사당 앞에 세워져 있다.

이 무렵 두 사람 사이에 유명한 왕복 서간이 교환되고 이를 계기로 두 사람의 교분도 파열되고 만다. 먼저 사마광이 칩거를 끝내고 조정에 등청하기 시작한 왕안석에게 장문의 편지를 보내, 신법의 잘못을 적시하며 그 전면적 폐지를 요구하였다. 1070년 2월의 일이었다. 이 사마광의 첫 번째 편지는 매우 정중하면서도 간곡한 어조를 띠고 있다. 물론 그러면서도 신법에 대해서는 준엄한 어조로 비판을 가하고 있다.

이에 대해 왕안석은 비교적 신속히 답장을 보냈다. 이 답장(《答司馬諫議書》)은 사마광의 첫 번째 서신과는 달리 좀 무뚝뚝한 어조를 띠고 있다. 분량도 매우 간략하여 사마광의 서신이 무려 3,300여 자로 되어 있음에 반해 고작 330여자에 불과하다. 사마광의 비판에 대해 간단히 반론을 피력하는 것으로 그치고 있다. 전체적 어조는 대단히 장중하면서도 당당하여 고금의 명문장 선집에 두루 채록되어 있다.

이러한 답장이 사마광의 심기를 진정시켰을 리는 만무하다. 사마광은 일견 퉁명스러운 왕안석의 답신을 받고 곧바로 두 번째 서신을 보냈다. 하지만 왕안석은 이에 대해 아무런 반응을 보이지 않았다. 이러한 상태에서 사마광은 또다시 세 번째 서신을 보냈다. 이에 대해서도 왕안석은 가타부타 아무 말을 하지 않았다. 이러한 서신의 왕래는 사마광을 몹시 화나게 만들었던 것으로 보인다. 양인 사이의 교유도 이들 서신의 왕래를 계기로 완전히 단절되고 말았다.[10]

이후 사마광은 왕안석에 대해 거침없는 어조로 공박하게 된다. 이전까지 양인 사이의 관계는 대단히 친밀하였다. 한때는 한유 및 여공저 등과 함께 가우嘉祐의 사우四友라 칭해지던 시기도 있었다. 사마광 자신 왕안석에 대해, '함께 어울리며 하루도 즐겁지 않은 적이 없었다.' 라든가 '흠모하고 있다.'라고 밝힌 바 있다.[11] 왕안석도 마찬가지로 사마광을 두고, '(사마광과) 교유하며 좋아했다.'[12]고 술회하고 있다. 그런데 1070년 3월을 시점으로 단교한 이후 사마광은 신법에 대해서는 물론이려니와 왕안석의 학식과 인품에 대해서도 격렬하게 공격하고 나섰다. 왕안석을 두고 '간사하다.'라든가 '사직의 죄인'이라고까지 극언하였다.

이 시기에 왕안석은 사마광뿐만 아니라 또 다른 벗 여공저도 잃었다. 여공저는 왕안석과 동년同年의 진사進士, 즉 같은 해에 과거 급제한 동창

10　宋人 詹大和는 王安石 연보를 작성하며 이러한 서신왕래를 계기로 '自是遂與公絶' (≪王荊國文公年譜≫ 권 中, ≪王安石年譜三種≫, 北京, 中華書局, 1994, p.81)이라 기록하고 있다.
11　司馬光, ≪溫國文正公文集≫ 권 60, 〈與介甫書〉.
12　王安石, ≪臨川先生文集≫ 권 73, 〈答司馬諫議書〉.

생으로서, 가장 가까운 친구 중의 하나였다. 왕안석과 여공저의 사이를 두고 황제 신종은, '마치 아교나 옻처럼 돈독하다.'¹³고 말할 정도였다.

왕안석은 여공저의 인품과 학식을 대단히 존중하였다. 그래서 '여공저가 재상이 되어야 천하에 태평이 깃들 것이다.'¹⁴라고까지 말하였다. 그는 1069년 6월 좌천된 여회呂誨의 후임으로 여공저를 어사중승에 천거하였다. 이때 그는 여공저를 저 옛날 오제五帝 시기의 전설적인 신하들에 비교하여 전연 뒤지지 않는다고 극찬하였다. 여공저 또한 어사중승이 된 이후 한동안은 왕안석에 동조하였다. 조례사의 업무 추진에도 협조하는 자세를 보였다.

하지만 1069년 9월 청묘법이 시행되며 두 사람 사이는 삐걱대기 시작하였다. 여공저가 신법의 문제점을 지적하고 나서자 왕안석은 그가 자신을 배반하였다고 여겼다. 여공저가 특히 문제라 여겼던 것은 청묘법의 폐단보다도 왕안석의 독선적인 태도였다. 그는 신종에게 상주문을 올려, '왕안석이 자신에 대한 반대를 모두 저속한 주장으로 여긴다.'¹⁵고 말하였다. 이러한 비판에 왕안석은 몹시 노여워했다. 1070년 초에는 신종이 여공저에게 왕안석의 심복인 여혜경을 어사로 임명하라고 권하였다. 이에 여공저는, '여혜경은 재주가 있으나 간사하여 중용해서는 안 됩니다.'¹⁶라고 말했다. 이 말을 전해들은 왕안석은 결정적으로 마음이 돌아섰다. 결국 그는 1070년 4월 여공저를 지방관으로 좌천시켜 버렸다.

---

13 ≪三朝名臣言行錄≫ 권 7之1, 〈丞相溫國司馬文正公〉.
14 邵伯溫, ≪邵氏聞見錄≫ 권 12.
15 ≪宋史紀事本末≫ 권 37, 〈王安石變法〉.
16 위와 같음.

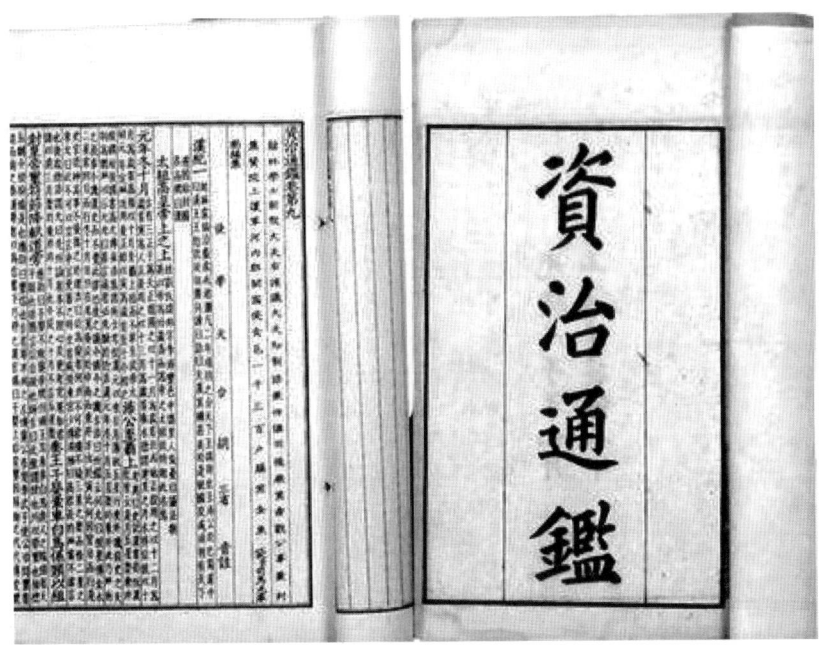

▎사마광이 지은 역사서 ≪자치통감≫
사마광은 1071년(희녕 4) 정계를 떠나 뤄양으로 은퇴한 후 ≪자치통감≫의 저술에 전념하였다.

왕안석은 당초 신법 시행에 대한 비판의 목소리에 상당히 관용적인 자세를 취하였다. 비판을 통해 신법의 문제점을 보완할 수도 있을 것이라 판단하였다. 하지만 구법당측의 극렬한 공박이 거듭되면서 점차 그에 대해 부정적인 시각을 지니기 시작하였다. 이러한 변화를 두고 당시의 역사서에서는, '왕안석은 애초 고집의 뜻이 없었으나 반대파의 심한 비판에 더 이상 참지 못하게 되었다.'고 적고 있다.[17] 다음의 시는 그러한 과정에서 겪었던 왕안석의 내적인 동요를 잘 보여준다.

---

17 ≪長編≫ 권210, 神宗 熙寧 3년 4월 甲申.

남들과 이리저리 다툴 필요 있으랴,	衆人紛紛何足競
옳다 하여 기쁘지도, 그르다 하여 기분 나쁠 일 없는 것을.	是非吾喜非吾病
칭송이 빗발쳤다 해도 왕망이 어찌 어질 것이며,	頌聲交作莽豈賢
사방에 비난이 떠돈다 해도 주공은 역시 성인이었도다.	四國流言旦猶聖
오직 성인만이 사람을 평가할 수 있는 법,	唯聖人能輕重人
가벼운 인물이 위인으로 될 수는 없으리.	不能銖兩為千鈞
평가는 저들에게 달려 있지 아니하니,	乃知輕重不在彼
옳고 그름은 모두 내 몸에서 비롯되는 것 아니더냐.	要之美惡由吾身[18]

왕안석은 자신감이 넘치며 남의 비방에 별로 개의치 않는 고집 센 사람이었다고 일컬어졌다. 그래서 그를 두고, '남들의 말에 귀 기울일 필요 없다人言不足恤.'는 생각을 지녔다고 말하기도 했다. 하지만 위의 시를 보면 그가 바깥으로 단호한 모습을 취하지만, 안으로 많은 번민을 하였음이 잘 드러난다.

한편으로 신법의 시행으로 말미암은 분란과 다툼, 그리고 벗들과의 결별은 그를 쓸쓸하게 만들었다. 그는 소란스러운 정계에서 은퇴하여 고향으로 돌아가고 싶은 마음이 일었다.

금세라도 터질 듯한 붉은 모란 꽃 봉오리,	紅襮未開如婉娩
그 자주 빛 꽃자루에서 금새라도 향기 내뿜을지니.	紫囊猶結想芳菲

---

18 ≪臨川先生文集≫ 권 14, 〈中書偶成〉.

| 이 아름다운 꽃은 날 붙잡아두려 하지만 | 此花似欲留人住 |
| 산 새는 자꾸만 나에게 돌아가라 말하네. | 山鳥無端勸我歸[19] |

훨훨 흘러가 버린 젊은 날,	忽忽余年往
까마득히 난 깨닫지 못했구나.	茫茫不自知
가만히 얕은 개울에 비춰 보고서야	殷勤照淸淺
내 모습 늙고 쇠잔해 버렸음을 알았네.	邂逅見衰遲
세상에 나와 아무 이룬 일 없으나,	輔世無賢業
태평성세를 만나 이 한 몸 기댈 수 있었도다.	容身有聖時
돌아가리라, 지금이 바로 그때,	歸歟今可矣
어찌 남 위해서만 살아갈 것인가!	何以長人爲[20]

시문의 표현만으로 이 시기 왕안석의 심리 상태나 사유 구조를 헤아릴 수는 없다. 문학 세계 속의 이미지와 실제 행동 사이에 커다란 괴리가 있는 사례는 고래로 수없이 많다. 신법의 추진 시기 왕안석이 보여준 자신감과 추진력은 부정할 수 없다. 하지만 위의 시구를 보면, 그러한 단호함의 뒤안에 인간적인 망설임과 애잔함 또한 분명한 형태로 내재되어 있었음이 잘 드러난다.

---

19 위의 책, 권 31, 〈後殿牡丹未開〉.
20 위의 책, 권 14, 〈中書偶成〉.

3. 신법당 진영의 사람들

조정 내 명망 있는 관원들의 반대, 그리고 주변의 벗들이 하나 둘 떠나가는 상황에서 왕안석은 누구와 함께 신법의 개혁을 추진해 갔던 것일까? 신법에 대한 반대자들을 구법당이라 부르는 데 반해, 개혁에 찬동하여 신법을 지지한 정파를 신법당이라 부른다. 왕안석의 동조자, 즉 신법당은 어떠한 인물들로 채워져 있었을까?

신법당 내에서 가장 연장자이고 그래서 원로의 지위에 있었던 인물은 한강韓絳(1012~1088)이다. 그는 인종 시기인 1030년대에 부재상을 지낸 바 있는 한억의 아들이자, 왕안석의 절친한 벗 한유韓維(1017~1098)의 형이었다. 한유는 왕안석·사마광·여공저 등과 함께 가우 연간의 네 벗이라 칭해지던 인물이다. 한강은 왕안석보다 9살 연상으로서 신법이 추진되던 당시 50대의 나이였다.

한강은 신법당 내에서 거의 유일하게 반대파들로부터 비난을 받지 않은 인물이다. 그는 왕안석이 개혁을 추진할 때 그의 충실한 동지가 되어 주었다. 또 구법당측의 신법당에 대한 도덕적 인격적 비난을 어느 정도 차단해 주는 역할을 하였다. 그는 1070년(희녕 3) 12월 왕안석과 함께 재상의 직위에 올랐다. 1074년 왕안석이 재상의 자리에서 물러난 후에는 신법을 주도하며 '전법사문傳法沙門', 즉 왕안석의 직계 후계자라 칭해졌다. 또 훗날 여혜경이 독주하며 점차 왕안석을 배반해 가자, 이를 견제하기 위해 신종에게 왕안석의 재등용을 건의하여 관철시키기도 했다.

신법 추진기 왕안석의 핵심적인 브레인 역할을 한 인물은 여혜경呂惠

卿(1032~1111)과 증포曾布(1136~1107) 두 사람이다. 여혜경은 왕안석이 조례사를 창립할 단계, 즉 신법을 도입하던 당초 가장 중요한 역할을 담당하였다. 이 무렵 왕안석이 가장 신임한 인물도 여혜경이었다. 왕안석은 조례사를 설립하고, 크든 작든 모든 일을 반드시 여혜경과 의논하였다. 조례사에서 올리는 상주문도 모두 여혜경이 작성하였다.[21] 뿐만 아니라 왕안석은 그를 두고, '다만 오늘날의 인물뿐만 아니라 이전 시대의 학자들 가운데에서도 대비할만한 사람을 쉽게 찾을 수 없을 만큼 현명하다.'[22]고 극찬하였다.

이러한 신임을 바탕으로 여혜경은 신법당과 조례사 내에서 중추적 역할을 담당하였다. 이러한 정황을 두고 당시의 기록에서는, '왕안석은 조례사를 창설하고 난 후 여혜경에게 모든 업무를 맡겼다.'[23]고 적고 있기도 하다.

여혜경은 왕안석의 집권과 함께 파격적인 승진을 거듭하였다. 1069년 당시 집현원集賢院의 소관으로 근무하던 그는 이후 지간원知諫院, 한림학사를 거쳐, 1074년에는 부재상인 참지정사로 발탁되었다. 왕안석이 재상에서 물러나 낙향하기 직전 그를 부재상으로 추천하였던 것이다. 그는 재상인 한강과 더불어 신법의 시행을 주관하였다. 이러한 그를 두고 세간에서는 '호법선신護法善神', 즉 신법의 수호자라 칭했다고 한다.

그런데 바로 이 무렵, 다시 말하여 왕안석이 퇴진하고 부재상으로 승

---

21 《宋史》 권 471, 〈呂惠卿傳〉.
22 위와 같음.
23 《宋史》 권 329, 〈王安石傳〉.

진한 직후부터, 서서히 왕안석을 등지기 시작하였다. 그는 자신의 동생인 여승경呂升卿, 여화경呂和卿 및 처남인 방희각方希覺 등을 중용하며 자기 중심의 정치 집단을 구성하였다. 또한 자신을 비판하는 관원들을 제거하는 한편으로 왕안석에 동조하는 사람들을 견제하였다. 급기야 왕안석에 대해 원수 같이 생각하며, 왕안석의 아들 왕방(1044~1076)과 동생 왕안국 등에 대해 온갖 모략을 가하였다. 1076년 왕방은 중병에 걸려 33세의 나이로 요절하였다. 왕방의 와병에도 사실상 여혜경의 음모에 말려든 것에 대한 분함과 원한이 크게 작용하였다.

여혜경은 초기에는 왕안석에 대해 아버지 섬기듯 극단적으로 아부하는 모습을 보였다. 하지만 후일에는, '왕안석에게 해를 가할 수 있는 일은 무엇이든 가리지 않고 했다.'[24]고 일컬어질 지경이 되었다.

사실 신법의 시행 당초부터 왕안석에게 여혜경을 신임해서는 안 된다고 말하는 사람이 적지 않았다. 특히 사마광은 수 차에 걸쳐 왕안석에게, 여혜경이 음험하고 교활하다고 말한 바 있다. 사마광은 왕안석과의 결별 이전, '왕안석이 비난을 받는 것은 모두 여혜경의 잘못 때문이다.'[25] 라고 말하기도 하였다. 하지만 이러한 충고를 받아들이지 않았다가, 왕안석은 믿었던 도끼에 발등 찍히듯 여혜경으로부터 쓰라린 배신을 당하였다.

만년에 왕안석은 은퇴하여 금릉江寧府에 있으면서 '복건 놈(福建子)'이란 글자를 수도 없이 적었다 지웠다 했다고 한다. '복건 놈'이란 복건 지

---

24 徐自明, ≪宋宰輔編年錄≫ 권8.
25 ≪三朝名臣言行錄≫ 권7之1, 〈丞相溫國司馬文正公〉.

방 출신의 여혜경을 가리킨다. 여혜경에 대한 원한이 그 만큼 컸던 것이다. 그에게 당했던 일, 그리고 그를 잘못 보았던 일 등이 너무도 한스러웠다. 이 일에 생각이 미치면 왕안석은 산을 오르내리다 말고 멍한 모습으로 서 있기도 하고, 또 미친 사람마냥 혼잣말을 했다고 한다.[26]

▎증포의 상
그의 고향인 장시(江西) 성 린촨(臨川) 시에 세워져 있다.

신법이 시행되던 시기 왕안석으로부터 절대적인 신임을 받았던 또 다른 인물은 증포이다. 그는 왕안석과 동향인 강서 출신이자 동시에 왕안석의 먼 인척이기도 했다. 증포의 형인 증공(1019~1083)은 잘 알려져

---

26 邵伯溫, 《邵氏聞見錄》 권 12.

제2부 신법의 주도와 당쟁   179

있다시피 당송팔대가의 하나이면서 왕안석의 절친한 벗이었다. 이러한 관계로 증포는 시종 왕안석에게 충실한 추종자이자 핵심적인 참모 역할을 했다. 후일 왕안석은 이러한 증포를 두고 다음과 같이 말하였다.

> 신법을 실시한 이래로 시종 찬동한 자는 증포이고, 반면 시종 안 된다고 반대한 자는 사마광이다. 그 나머지는 모두 왔다 갔다 했다.[27]

증포는 초기에 여혜경과 왕안석의 신임을 다투며 신법의 입안과 시행에 깊숙이 관여하였다. 그래서 당시의 기록에서는, '증포는 여혜경과 함께 청묘법과 모역법, 보갑법, 농전수리법 등을 만들었다.'[28]고 적고 있다. 신법에 대한 비판이나 반대론이 제기될 때는 앞장서서 그것에 논박하는 역할도 담당하였다. 1070년 한기가 청묘법 반대의 상주문을 올려 정국이 요동칠 때, 왕안석의 지시를 받아 한기의 상주문에 대한 반박문을 작성한 인물도 증포였다. 1071년 7월 어사중승 양회楊繪 및 감찰어사리행 유지劉摯가 면역법의 폐해를 심하게 공박할 때도 증포는 이에 맞서 논박하고 양회와 유지의 좌천을 이끌어냈다.

하지만 여혜경과 증포는 신법당의 중추와 같은 위치에 있으면서도 내내 사이가 좋지 않았다. 두 사람은 왕안석의 신임을 두고 경쟁하는 모습을 보였다. 두 사람 사이의 알력과 경쟁은 점점 심화되어 나중에는 원수나 다를 바 없는 관계가 되어버렸다.

---

27 ≪三朝名臣言行錄≫ 권 6之2, 〈丞相荊國王正公〉.
28 ≪송사≫ 권 230, 〈증포전〉.

두 사람의 대립은 신법의 추진에 많은 지장을 초래하였다. 그러한 정황을 단적으로 보여주는 것이 1074년 시역법에 대한 논란이 일어났을 때이다. 시역법을 둘러싸고 물의가 생기자 신종과 왕안석은 여혜경 및 증포로 하여금 실태를 조사토록 하였다. 그런데 두 사람은 서로를 의식하여 전연 상반된 조사 결과를 내놓았다. 여혜경은 시역법 실행을 책임지고 있는 제거시역사提擧市易使 여가문呂嘉問에게 전연 하자가 없다고 보고하였다. 반면 증포는 여가문이 백성을 수탈하고 있다고 신랄하게 비판하였다. 이때 왕안석은 여혜경의 손을 들어주었다. 증포가 신종에게 환심을 사고자 신종의 뜻에 영합하여 사실 관계를 과장하였다고 판단하였기 때문이다. 이후 증포는 한동안 한직으로 전전하였다.

왕안석의 장남 왕방도 신법의 시행 과정에서 중요한 역할을 한 인물이다. ≪송사≫에서는 '왕안석이 정치를 개혁할 때 실상 왕방이 이를 이끌었다.'[29]고 적고 있다. 그는 어려서부터 굉장히 총명하여 성년이 되기 전 이미 많은 저술을 지었다고 한다. 그는 여혜경과 더불어 ≪삼경신의≫를 저술하는 등 신법의 추진 과정에 깊숙이 관여하였다. 하지만 성격이 대단히 격하고 사나워 많은 사람들로부터 원성을 샀다.

왕방의 성향을 보이는 유명한 일화가 있다. 왕안석이 조례사를 설치하고 막 개혁을 시작하던 무렵이었다. 어느 무더운 여름 날 왕안석이 정호와 더불어 얘기를 나누고 있었다. 정호는 물론 성리학의 대가인 정자를 가리킨다. 그런데 왕방이 흐트러진 머리에 맨 발을 한 채 밖으로

---

29 ≪宋史≫ 권 327, 〈王雱傳〉.

나와서 부친인 왕안석에게 물었다.

"무슨 얘기를 하고 계십니까?"

"신법에 대해 사람들이 너무 반대하고 있어서 함께 논의하고 있는 중이다."

그러자 왕방은 두 다리를 쭉 뻗고 앉으며 큰 소리로 말했다.

"대로에 한기와 부필의 머리를 잘라 내건다면 신법은 아무 탈 없이 시행될 것입니다."

왕안석은 놀라 말했다.

"철 없는 어린 아이로다."[30]

이러한 거침없는 성격 탓에 그는 구법당 인사에게서 많은 공격을 받았다. 왕안석의 가혹한 처사 가운데 많은 것도 왕방으로 말미암은 것이었다고 한다. 여혜경의 무리는 이런 왕방에 대해 비굴할 정도로 떠받들었다.

이 외에 신법당 진영에 있었던 주요 인물로 장돈章惇, 등관鄧綰, 여가문呂嘉問, 이정李定, 장조張璪 등이 있다. 이들 모두 신법이 시행되던 시기 40살 전후로서 정계에서 아직 신진이라 할 만한 연배에 있었다. 구법당 측에서는 이러한 정황을 두고, 왕안석이 정계의 원로들을 배척하고 '경박한 젊은이'들만 등용한다고 비판하였다. 또한 이들은 대부분 집권자인 왕안석에 부회함으로써 입신출세를 노리는 경향이 강하였다.

예컨대 등관(1028~1086)은 신법 시행의 초기인 1070년 지방의 한직에

---

30 위와 같음.

있었다. 그것도 낙후된 변방인 영주寧州에 근무하고 있었다. 이 무렵 신법에 대한 조야의 여론은 매우 나빴다. 이러한 상태에서 그는 상주문을 올려 신법을 극력 상찬하였다. 이로써 왕안석의 주목을 끌어 일약 중앙의 요직에 발탁되었다. 이를 두고 비난이 일자 그는, '너희는 마음껏 조롱해라. 좋은 관직으로 승진하는 것은 나다.'[31] 라고 말하고 있다. 이러한 그가 1074년 왕안석이 사직하고 낙향하자 여혜경에게 붙었다. 그러다 왕안석이 이듬해 재상으로 복귀하자, 이번에는 여혜경의 비리를 폭로하며 왕안석에게 접근하였다. 이러한 얄팍한 처사에 신종도 고개를 돌렸고, 왕안석 또한 그에게 질려 지방관으로 전출시켜 버렸다.

이와 같이 신법당 진영에 선 인물들은 도덕성과 품행에 많은 문제가 있었다. 신법의 개혁이 좌초되는 데 있어 이러한 신법당내 인적 구성의 하자는 커다란 영향을 미쳤다. 왕안석은 평소 군자를 임용하고 소인을 멀리 해야 한다고 주장하였다. 유명한 〈만언서〉의 핵심 내용도 사실상 올바른 인사의 임용이다. 신종에게도 기회 있을 때마다 소인을 멀리하라고 권유하였다. 하지만 정작 그 자신은 신법을 시행함에 있어 이처럼 도덕성에 많은 문제점을 안고 있는 인물들을 곁에 두었다.

이렇게 된 데에는 왕안석 자신 인물을 잘 알아보지 못한 탓도 없지는 않다. 하지만 그보다는 신법이 시행될 때 조정의 압도적 다수가 신법에 반대했다는 사실이 더 큰 영향을 미쳤다. 반대파의 압력에 밀려 신법에 대해 찬성하는 관원들을 모으는 데 급급했던 것이다. 그리하여 도덕성

---

31 ≪宋史≫ 권 329, 〈鄧綰傳〉.

과 인품을 따지기 이전 자신을 지지하는 세력을 확보하는 데만 관심을 두지 않을 수 없었다. 신법에의 찬동 여부만을 기준으로 인재를 등용하다 보니, 신법당 진영 내 권력자에 아부함으로써 영달을 꾀하는 무리가 많아질 수밖에 없었던 것이다.

제 4 장

대외 전쟁의 전개

1. 북송 초기의 대외 관계

　신종은 즉위 이후 실로 의욕적으로 국정을 주도하며 송조가 안고 있는 문제들을 모두 해결하고자 했다. 이 무렵의 신종에 대해 ≪송사≫에서는, "궁실宮室과 유행遊幸을 돌보지 않고, 힘써 정치에 임하며 커다란 업적을 이루고자 하였다."[1]고 적고 있다. 여기서 궁실과 유행이란 후궁 및 유흥을 가리킨다. 혈기방장한 약관의 나이임에도 불구하고 여색의 유혹을 떨치고 오락과 안일을 멀리하였다. 이렇게 자신을 단속하며 신종은 직언을 구하고 민정을 살피는 데 노력하였다. 왕안석의 발탁 및 신법의 단행도 그러한 포부와 열의의 연장선상에 위치한 것이라 할 수 있다.
　그런데 신종의 마음 속에는 이러한 국정의 정비와 쇄신을 통해 거란

1　≪宋史≫ 권18, 〈神宗本紀〉의 贊.

및 서하에 대한 수세적인 관계를 반전시키고자 하는 염원이 있었다. 대외적인 공업의 성취, 이것이야말로 신종이 바라는 최고의 소망이었다.

거란족이 야율아보기耶律阿保機의 주도 아래 부족을 통합하고 국가를 건설한 것은 907년의 일이었다. 중국이 당말과 오대로 이어지는 전란으로 지새는 동안 만리장성의 이북에 강력한 유목국가가 건설된 것이다. 이후 통일을 이룩한 거란족의 힘은 중국사의 전개에 강력한 영향을 미치게 된다. 거란은 우선 서쪽으로 탕구트 등을 제압하여 세력 범위를 몽골 초원의 남부까지로 확장시켰다. 이어 926년에는 동방의 발해를 멸망시켰으며, 936년에는 오대의 왕조 가운데 하나인 후진後晉을 원조하고 그 대가로 연운십육주燕雲十六州를 할양받았다.

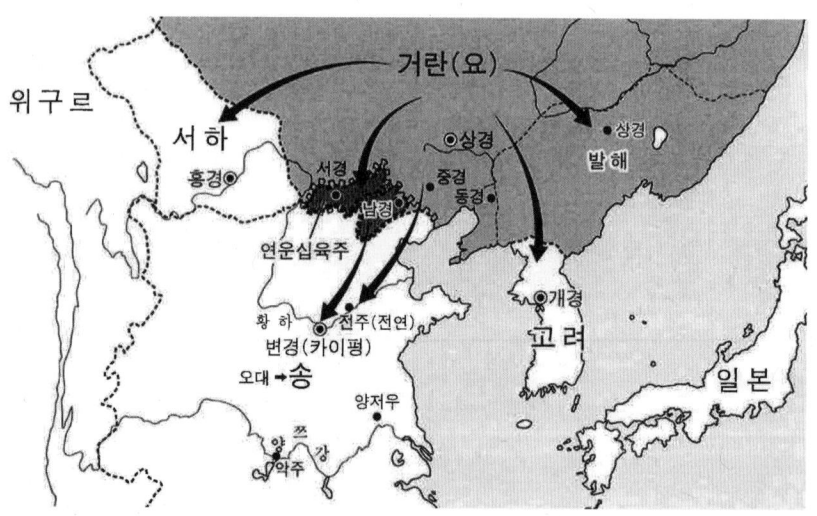

┃10세기 무렵의 동아시아 형세
요(거란)는 10세기 건국한 이래 남으로 진출하여 만리장성 이남의 연운 16주를 지배 하에 두었다.

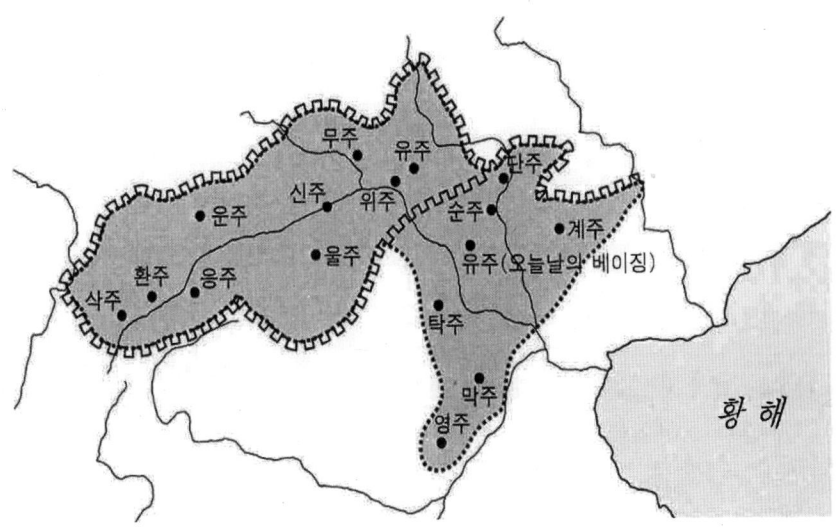

▌연운 16주

 연운십육주는 오늘날의 허베이 성 탕산唐山으로부터 베이징을 거쳐 산시 성의 다퉁大同에 이르는 지역이다. 만리장성의 바로 남쪽 지역으로서 고대 이래 한족이 농경생활을 하며 거주하였다. 거란의 연운십육주 지배는 북방 유목 민족의 역사에 중대한 전기를 이루는 것이었다. 이전까지 북방에 건설된 유목국가가 한족의 거주지인 만리장성 이남 지역을 복속한 적이 없었다.

 연운십육주라는 지역 자체는 그다지 넓지 아니하지만, 그 상징적인 의미는 대단히 컸다. 전통적으로 자기네 영역이라 인식되던 지역을 북방의 유목국가에게 넘겨주게 되자 중국 지식인들은 커다란 자극을 받았다. 송대를 통해 '연운십육주'라는 명칭은 두고두고 민족의식과 대외 경각심을 일깨우는 대명사로 쓰이게 된다.

 송이 건립되어 오대십국의 혼란을 종식시키자 곧바로 연운십육주의 수복을 위한 전쟁이 일어났다. 제2대 황제 태종 시기의 일이다. 태종은 두 차례에 걸쳐 거란을 침공하였으나 모두 실패하였다. 특히 986년(태종 옹희 3)에 있었던 이른바 '옹희 북벌' 때는 온 국력을 기울여 북벌에 나섰으나, 기구관岐溝關에서 참담한 패배를 당하고 양업楊業 등의 명장까지 잃었다. 이후 송은 거란에 대한 설욕의 꿈을 접고 수세적인 자세로 전환하였다. 거란에 대해 강한 적개심을 지니고 있던 황제 태종도 소극적으로 돌아섰다. 그는 변경에 주둔한 군대에게 공연히 거란을 자극하지 말라고 명하였다.

옹희의 북벌로부터 18년이 지난 1004년(진종 경덕 원년), 이번에는 거란이 대군을 이끌고 남하하였다. 황제인 성종과 태후가 군대를 직접 지휘하고 있었다. 거란의 남침 소식이 전해지자 송의 조정은 공포 분위기에 빠졌다. 거란에 대해서는 군사적으로 대적할 수 없다는 패배의식이 팽배해 있었기 때문이다. 일부 신하는 수도를 남방이나 서쪽의 쓰촨 지역으로 옮겨야 한다고 주장하였다.

이러한 분위기에서 우왕좌왕하는 조정을 추슬러 거란에 대한 대응태세를 구축한 인물이 구준寇準(961~1023)이다. 그는 나약한 주장을 하는 관원들을 억누르고 황제 진종을 압박하여 친정에 나서게 하였다. 남하하는 거란의 군대와 이에 맞서는 송의 군대는 전주澶州(오늘날의 허난 성 푸양濮陽))에서 맞부딪쳐, 이곳에서 한동안 대치를 계속하였다. 이러한 상태에서 양 진영 사이 화평을 절충하는 사자가 교환되었고, 교섭을 계속하여 마침내 합의에 도달하였다. 이 합의를 '전연澶淵의 맹약'이라 부른다. 합의가 성사된 지점, 즉 전주의 옛 지명이 전연이었기 때문이다.

구준(寇準)의 동상
1004년 거란의 남침이라는 풍전등화의 위기에서 송을 구한 명신이다.

전연의 맹약은, 송과 거란이 서로 친선관계를 유지하는 것을 조건으로, 그 대신 송측이 거란에게 매년 막대한 양의 물자(비단 20만 필, 은 10만 냥)를 지급하기로 되어 있었다. 송과 거란의 양측은 형제의 관계를 맺으며 상대방을 '남조'와 '북조'라 부르기로 했다. 이렇게 하여 송과 거란 사이의 군사적 대립관계는 종식되었다. 이후 양측은 비교적 성실하게 맹약을 준수하였다. 양국 사이 전면적인 전쟁도 12세기 초 거란이 멸망하기 전까지 발생하지 않았다.

송이 거란과 전연의 맹약을 맺고 그 남침 위협에서 벗어날 즈음, 그에 대신하는 새로운 대외 문제가 발생하였다. 바로 서북 지방에 거주하는 티벳계 탕구트 족의 침입이었다. 탕구트 족은 본디 칭하이靑海 일대에 살았지만 당 후반기 점차 동북방으로 근거지를 이동하였다. 그리하여 오늘날의 닝샤寧夏를 중심으로 하여 간쑤甘肅, 산시陝西 일대에 분포하게 되었다.

이후 탕구트 족은 대대로 중원 왕조에 복속하였지만 송 태종 시기에 이르러 일족 내부에 분열이 발생하였다. 분열된 두 세력 가운데 한 쪽은 송에 투항하였다. 하지만 나머지 세력은 송조에 반기를 들며 완강히 저항하였다. 송은 경제 봉쇄 등 여러 가지 방법을 강구하였지만 탕구트 족을 끝내 제압할 수 없었다. 탕구트 족은 1004년 송과 거란 사이 전연의 맹약이 체결된 이후에야 비로소 송조에 유화적인 자세를 취하였다. 이리하여 송과 탕구트 족의 분쟁은 멎고 양 진영 사이에는 한동안 평화가 깃들었다.

그렇지만 1032년 탕구트 족에 새로운 지도자 이원호李元昊(1003~1048)가 들어서면서 상황이 일변하였다. 이원호는 부족을 통합하고 주변 지역을 정복하여, 동쪽으로는 몽고 초원의 남부로부터 서쪽으로 둔황에 이르는 광대한 지역에 세력을 뻗쳤다. 이어 1038년 송조의 지배를 전면적으로 거부하고 독립국가 대하大夏를 건립하였다. 이 나라를 중국측에서는 서하라 불렀다. 서하는 흥주興州(오늘날의 닝샤 인촨시)에 도읍하고 이를 흥경부興慶府라 개칭하였다.

이러한 서하에 대해 송조는 무력을 동원한 전면적인 응징의 방침을 취하였다. 거란과는 달리 소국인 서하는 무력으로 쉽게 제압할 수 있을 것 같이 보였기 때문이다. 하지만 서하와의 전쟁에서 송은 군사적 나약상을 여지없이 드러냈다. 서하의 단속적인 침공에 송의 군대는 제대로 대응다운 대응을 하지 못하고 패배를 거듭하였다. 송은 서하와의 전선에 대량의 군대를 투입하였다. 군사적인 열세를 양적인 공세로 보완하고자 하였던 것이다. 한때는 소국 서하와의 전쟁을 위해 무려 100만에 가까운 군대가 투입되기도 하였다. 이러한 군비 부담으로 말미암아 국가 총 예산의 60퍼센트가 소요되었다.

서하의 왕릉
닝샤(寧夏) 성 인촨(銀川) 시 서쪽의 하란산(夏蘭山) 기슭에 위치해 있다.

1040년 정월 송과 서하는 연주延州(오늘날의 옌안[延安]) 북방에 위치한 삼천구三川口에서 대규모 전투를 벌였다. 송측은 이 전투에 보병과 기병 만여 명을 동원하였다. 송은 여기서 실로 궤멸적 타격을 받았다. 이후 송은 명신으로 이름 높은 범중엄范仲淹(989~1052)과 한기韓琦(1008~1075)를 전선에 파견하여 전쟁을 지휘하게 했다. 이후 1042년에 이르기까지 양국 사이에는 다시 중요한 전투가 연이어 벌어졌다. 1041년의 호수천好水川(오늘날의 닝샤성[寧夏省] 룽더[隆德] 인근) 전투, 그리고 1042년의 정천채定川寨(오늘날의 닝샤성[寧夏省] 구위엔[古原] 인근) 전투가 그것이다. 이들 두 전투에서도 송은 참담하게 패배하였다. 송측은 이후 방어에 치중하는 전략을 채택하여 가까스로 전선의 붕괴를 막았다.

　이러한 과정을 거쳐 전선은 교착상태에 빠졌다. 하지만 송측은 전쟁의 유지를 위해 막대한 재원을 쏟아 부어야만 했다. 민중들에게 새로운 조세부담이 부가되었고 또 그로 인해 각지에서 다양한 반란이 발생하였다. 서하 역시 전쟁으로 인한 고통에 시달리기는 매한가지였다. 송과의 교류가 단절되며 극심한 물자부족 상태에 빠져버렸기 때문이다. 그리하여 양측에 화친의 목소리가 점증하여 1044년(인종 경력 4) 마침내 강화조약이 체결되었다. 서하가 송에 복속하고, 그 대신 송이 거란에게 그랬던 것처럼 매년 막대한 물자(비단 13만필, 은 5만냥, 차 2만근)를 지급한다는 내용이었다. 이를 당시의 연호를 따서 '경력慶曆의 화의'라 부른다.

　하지만 송과 서하 사이의 맹약은 송과 거란 사이의 그것과는 달리 그다지 잘 준수되지 않았다. 송이 강력한 거란에 대해서는 순순히 약속을 지키는 자세를 취하였지만, 상대적으로 만만해 보이는 서하에게는 그렇게 하지 않았기 때문이다. 송은 기회만 있으면 어떻게든 서하를 공격하여 제압하고자 하였다. 그리하여 송과 서하의 접경 지역에서는 늘 긴장감이 감돌았고, 그것이 발전하여 전쟁으로 비화하는 경우도 심심치 않게 발생하였다. 왕안석의 신법이 단행되던 시기, 즉 신종 시대를 통하여 서하와 단속적으로 전쟁이 발생했던 것도 바로 그러한 사정을 배경으로 한 것이었다.

2. 서하 공략을 위한 준비

경력의 화의 이후 한동안 잠잠했던 송과 서하 사이의 관계는 얼마 되지 않아 곧 긴장상태로 빠져들게 된다. 1066년(영종 치평 3) 서하의 군주 이량조李諒祚,(의종[毅宗])가 송을 향해 공격을 개시하였다. 이량조는 이원호의 아들로서 1048년(경력 8) 황제로 즉위하였다. 이때 서하가 송에 대해 도발한 것은 송의 처사가 지나쳤기 때문이다.

이에 앞서 1064년(영종 치평 원년), 송에 새 황제 영종이 즉위하였을 때 서하는 오종吳宗이란 인물을 축하 사절로 파견하였다. 그런데 송측은 오종의 태도가 마음에 들지 않았다. 그가 지나치게 오만불손하다고 여겼다. 송은 영종 황제의 명의로 서하의 군주 이량조에게 조서를 보내, 오종에 대해 적절한 조치를 취하라고 지시하였다. 이에 서하는 불만을 품고 1066년 송을 공격했던 것이다. 기병 만여 명으로 편성된 서하의 군대는 송의 진봉秦鳳과 경원涇原 일대를 공격하여 많은 피해를 입혔다.

서하가 송을 공격하고 나서자 송의 조야에서는 서하에 대한 세폐의 지급을 중단해야 한다는 논의가 일어났다. 송・서하 접경 지역에 위치한 연주延州(오늘날의 옌안[延安])의 지주 육선陸詵이 이러한 주장을 제기하고 나섰다. 이에 대해 재상인 한기도 동조하였다. 한기는 한 걸음 더 나아가, 송과 서하 접경 지역에 설치한 교역장인 호시互市도 중단해야 한다고 말하였다. 1067년 봄, 이러한 움직임이 전해지자 서하에서는 화급히 사신을 보내 송조에 사죄하였다. 변경 일대 관리에 대한 엄중한 단속도 약속하였다. 이에 당시 막 황제로 즉위한 상태였던 신종은 서하측의 사죄를 받아들였다. 덧붙여 선무의 의미를 담아 비단 500필과 은 500냥을 서하에 하사하였다.

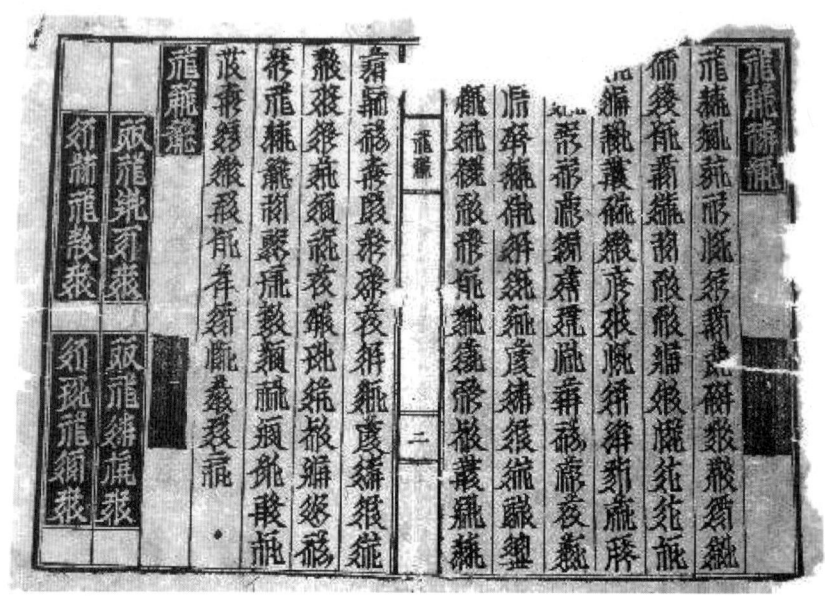

▌서하의 문자

이렇게 일단락된 듯했던 송-서하 관계는 그로부터 불과 반년여 뒤인 1067년 10월 재차 전쟁 상태로 돌입하게 된다. 이번에는 송측이 먼저 군사적인 행동을 개시하였다. 송의 장수 충악种諤(1027~1083)이 조정의 승인도 받지 않은 채 서하측의 수주綏州를 공격한 것이다. 충악은 명장 충세형种世衡의 아들로서 당시 지청간성知青澗城의 지위에 있었다. 청간성은 충세형이 서하에 대해 방비하기 위해 건설한 성채였다. 충악이 수주를 점령하자, 서하는 곧바로 보복에 나서 보안군保安軍을 공격하였다.

이로 말미암아 보안군의 지군인 양정楊定이 전사하고 보안군은 큰 피해를 당하였다.

이와 같이 송과 서하 사이에는 화의가 성립되어 공식적으로는 평화적 외교관계가 수립되었지만, 그 내부를 들여다보면 크고 작은 전투가 거의 일상적으로 발생하는 상태였다. 이러한 정황이 왕안석 신법이 시행되던 시기, 즉 신종의 통치기까지 이어지고 있었던 것이다.

신종은 앞서 살펴본 대로 즉위 이후 거란에 대한 복수와 연운십육주의 수복을 꿈꾸고 있었다. 하지만 거란은 너무도 버거운 강적이었다. 또 자신의 황제 즉위를 전후하여 서하와의 사이에 문제가 잇따라 발생하자, 거란에 대한 대처는 제쳐두고 우선 서하에 대한 군사조치에 관심을 집중하게 된다.

▌왕소(王韶, 1030~1081)의 초상화

이 무렵 신종과 왕안석의 관심을 끄는 사람이 등장하였다. 바로 왕소王韶(1030~1081)란 인물이었다. 그는 진사과에 합격한 문인 관료지만 국방 문제, 특히 서하와의 전쟁에 남다른 관심을 지니고 있었다. 그리하여 일찍부터 서하와 접경한 서북 일대를 여행하며 서하를 공략할 수 있는 방안에 대해 연구하였다. 그 모색과 연구를 종합하여 1068년 〈평융책平戎策〉을 조정에 올렸다. 여기서 그는 서하를 정복할 수 있는 방법을 다음과 같이 제시한다.

서하는 정복할 수 있다. 서하를 정복하려면 먼저 하황(河湟) 일대를 획득해야 한다. 그렇게 되면 서하는 앞뒤로 협공당하는 형세가 될 것이다.[2]

여기서 말하는 하황 일대란 하주河州와 황주湟州 지역으로서 서하의 서남부 국경 바로 바깥을 가리킨다. 이곳에는 당시 티벳계의 여러 민족이 거주하고 있었다. 이들 지역을 송이 차지한 다음 동서 양방향에서 협공하면 서하가 견딜 수 없게 될 것이라는 주장이다.

왕소의 주장은 한동안 방치되다가 1070년(희녕 3) 왕안석과 신종의 주목을 받게 되었다. 신종은 〈평융책〉을 읽은 후 추밀원에 명하여 그 구체적인 방안을 물어보게 하였다. 그리고 즉시 왕소를 등용하여 서북의 변경지대로 파견하였다.

1071년 8월 왕소에게 하황 일대에 대한 평정의 임무가 부여되었다. 이른바 하황 지구의 경략經略이 개시된 것이다. 당시 하황 지구에 거주하는 소수 민족 가운데 가장 강력한 부족은 청당青唐(오늘날의 칭하이성[青海省] 시닝[西寧])에 있던 유용가兪龍珂 부족이었다. 유용가 부족에 대해서는 서하 역시 큰 관심을 갖고 복속시키려 하고 있었다. 왕소는 이 유용가 부족을 먼저 복속시켜야만 한다고 판단하였다. 그는 변경 일대의 순시를 명목으로 친위병 몇 명만 대동한 채 유용가의 거주지를 방문하였다. 자칫하면 유용가 부족에게 사로잡히거나 죽임을 당할 수도 있는 상태였다. 그리고 유유히 유용가와 환담하며 투항을 권유하였다. 뿐만 아니라 그는 그곳에서 하룻밤 유숙하며 그들에게 아무런 의심과 경계가 없

---

2 ≪宋史≫ 권328, 〈王韶傳〉.

음을 보여주었다. 이러한 태도에 감복한 유용가는 부족 12만명을 이끌고 송에 투항하였다.

 이듬해인 1072년(희녕 5) 7월, 왕소는 군대를 이끌고 주변 각 부족을 공격하였다. 이해 10월이 되면 신종과 왕안석은 하황지구의 평정이 일단락되었다고 판단하고, 이들 지역에 새로이 희하로熙河路를 설치하고 왕소를 희하로의 도총관都總管에 임명하였다. 왕소의 하황지구 평정 작업은 이후 '희하의 경략'이라 불리기도 한다.

 1073년의 여름과 가을을 이용하여 왕소는 다시 대군을 이끌고 주변 지역에 대한 공격을 지속하였다. 이때의 전투로 탕주宕州(오늘날의 간쑤성 당창宕昌)를 점령하였으며, 민주岷州(오늘날의 간쑤성 민셴[岷縣])의 수령인 목령정木令征이 투항하였다. 또 첩주疊州(오늘날의 간쑤성 디에부[迭部])의 수령인 흠령정欽令征 및 조주洮州(오늘날의 간쑤성 린탄[臨潭])의 수령인 곽시돈郭厮敦도 투항하였다. 그리하여 왕소는 54일 간 1,800리를 행군하여 5주(희주·조주·민주·첩주·탕주) 2,000리를 획득하게 되었다.

 1073년(희녕 6) 10월 중순, 왕안석은 신종에게 상주하여 왕소의 승리와 5개 주의 획득을 경하하였다. 신종은 이러한 성공에 고무되어 자신이 찼던 허리띠(옥대)를 풀어 왕안석에게 하사하였다. 그러면서 다음과 같이 말하였다.

 "이번의 쾌거는 모두 경 때문에 이룩된 것이오. 모두들 의심하는 상황에서 경만이 일관되게 지지하였기에 이런 성공을 거둘 수 있었소. 이제 짐이 차고 있는 허리띠를 풀어 주어, 이것으로 그대의 공을 상징하는 것이 되도록 하겠소."

그러자 왕안석은 사양하며 말했다.

"한직에 있던 왕소를 발탁하여 큰 공을 이루게 하신 분은 폐하이십니다. 신과 나머지 신하들은 폐하의 뜻을 받들었을 뿐입니다. 감히 이런 은혜를 받을 수 없습니다."

신종은 다시 다음과 같은 유지諭旨를 내렸다.

"모두 의심하는 분위기에서 한때는 짐도 중지하고자 했도다. 경의 도움이 아니었으면 이 공은 이루어지지 못했을 것이다. 경에게 어대를 하사하니 자자손손 전하도록 하라. 그리하여 짐과 경이 한 시대에 만나 어울린 아름다움을 표시토록 하라."³

이 대화를 통해 신종에게 이른바 '희하의 경략'이 얼마나 큰 기쁨이었는지 짐작하고도 남음이 있다. 그리고 신종이 왕안석을 얼마나 신뢰하고 또 그의 보필에 감사하고 있었는지를 잘 알 수 있다. 실로 양인의 만남은 저 옛날 군신 수어지교水魚之交의 모델이라고 일컬어지는 촉한의 유비와 제갈량에 비길 수 있을 정도였다. 신종의 전폭적인 신뢰와 지원, 이것이야말로 왕안석으로 하여금 신법을 거침없이 추진하게 한 원동력이었다.

왕소의 활동은 이후에도 지속되었다. 그는 1074년(희녕 7) 하황지구를 완전히 평정한 후 서하에 대한 공격을 계획하였다. 하지만 이후 왕안석이 재상직에서 하야하면서 중단되고 말았다. 희하의 경략은 서하 서남부에 위치한 지역의 획득과 희하로 설치만으로 일단락되었던 것이다.

---

3   ≪續資治通鑑長編≫ 권247, 神宗 熙寧 6년 10월 辛巳.

이런 상태로 7년 정도가 흐른 뒤인 1081년(신종 원풍 4), 돌발 사태의 발생으로 송과 서하는 다시 전쟁의 소용돌이에 휩싸이게 된다. 서하의 궁정에 변란이 일어나 황제인 이병상李秉常(혜종[惠宗])이 모친인 양태후梁太后에게 감금되었던 것이다.

이 소식을 듣고 서하와의 접경 지역인 부연로鄜延路에 근무하고 있던 충악种諤이 조정에 상주하였다.

"서하에 갑작스레 이런 변란이 발생한 것은 하늘이 이 나라를 멸망시키려는 것입니다. 이때를 이용하여 정벌해야만 합니다."[4]

그러면서 자신이 부연로의 군대 및 금군禁軍을 이끌고 공격하겠다고 자원하였다. 그는 자신만만하게 말했다.

"다만 10일의 군량만 있으면 됩니다. 아직 저들의 군주가 정해지지 않은 것을 이용하여 급히 공격하면, 눈 깜짝할 사이에 서하의 수도를 점령할 수 있습니다."[5]

나아가 그는 다음과 같이 말하기도 하였다.

"이렇게 서하를 멸망시켜 그 영토를 중국에 편입하면, 거란은 고립되어 버릴 것입니다. 그것을 이용하면 거란도 쉽사리 공략할 수 있습니다. 이 천재일우의 시기에 폐하께서는 대공훈을 세우셔야만 합니다."[6]

신종은 즉시 충악을 부연로의 경략안무부사經略安撫副使로 임명하여 서하 공략의 책임을 맡겼다. 충악이 주도하는 송의 서하 공격은 곧바로

---

4 위의 책, 권312, 神宗 元豊 4년 4월 壬申.
5 위와 같음.
6 위의 책, 권312, 神宗 元豊 4년 4월 丙子.

개시되었다. 1081년 8월의 일이었다. 처음에는 송의 공격이 순조롭게 진행되는 듯 보였다. 충악의 군대는 잇따라 서하에 승리를 거두며 진군을 계속하였다. 11월 초에는 서하의 중심 도시 가운데 하나인 영주靈州(오늘날의 닝샤성[寧夏省] 링우[靈武] 부근)에 다다랐다. 송의 군대는 영주성을 에워싸고 18일간이나 거세게 공격하였다. 하지만 영주성의 방비는 견고하여 좀처럼 공격의 틈이 보이지 않았다. 이러한 상태에서 서하의 군대는 황하를 건너 송의 진영에 급습하였다. 동시에 황하의 물길을 돌려서 송의 진영을 휩쓸어 버렸다. 당시는 한겨울이었다. 매서운 추위에 차가운 물 속으로 내동댕이쳐진 송의 병사들은 일거에 무너져 버렸다. 이때의 패배는 너무도 쓰라린 것이었다. 출병시 93,000명을 넘던 대군 가운데 살아돌아온 사람은 겨우 3만여 명에 지나지 않았다.

이렇게 참담한 패배를 당한 후에도 신종은 서하 정벌의 희망을 버리지 않았다. 이듬해인 1082년(원풍 5) 정월 신종은 재차 서하 공략을 결정하였다. 이때 충악은 다음과 같이 주장하였다.

"송과 서하의 접경 지역에 연이어 3개의 성을 건설하자. 3개 성의 건설이 완료되면 변경 지역을 군사적으로 제압할 수 있을 것이다. 그 다음에 서하의 수도인 흥주興州와 영주를 공격하자."[7]

신종은 서희西禧를 파견하여 연주延州 지주인 심괄沈括과 함께 성채 건설을 협의하게 하였다. 서희는 영락永樂이라는 지점에 성을 건설하자고 주장하였고, 신종도 이 주장을 받아들였다. 하지만 충악은 물이 부족한 영락에 성을 건설해서는 안 된다고 반대하였다.

---

7   ≪宋史≫ 권335, 〈种諤傳〉.

▌ 심괄(沈括, 1030~1094)
북송의 문인이자 과학자.
그의 저서인 ≪몽계필담(夢溪筆談)≫에는 풍부한 과학 관련 기록이 실려 있다.

"영락성에서는 반드시 패한다. 패하면 죽는 것이고 명령에 거절해도 죽는다. 차라리 지금 명령에 거역하여 죽는 것이, 군대가 패망하고 영토를 빼앗기는 것보다 나을 것이다."[8]

이러한 강경한 반대에도 불구하고 영락성의 건설은 강행되었다. 영락성이 건설된 이튿날, 서하군은 대대적으로 공격해 왔다. 서하의 군대는 성 바깥에 있는 저수지를 모두 점령하였다. 영락성에 갇힌 송의 군대는 물이 부족하여 심각한 상황에 처했다. 성 안에서는 우물을 파도 물을 얻지 못하였고, 이로 인해 군사 가운데 태반이 갈증으로 사망하였

---

8 위의 책 권334, 〈徐禧傳〉.

다. 이런 상황에서 영락성은 9월 중순 함락되었다. 서희를 위시한 장수, 그리고 군사 12,000여 명이 전사하였다.

영락성 패배의 소식을 접한 신종은 조회석상에서 대신들 앞에 통곡하였다. 신종이 몽매에도 그리던 공업의 달성, 그 중심에 있던 서하에 대한 공략은 이렇게 끝이 났다.

3. 베트남과의 전쟁과 국경 교섭

왕안석의 신법이 추진되던 시기에 또 하나의 대외 전쟁이 발생하였다. 바로 남방에 위치한 베트남과의 전쟁이 그것이다. 베트남과의 전쟁 전말에 대해 이해하기 위해서는 조금 앞으로 거슬러 올라가 얘기를 시작해야 한다.

베트남이 오랜 시간에 걸친 중국의 지배에서 벗어나 독립을 쟁취한 것은 939년의 일이었다. 당시 중국은 오대의 혼란이 지속되고 있는 시기였다. 중국의 정복 상태에서 벗어나 최초의 독립 왕조를 세웠던 응오꾸옌吳權은, 중국 십국 정권 가운데 하나였던 남한南漢의 간섭을 뿌리치고 응오吳 왕조를 건립하였다.

이렇게 중국의 식민 지배에서 벗어났다 해도 베트남 독립왕조가 걸어가야 할 길은 험난하였다. 1000년 이상에 달하는 기간 지속되었던 중국의 지배로 인해 베트남 사회에는 중국의 영향이 너무 깊숙이 침투해 있었고, 이에 따라 토착 사회에도 중국과 연계된 세력이 적지 않

■ 응오 꾸옌(吳權, 897~944)
10세기 중엽 중국의 지배를 뿌리치고
독립 왕조를 세웠다.

았기 때문이다. 또 각 정치 집단 사이의 경쟁과 지역 간 대립도 치열하였다. 939년 응오 왕조가 성립된 이래 1009년 리李 왕조가 들어서서 비로소 베트남을 안정적으로 지배하게 되기까지, 베트남에는 12사군使君의 동란시대, 딘丁 왕조의 시대, 띠엔 레前黎의 시대 등으로 격변을 겪어야 했다.

중국은 이러한 베트남의 독립과 정치적 변천에 대해 기회가 있을 때마다 적극적으로 간여하고자 했다. 응오 꾸옌의 독립 작업도 그것을 저지하기 위해 남한으로부터 파견되어 온 대규모 군대를 물리친 연후에야 성공할 수 있었다. 딘 왕조 후기의 혼란을 극복하고 띠엔 레 왕조가 들어설 때에도 중국의 간섭은 지속되었다. 980년 띠엔 레 왕조의 레 호안黎桓이 왕조를 개창했을 때 북송의 태종은 대군을 파견하여 베트남을 복속시키고자 했다. 10세기 베트남 제정권의 건국 작업은 그 자체 중국의 견제와 간섭을 극복하는 지난한 사업이기도 했다.

송 태종의 베트남 정벌이 실패로 끝난 후 중국과 베트남 사이에는 한동안 평온한 관계가 지속된다. 그 사이 약간의 곡절이 있고 소규모의 분쟁과 전투는 있었으나, 이전에 비교하면 양국 간에는 기본적으로 우호적인 책봉-조공 관계가 지속되었다고 할 수 있다. 그런데 이러한 친선 관계는 11세기 후반 북송에 왕안석 정권이 수립되어 적극적인 개혁

정책을 추진하면서 일변한다. 접경 지역의 분쟁이 잦아지고 양측 사이 긴장이 고조되어 가다가 마침내 그러한 대립이 1075년에 이르러 대규모 전쟁으로 발전하게 된다. 북송의 태종 이래 송조의 베트남에 대한 정책은 어떠한 성격을 띠었던 것일까? 신종 시대에 발생하는 전쟁은 어떠한 전후 배경에서 촉발된 것이었을까?

북송 정권은 태종 시기까지 적극적으로 베트남을 정벌하여 병합하려는 의도를 지니고 있었다. 이는 레 호안이 띠엔 레 왕조를 건립하였을 때 출정하는 과정에서 전형적으로 드러난다. 하지만 태종 시기에 시도된 베트남 정벌전쟁은 그 총사령관 후인보侯仁寶가 전사할 정도로 참담하게 실패하였고 이후에는 재차 베트남에 대한 정벌 논의가 대두되지 않았다. 오히려 현실을 인정하고 베트남과 우호적인 자세를 견지하는 정책이 추진되었다. 이러한 정책 기조는 이후 진종과 인종 시대를 통해 지속되었다.

당시 베트남과 북송의 접경지역에서는 크고 작은 충돌이 단속적으로 발생하고 있었다. 문제의 발단이 되었던 것은 양국 접경지역에 거주하는 소수민족이었다. 북송과 리 왕조 베트남은 공히 이들에 대한 공략에 공을 들였다. 특히 관심의 초점이 되었던 것은 광원주廣源州 일대에 거주하는 농씨儂氏 세력이었다. 이들의 거주지역인 광원주는 금과 은의 산지였다. 이에 주목하여 송조와 베트남은 광원주 일대에 영향력을 확대하려 기도하였다. 접경 일대의 소수민족은 베트남, 송 양국의 압박을 받으며 한편으로 양국의 영역을 향해 공격하는 일도 잦았다. 하지만 베트남, 송 양국이 모두 광원주 일대를 향해 경쟁하였다 해도, 진종 및 인

종 시대의 송은 베트남에 비해 현저히 소극적인 태도를 취했다

 이러한 정책으로 말미암아 태종 이후 인종 말년에 이르기까지 송과 베트남 사이에는 별다른 충돌이 발생하지 않았다. 그런데 1040년대 후반 이후 광원주에 기주하는 농씨 문제가 양측의 현안 문제로 대두하게 된다. 광원주는 좌강左江의 상류 지방으로 현재의 까오방 동부에 위치한 꽝 응우옌 일대이다. 베트남의 지배를 받고 있던 농씨는 리 왕조 베트남의 압박과 통제가 강화되며 반란을 일으켰다. 이러한 반란은 송조에까지 파장을 미쳤다. 송조는 농씨의 반란에 대처하며 베트남과의 관계를 충분히 고려하는 정책을 편다. 농씨의 반란은 1053년 적청狄靑의 파견으로 진압되었다.

 베트남에 대한 유화적인 정책은 신종의 즉위 및 왕안석의 집권과 함께 일변하였다. 앞서 얘기한 바와 같이 신종과 왕안석이 대외 정벌을 통해 공업을 이루고 송조의 국세를 떨치고자 하는 강렬한 염원을 지니고 있었기 때문이다. 북송은 1073년(신종 희녕 6) 이래 광서 일대에 심기沈起 및 유이劉彝를 파견하여 베트남에 대한 압박을 강화하는 한편 군사적 대비를 증강시켜 갔다. 송측에서 전쟁을 위한 준비를 진행시켜 가자 위협을 느낀 베트남이 먼저 송에 대해 선공을 해왔다.

 베트남은 1075년 11월 대군을 동원하여 광시廣西 지역으로 침공하였다. 11월 5일이 되자 베트남이 군대를 결집시키고 두 갈래로 침공하려 한다는 보고가 송측에 접수되었다. 동원된 군대는 10만이라 칭해졌으며, 두 갈래로 진격로를 설정하여 한 부대는 해안을 따라 흠주欽州와 염주廉州로 진격하고, 다른 부대는 육로로 옹주邕州를 공격하였다.

베트남 군은 점령지마다 주요 가로에 방문을 내걸고 침입의 이유를 설명하였다. 그 가운데 하나로, 중국측이 왕안석을 발탁하여 신법을 시행하고 있는데 이것이 백성에게 고통을 주고 있다는 점을 들고 있다. 베트남 측은 이와 관련하여 점령지에서, "중국에서 청묘법과 모역법을 실시하여 백성이 곤경에 처해 있다. 우리가 지금 군대를 내는 것은 그 난리에서 구해 내고자 함이다."[9]라고 선전하였다.

베트남 군대가 옹주로 진격해 오자 송측은 방어를 위한 준비를 서둘렀다. 하지만 옹주성의 병력은 극히 미미했다. 금군禁軍과 상군廂軍을 포함하여 잔존한 병사는 2,800명에 불과했다.[10] 베트남군은 12월 중순 옹주성을 포위하였다. 이후 양측에서는 치열한 전투가 벌어져 서로 간 소규모 승패를 주고받았지만, 소수의 수비군으로 압도적 다수의 베트남 군대를 언제까지나 막을 수는 없었다. 결국 옹주성은 베트남군에 의해 포위된 지 42일만인 1076년 정월 23일 함락되었다. 관리 및 그 가속 36명은 모두 전사하거나 살해되었으며 이밖에 옹주성의 군인과 백성 5만여 명이 살해되었다고 한다. 베트남 군대는 흠주와 염주를 함락시키고 나서도 참혹한 살륙을 자행하였다. 옹주성 전투 및 그 이전의 흠주·염주를 합하면 대략 10여만 명 이상이 살해되었다고 송측의 사서는 전하고 있다. 살육한 시체를 강에 내던져 그것으로 강을 메웠다고도 한다.[11] 베트남 군대는 이렇게 송측에 막심한 타격을 입힌 후 포로를 이끌

---

9 《續資治通鑑長編》 권271, 神宗 熙寧 8년 12월 癸丑.
10 위의 책, 권271, 神宗 熙寧 8년 12월 丁酉.
11 이에 대해서는 《皇宋通鑑長編紀事本末》 권87, 〈討交阯〉 참조.

고 본국으로 되돌아갔다. 1076년 정월, 그러니까 전쟁을 시작하고 채 2달이 되지 않은 시점의 일이었다.

베트남의 침입이 개시된 직후인 1075년(희녕 8) 12월, 송은 베트남과의 전쟁을 위한 지휘부를 구성하였다. 이어 각지에서 군대를 차출하여 베트남 정벌군을 편성하였다. 동시에 점성占城 및 진랍眞臘에 사자를 파견하여 대베트남 전쟁에서의 공동 전선을 구축하고자 했다. 점성과 진랍에 대해서는 베트남 공략 이후 막심한 사여를 약속하였다.[12] 이러한 송측의 요청에 응하여 점성은 군대를 내어 베트남을 공격하기도 했으나, 실제 송조의 베트남 정벌 과정에서 점성의 원조는 그다지 큰 역할을 하지 못했다.

송조는 북방의 금군 가운데 일부도 동원하였다. 서북 지방에서는 정예병 10만을 차출하였고, 광서・형호・광동・하북 등지에서도 병사와 물자를 차출하였다. 광서 현지에서는 병사를 모집하였다. 병사 모집은 광서와 마찬가지로 광동에서도 진행되었다. 베트남 정벌군에게 지급하기 위한 군량도 각처에서 조달하였으며, 이를 운반하기 위한 인부도 마찬가지로 전국 각지에서 모집되었다.

베트남 정벌을 위한 군대는 1076년(희녕 9) 7월 광서의 계주桂州에 집결하여 10월부터 베트남 영역으로 진군해 갔다. 베트남의 광원주 관찰사 유기劉紀는 이에 맞서다가 견디다 못해 항복하였다. 광원주의 유기가 항복하자 뒤를 이어 인근 지역의 소수민족들도 연이어 투항하였다. 12월 초의 일이었다.[13]

---

12 ≪續資治通鑑長編≫ 권273, 神宗 熙寧 9년 2월 戊子.

12월 11일에는 정벌군 사령관 곽규郭逵의 본대도 베트남 영역 안으로 진입하였다. 리조 베트남 측은 국경 안쪽의 결리애決里隘(오늘날의 동당)에서 코끼리를 앞세우고 저항하였다. 송의 군대는 이에 맞서 화살을 발사하고 칼로 코끼리의 코를 베어 가며 전투를 벌였다. 베트남 군대는 버티지 못하고 물러났다.

▌하노이에 있는 탕롱 궁성의 유적
1010년 띠엔 레(前黎) 왕조 시기에 처음 건설되었다. 유네스코 세계문화유산에 등재되었다.

곽규의 군대는 진군을 계속하여 12월 21일 부양강富良江(오늘날의 홍강)에 도착하였다. 베트남측에서는 모든 배들을 강의 남쪽에 집결시켜 정

---

13 이에 대해서는, ≪續資治通鑑長編≫ 권279, 神宗 熙寧 9년 12월 丙戌 및 癸巳 참조.

박해둔 상태였다. 송의 군대는 부양강을 건널 방도가 없었다. 그곳으로부터 리조 베트남의 수도 탕롱昇龍(오늘날의 하노이)까지는 30리가 남아 있었다. 이때 연달燕達이라는 장수가 선봉 역할을 자청하고 나섰다. 자신이 소부대로 전투를 걸었다가 짐짓 달아남으로써 베트남 측을 유인하겠다는 것이었다. 이렇게 해서 송의 군대와 베트남 군대 사이 최후의 결전이 벌어졌다.

이 부양강 전투의 승패를 두고서는 송 및 베트남의 기록 사이에 평가가 극명하게 엇갈린다. 송측의 사서들은 모두 대승을 거두었다고 기록하고 있다. 홍진태자洪眞太子라는 인물까지 전사할 정도로 베트남측이 참패를 당했다는 것이다. 하지만 중국 사서에서 홍진태자라 적고 있는 인물은 결코 태자가 아니었다. 베트남측 사서에서 굉진후宏眞侯라 일컫고 있는 장수일 뿐이다.[14] 송측에서는, '적이 대패하여 강에 떨어져 죽은 자가 이루 헤아릴 수 없었다. 이로 인해 강물이 3일 간이나 흐르지 않았다. 1,000여명을 참수하는 대승을 거두었고 수많은 적의 장군이 살해되거나 생포되었다. 이 전투의 패배로 결국 이조 베트남의 인종仁宗이 항복한 것이다.'라고 기록[15]하고 있다.

반면 베트남측의 기록은 또 리 왕조 베트남의 완벽한 승리라 적고 있다. ≪월사략越史略≫의 경우, "리 트엉 끼엣李常傑은 송의 군대가 지친 것을 알고 밤에 강을 건너 습격함으로써 대승을 거뒀다. 송의 전사자는 10에 5, 6명이나 되었고 결국 (이로써) 광원주도 되찾을 수 있었다."[16]고

---

14 이에 대해서는, 앞서든, 山本達郎 編, ≪ベトナム中國關係史≫, p.53 참조.
15 ≪范太史集≫ 권40, 〈檢校司空左武衛上將軍郭公墓誌銘〉.

말하고 있다.

　이처럼 전쟁의 승패에 대한 판단은 엇갈리지만, 송의 군대가 이 부양강 전투를 계기로 베트남에 대한 공격을 중단했다는 사실은 분명하다. 이 전투 직후 베트남측은 송에 강화를 요청하고, 이를 송이 받아들이는 형식으로 전쟁은 종결되었다. 베트남이 송에 제시한 강화의 조건은 접경지역 5개 주의 할양이었다.

　베트남 정벌군의 사령관 곽규는 철군에 앞서 다음과 같이 탄식하고 있다.

> 나는 결국 적의 소굴을 뒤엎고 이건덕(李乾德, 리 왕조의 년동[仁宗])을 포로로 잡지 못한 채 되돌아간다. 이는 하늘의 뜻이다. 내 일신으로 모든 전쟁의 책임을 지고 10여만 명의 생명을 구하고 싶다.[17]

　여기서 곽규는 자신의 철군이 부득이한 것이며 애초의 목적을 달성하지 못한 상태라는 것을 분명히 밝히고 있다. 송측의 철수는 일종의 패배였다고 해도 과언이 아니었던 것이다. 사실 곽규가 철군을 결정할 당시 송의 군대는 더 이상의 전투 수행이 불가능한 상태에 빠져 있었다. 곽규의 부장들은 전투의 종결과 철군을 권유하며, '모든 군대의 식량이 바닥났다. 전체 병사 10만 명과 인부 20여만 명 가운데 더위와 풍토병으로 인해 죽은 사람이 과반수이다. 살아남은 자들도 모두 지쳐 있

16　≪越史略≫ 권中.
17　≪皇宋通鑑長編紀事本末≫ 권87, 〈討交阯〉.

다.'¹⁸고 말하고 있다.

리조 베트남이 송측에 할양한 지역은 소무주蘇茂州, 사랑주思琅州, 문주門州, 양주諒州, 광원주廣源州의 5주였다. 이후 송조는 새로이 획득한 5개주에 대한 통치와 내지화를 속속 진행시켜 갔다. 하지만 5주의 땅은 송으로서 너무도 남방에 치우친 변경이었다. 현지의 습속이나 풍토도 익숙치 않았다. 더욱이 베트남은 1077년(신종 희녕 10) 여름 이래 이들 지역을 되찾기 위해 단속적으로 침입해 왔다. 이러한 공세로 1077년 7월에는 5개 주의 일부였던 기랑현機榔縣이 베트남에 의해 점거되고 만다. 광원주 관내의 광랑현桄榔縣도 베트남의 습격을 받았다. 베트남군은 광랑현을 점령한 다음 광원주에 대한 공격까지 공언하기도 했다. 이러한 정황에서 1077년 7월, 신종은 지계주 조설趙卨 및 광서전운사廣西轉運使 이평일李平一, 광서전운부사廣西轉運副使 묘시중苗時中 등에게, 5개주의 유지에 대한 득실을 하문하고 있다.

송조 내부에서 이러한 논의가 진행되고 있을 무렵인 1078년 정월, 이조 베트남측에서 사신을 파견하여 5주의 반환을 요청하였다. 송에게 있어 이들 지역의 관할은 심대한 부담이었다. 이러한 상황에서 언제까지나 5개주의 영유를 지속시킬 수는 없었다. 결국 송조는 1079년(신종 원풍 2) 이들 지역을 베트남에 반환하였다.

---

18   위와 같음.

제 5 장

실각과 정계 은퇴

1. 1070년대 초의 정계와 왕안석

1073년(희녕 6) 정월 대보름, 즉 상원절의 저녁 왕안석은 말을 타고 도성의 선덕문宣德門에 들어섰다. 그런데 위병衛士이 큰 소리 치며 제지하다가 심지어 왕안석이 탄 말을 후려치는 일이 발생하였다. 왕안석은 대노하여 그 위병을 개봉부開封府에 보내 처벌하라 조치하였다. 신종은 이러한 왕안석의 조치를 재가하였으며, 개봉부에서도 위병에게 단호한 처벌을 내렸다. 하지만 어사인 채확蔡確은 상주하여 다음과 같이 주장하고 나섰다.

"숙위(宿衛)의 병졸은 군주만을 경호할 따름입니다. 재상이 하마해야 할 지점에서 멈추지 않았기에 소리친 것은 당연한 행동이었습니다. 그런데 개봉부는 재상의 뜻을 살피며 그릇되이 법을 적용하여, 위병 10명에게 장형(杖刑)을 가하였습니다. 이럴진대 차후로 어느 위병이 감히 제대로 직무를 수행하겠습니까?"[1]

채확은 잘 알려져 있듯 신법당의 중심 인물 가운데 하나로서, 철종 시기에는 재상까지 역임하였다. 이러한 채확의 상언과 왕안석에 대한 우회적 비판은 북송 시대 대간관의 간언을 상징적으로 보여주는 것이라 하겠다. 왕안석은 이러한 일련의 상황 전개, 즉 위병의 행동과 채확의 반론에 무언가 배후 세력의 사주가 있다고 판단하였다. 그는 신종에게 이 사건에 대한 엄밀한 조치와 진상 조사를 요청하였지만 받아들여지지 않았다. 신종은 다만 개봉부에게 위병의 엄벌을 지시하였을 뿐이다.

▎복원된 송대 수도 개봉의 모습

---

1 ≪續資治通鑑長編≫(北京, 中華書局, 이하 ≪長編≫이라 略稱함) 권242, 神宗 熙寧 6년 2월 丁丑.

왕안석은 이러한 사건의 경과에 대해 불만을 품고 사직을 요청하였다. 사실 재상이 말을 타고 하마 지점을 지나쳐 선덕문 안으로 들어서는 것은 과거에도 종종 있었던 일이다. 신종은 왕안석이 사직을 구하자 면전에서 그 상주문을 돌려주었다. 왕안석은 파직의 주장을 굽히지 않았다. 이에 신종은, "경은 늘 파직을 말하여 짐이 침식조차 불안한 지경이오. 무언가 경을 대함에 부족함이 있는가 보오. 그러더라도 짐을 용서해 주시오. 이번에 선덕문의 일로 마음이 상한 게요?"[2]라고 말하였다. 신종은 왕안석이 병을 핑계로 칩거하자, 그를 달래기 위해 그의 아들 왕방王雱을 수차례나 불렀다. 또한 부재상인 참지정사 왕규王珪와 풍경馮京을 왕안석에게 보내 회유하였다. 이에 왕안석도 어쩔 수 없이 다시 조정에 나와 집무하기 시작하였다.

왕안석이 선덕문 위병의 행동 및 이후의 사태 전개에 대한 배후 세력이라 판단한 것은 황실 외척이었다. 당시 황실에는 인종의 황후였던 조씨曹氏가 태황태후太皇太后로, 영종의 황후이자 신종의 모후인 고씨高氏가 황태후로 건재하였다. 여기에 신종의 황후인 상씨向氏까지 더하여 외척 세 가문이 존재하였다. 이 가운데 상씨와 조씨가 도성 상인의 뒤를 봐주며 거부를 축적하고 있었다. 이들에게 신법의 면행전법免行錢法과 시역법은 눈엣가시와 같았다. 상씨와 조씨는 여러 경로로 신법의 부당성을 개진하였다. 특히 태황태후 조씨의 동생 조일曹佾은 수하의 사람을 시켜 시역사市易司가 물품을 강매한다고 무고하는 투서를 올렸다.

---

[2] 위의 책, 권242, 神宗 熙寧 6년 2월 壬寅.

이러한 까닭에 태황태후 조씨 등은 신법에 적대적이었다. 1074년 초의 어느 날 신종이 황태후 고씨를 모시고 동생인 기왕岐王 조호曹顥와 함께 태황태후 조씨의 궁으로 갔다. 태황태후 조씨가 말했다.

"선대의 법도는 가벼이 바꾸어서는 안 되오. 내 듣기에 민간에서 청묘법과 모역법을 심히 고통스럽게 여기고 있다고 하오. 마땅히 폐지해야 할 것이오."

신종이 대답하였다.

"모두 백성을 이롭게 하는 것입니다. 고통을 주고 있지 않습니다."

"왕안석은 진실로 능력과 학식이 있는 인물이오. 하지만 원망하는 자가 너무 많소이다. 그를 보호하고자 하면 잠시 바깥으로 보내는 것이 좋을 것이오."

"신하들 가운데 오직 왕안석만이 국가사를 담당할 수 있습니다."

이러한 대화를 곁에서 듣고 있던 기왕 조호가 끼어들었다.

"태황태후의 말씀을 경청해야만 합니다."

이에 신종이 버럭 화를 내며 말했다.

"그렇다면 내가 천하를 망가뜨리고 있다는 것이냐?"

기왕이 울며 말했다.

"어찌 이러십니까?"

결국 이날의 모임은 모두 기분이 언짢은 상태로 끝났다고 한다.[3]

훗날 1085년(원풍 8) 신종의 사후 영종의 황후인 고씨가 태황태후로서

---

3 ≪九朝編年備要≫(四庫全書本) 권19, 神宗 熙寧 7년 4월.

섭정을 맡는다. 그리고 신종 시기에 시행되었던 신법을 모두 파기하고 전면적으로 이전의 법제, 즉 구법으로 회귀한다. 철종 사후에도 마찬가지로 상태후가 섭정하며 구법에 동조하는 태도를 보인다. 이처럼 태후의 섭정시마다 구법으로의 회귀가 반복되었던 것에는, 외척이 도성에서 거상으로 군림하였던 사실과 긴밀한 연관이 있을 것이라 여겨진다.

왕안석은 이듬해인 1074년(희녕 7) 4월 재상직에서 파직되어 지방직인 지강녕부知江寧府로 나갔다. 왕안석의 파직에 결정적인 영향을 미친 것은 1073년 가을부터 1074년 봄까지 지속되었던 긴 가뭄이었다. 이례적인 가뭄이 계속되자 신종은 근심 끝에 잠시 신법의 일부를 폐지하고자 하는 의중을 내비쳤다. 이에 왕안석이 말했다.

"물난리와 가뭄은 늘 있는 것으로 요와 탕도 어찌할 수 없었습니다. 폐하가 즉위하신 이래 지금까지 풍년이 계속되었습니다. 지금의 가뭄도 오래가지 못할 것입니다. 정치를 정비하는 것으로 대응해야 합니다."

"짐이 걱정하는 것도 바로 정치가 잘못되지 않았나 하는 점이오. 지금 면행전免行錢의 징수가 과중하여 인심이 흉흉하오. 조정의 관료로부터 외척에 이르기까지 그 폐해를 말하지 않는 사람이 없소이다."

곁에 있던 참지정사 풍경馮京이 거들었다.

"신도 같은 얘기를 들었습니다."

이에 왕안석이 말했다.

"사대부 가운데 불만을 품은 자들은 모두 풍경 곁으로 모여듭니다. 그래서 풍경 혼자 그러한 말을 들은 것입니다. 신은 듣지 못했습니다."

풍경은 본디 신법에 반대하는 인물이었다. 그리하여 왕안석의 집권 이래 지방관으로 전전하는 상태였는데, 신종이 그 재능을 아까워 하여 중앙으로 발탁하였다. 신종은 왕안석을 신임하며 그의 주장에 입각한 정치를 시행하였으나, 한편으로 신법에 대한 반대론자도 병용한다는 방침을 취하였다. 구법당의 핵심인물이라 할 수 있는 문언박文彦博이나 여공저 등이 실각하여 지방으로 좌천되었지만, 이내 다시 중앙으로 불리워진 것은 그 대표적인 사례라 할 것이다.

이처럼 가뭄으로 조정에 심상치 않은 분위기가 고조되는 상황에서 감안상문監安上門으로 있던 정협鄭俠이란 인물이 가뭄에 시달리는 유민의 참상을 묘사한 그림을 한 장 상주하였다. 이 그림은 허베이와 산둥의 동북부로부터 기근을 피해 도성으로 모여드는 유민들의 모습을 그린 것이었다. 그림 속의 백성들은 모랫바람 속에서 서로 부축하며 남으로 내려오고 있었다. 끝없이 밀려드는 백성들은 변변하게 옷도 걸치지 못한 채 나무 열매와 풀뿌리로 배를 채웠다. 정협은 이 그림을 헌상하며, '조정의 신하들이 폐하를 그릇된 길로 이끌어 이러한 지경을 만들어 냈다. 창고를 열어 진휼하는 한편으로 백성을 수탈하는 일체의 정치를 폐지해야 한다. 그렇게 하여 화기和氣를 불러 위로 하늘에 응함으로써 음양의 조화를 꾀한다면 비가 내릴 것이다.'[4]라고 주장하였다.

정협은 광주光州의 사법참군司法參軍으로 있을 때 왕안석에 의해 발탁된 인물이었다. 그는 이러한 지우知遇에 감격하여 충성을 다하고자 마

---

[4] ≪皇宋通鑑長編紀事本末≫(哈爾濱, 黑龍江人民出版社, 2006) 권60, 〈神宗皇帝〉〈王安石事迹 下〉.

음먹었다고 한다.[5] 하지만 입경하여 왕안석을 만났을 때 청묘법, 면역법, 보갑법, 시역법 등의 신법에 대해 부정적인 견해를 피력하면서 왕안석으로부터 경원시되기에 이르렀다.

▌정협(鄭俠, 1041~1119)의 상
그의 출신지인 푸젠(福建)의 푸칭(福淸) 시에 세워져 있다.

정협의 그림과 상주문이 올려지자 신종은 거듭하여 살펴보며 탄식하였다. 그날 밤에는 근심으로 잠조차 이루지 못했다. 이튿날 신종은 조정에 신법 각 조항의 실태를 면밀히 조사하라고 지시하였다. 그러자 거짓말처럼 즉시 비가 내렸다. 신종은 정협이 올린 그림과 상주문을 대신들에게 내보였다. 왕안석은 즉시 상주문을 올려 재차 파직을 구하였다.

이러한 사태의 전개에 신법당 관료들은 놀라 정협을 어사대로 넘겨 치죄하게 했다. 여혜경과 등관鄧綰 등은 신종에게, '신법의 시행으로 말미암아 천하가 은택을 입고 있다.'고 말하였다. 심지어 그들은 신종을 둘러싸고 울기까지 했다. 신종은 신법에 대한 전면 재검토의 방침을 접었다. 다만 방전균세법方田均稅法만을 폐지하였다.[6]

그로부터 이틀 후인 1074년(희녕 7) 4월 병술丙戌, 왕안석이 파직되어

---

5 ≪宋史紀事本末≫ 권37, 〈王安石變法〉.
6 위와 같음.

지강녕부知江寧府로 임명되었다. 왕안석에 대신하여 한강韓絳을 재상인 동평장사同平章事로 임명하였으며 여혜경이 부재상인 참지정사로 임명되었다. 이렇게 하여 1069년(희녕 2) 2월 참지정사에 오른 것으로부터 5년 2개월, 1070년(희녕 3) 12월 동평장사에 오른 것으로부터 헤아리면 3년 5개월만에 왕안석은 하야하였다.

2. 여혜경의 왕안석 공격

왕안석이 파직되고 한강과 여혜경이 재상 및 부재상에 임용되었을 때, 세간에서는 한강을 '전법사문傳法沙門', 즉 왕안석의 직계 후계자라 부르고 여혜경을 '호법선신護法善神', 즉 신법의 수호자라 불렀다고 한다.

왕안석이 여혜경(1032~1111)을 처음 만난 것은 여혜경이 과거 급제 후 첫 관직으로서 진주眞州 추관推官을 수행하고 나서 도성에 입경했을 때였다. 왕안석은 그를 만나 경전에 대해 논한 다음 그 학식에 경탄하였다고 한다. 이후 왕안석이 참지정사가 되어 정사를 주도하게 되었을 때 신종에게 다음과 같이 말했다.

"여혜경의 현명함은 비단 오늘날의 인사들뿐만 아니라 이전 시대의 학자들도 쉬이 비교할 수 없을 정도입니다. 선왕(先王)의 도(道)를 배워 이를 능히 지금 세상에 펼칠 수 있는 자는 오직 여혜경뿐입니다."[7]

---

7   ≪宋史≫(北京, 中華書局) 권471, 〈呂惠卿傳〉.

카이펑(開封)의 철탑
카이펑은 북송의 수도였다.
하지만 황하의 범람으로 인해 당시의 유적으로는 거의 유일하게 철탑만이 남아 있을 뿐이다.

왕안석은 제치삼사조례사를 창설한 후 그를 검상문자관으로 임명하였다. 당시의 정황에 대해 ≪송사≫에서는, "일의 크고 작음을 가리지 않고 모두 함께 의논하였으며, 조례사에서 건의하는 것이라든가 상주문 등은 모두 여혜경의 손으로 이루어졌다."[8]고 적고 있다.

이처럼 왕안석이 여혜경을 신뢰하자 주변에서는 이에 대해 우려하는 사람들이 적지 않았다. 사마광조차 황제 신종에게, '여혜경은 음험하고 교활하니 좋은 사람이 아닙니다. 왕안석이 내외에서 비방을 받는 것도 바로 여혜경 때문입니다. 왕안석은 현명하나 고집이 세고 세상사를 잘 모른

---

8   위와 같음.

다. 이 틈을 타고 여혜경이 왕안석을 부추겨 제 마음대로 하고 있다. 그러기에 천하에서 싸잡아 간사하다고 말하는 것이다.'[9]라고 말한 바 있다. 한편으로 사마광은 왕안석에게 편지를 보내, '아부하는 자는 당장은 그대에게 따르니 흡족함을 줄지 모르나, 그대가 실세하고 난 후에는 틀림없이 그대를 팔아 제 이익을 챙기려 할 것이다.'[10]라고 경고하였다.

여혜경에게 실로 왕안석은 평생의 은인이라 하여도 과함이 없을 정도였다. 왕안석의 신임과 발탁이 있었기에 주변의 수많은 견제와 비판에도 불구하고 중용되어 요직을 담당할 수 있었다. 그리고 마침내 왕안석이 재상의 자리에서 물러나면서 부재상인 참지정사에까지 올랐다. 당시 그의 나이 43살이었다. 하지만 이처럼 왕안석이 실각하고 부재상의 직위에 오른 직후부터 그는 서서히 왕안석을 등지기 시작하였다. 그에게는 여화경呂和卿과 여승경呂升卿이라는 두 명의 아우가 있었다. 그는 이들과 함께 손아래 처남인 방희각方希覺을 중용하여 자기 중심의 정치세력을 만들어가기 시작하였다. 이러한 정황에 대해 당시의 사서에서는, "당시 일부의 관원들은 여혜경이 황제의 신임을 받는 것을 보고, '왕안석을 밀어낼 수 있다.'고 말하며 여혜경에게 아첨하였다. 그들은 무리를 지어 여혜경에게 들붙었다."[11]고 전하고 있다. 등관鄧綰과 등윤보鄧潤甫 등이 그 대표적인 인물이었다. 이와 함께 여혜경은 자신에게 비판적인 관료를 좌천시켜 갔다. 급기야 왕안석에 동조하는 사람이나 왕

---

9 위와 같음.
10 위와 같음.
11 ≪宋史紀事本末≫ 권37, 〈王安石變法〉.

안석의 친인척에게 적대적인 자세를 취하기 시작하였다.

1075년(희녕 8) 정월 정협鄭俠이 이번에는 여혜경을 공박하는 상주문을 올렸다. 여혜경이 간사한 무리를 이끌어 붕당을 짓고 황제의 이목을 가리고 있다는 내용이었다. 정협은 아울러 참지정사로 있던 구법당 인물 풍경馮京을 재상으로 삼아야 한다고 주장하였다.

정협의 상주문이 올라가자 여혜경은 터무니 없는 비방이라 말하고, 자신의 주변 인물인 어사중승 등관과 지제고知制誥 등윤보로 하여금 정협을 탄핵하도록 지시하였다. 이로 말미암아 정협은 처벌을 받아 복건의 정주汀州에 유배되었다.

그런데 이 무렵 정협이 왕안석의 아우 왕안국王安國과 매우 친밀하였다. 등관과 등윤보는 왕안국에게도 화살을 돌려, 왕안국이 정협의 상주문 초고를 미리 읽어보고서 상주를 적극 권유하였다고 공격하였다. 여혜경 및 그 일파의 왕안국 공격은 분명히 강녕부로 낙향해 있는 왕안석에게 타격을 가하기 위한 것이었다. 왕안국은 결국 좌천되어 지방으로 쫓겨났다.

왕안국은 평소 형인 왕안석의 개혁에 대해 대단히 비판적이었다. 특히 왕안석이 사람을 볼 줄 모르며 백성들에게 국가적 부담을 너무 가혹하게 지운다고 말하였다. 왕안석에게도 신법이 잘못이라는 사실, 그리고 여혜경이 간사한 인물이라는 점을 기회 있을 때마다 알리고자 하였다. 이러한 점을 잘 알고 있었기에 여혜경은 정협의 상주문을 기화로 왕안국을 지방으로 좌천시켜 버렸던 것이다.

왕안국이 좌천되었다는 사실을 듣고 난 후 왕안석의 감정에 아무런 변화가 생기지 않을 수 없었다. 이를 계기로 왕안석 또한 여혜경이 자신을 대하는 것이 예전과 같지 않다는 사실을 분명하게 알게 되었다. 왕안석이 재상에서 물러나 지강녕부로 낙향하고 나서 8개월여가 지난 1075년 정월이 되면, 여혜경의 왕안석에 대한 견제와 공격이 분명한 형태를 띠게 되었던 것이다. 이러한 여혜경의 배신에 대해 ≪송사≫에서는, '여혜경은 왕안석을 배반하기 시작하고서, 그에게 해를 미칠 수 있는 것이라면 물불을 가리지 않았다.'[12]고 적고 있다.

여혜경에게 들붙은 등관과 등윤보는 이사녕李士寧의 사건을 확대하여 왕안석을 뒤흔들고자 하였다. 이사녕이란 인물은 사천 출신으로서 도기양생술導氣養生術을 체득하였다고 떠들고 다녔다. 스스로 자신의 나이가 300살이 넘었으며 남의 길흉화복을 능히 알아맞힐 수 있다고 공언하였다. 왕안석은 과거 이러한 이사녕과 교왕하며 그에게 시를 지어주기도 하였다. 왕안석이 재상직에서 물러나 지강녕부로 있을 때, 산둥에서 이봉李逢과 유육劉育이 변란을 도모하는 사건이 발생하였다. 이 사건에는 종실인 조세거趙世居도 연루되어 있었다. 어사대와 산둥의 기주沂州에서는 가담자들을 색출하여 국문하였다. 이 과정에서 이사녕 또한 이 모의에 가담하고 있었음이 밝혀졌다. 결국 종실 조세거는 사형에 처해지고 이봉과 유육에게는 책형磔刑이 내려졌으며, 이사녕은 장형杖刑을 가한 다음 영주로 유배보냈다. 이밖에 연좌되어 처벌받은 자도 대단히 많았다. 여혜경 및 그 일파는 왕안석이 이사녕과 교왕하였던 사실을 들

---

12   ≪宋史≫ 권471, 〈呂惠卿傳〉.

어, 왕안석에게도 여파가 미치게 하려 기도했다. 하지만 이러한 획책이 채 무르익기 전 왕안석이 다시 재상으로 복귀하여 여혜경의 음모는 수포로 돌아가고 말았다.

왕안석은 이사녕의 사건을 계기로 여혜경에 대한 생각을 바꾸었다. 더 이상 그가 자신의 후계자이자 동료라고 여기지 않게 되었다. 재상으로 재직하던 한강韓絳 또한 여혜경과 불화가 지속되자 국면의 전환이 필요하다 판단하였다. 이 무렵 중서中書에서는 한강과 여혜경 사이의 의견 불일치로 많은 업무가 처리되지 못하고 계류되어 있었다. 한강은 아무리 쟁론하여도 도저히 여혜경을 설복할 수 없다고 여겼다. 그는 은밀히 신종을 만나 왕안석을 다시 조정으로 부르자고 요청하였다. 여기에 신종이 동조하였다. 이렇게 하여 왕안석은 재상직을 내놓고 지강녕부로 부임한지 10개월만인 1075년(희녕 8) 2월 재차 재상에 임용되었다.

왕안석이 다시 재상직에 복귀한다는 소식을 듣고 여혜경은 초조해졌다. 그는 상주문을 올려 왕안석 형제의 과실을 조목조목 나열하였다. 이를 보고 신종이 마음을 다시 바꾸도록 할 심산이었다. 하지만 신종은 오히려 여혜경의 상주문을 왕안석에게 보여주었다.

3. 왕안석의 정계 은퇴

1074년(희녕 7) 지강녕부로 낙향한 왕안석은 유유자적하는 생활을 보냈다. 관아에 나가 업무를 처리하면 곧바로 퇴청하였다. 이후에는 낮잠을 자거나 주변 산야에 나가 산책하였다. 〈금릉의 서재에서金陵郡齋〉라는 제목의 다음 시는 이 시기 왕안석의 느긋하고 한가로운 생활과 심정을 잘 보여준다.

늙어감에 경전을 논하는 것도 버려두고 유유히 지낸다네.	談經投老抐悠悠
벼슬아치지만 문서 결재가 끝나면 곧바로 퇴청해 버리지.	爲吏文書了卽休
나직이 향을 태우며 서재 문을 닫고서,	深炷爐香閉齋閤
누워 처마에 떨어지는 늦가을 빗소리를 듣는도다.	臥聽簷雨瀉高秋[13]

왕안석은 강녕부에서 이렇듯 유유자적하는 생활을 보내고 있었지만, 조정의 동향에 대해서는 여전히 큰 관심을 기울이고 있었다. 특히 여혜경이 점차 자신을 배반해 가고 있다는 소식이 전해질 때마다 커다란 실망과 분노를 느꼈다.

이러한 상태에서 1075년(희녕 8) 신종이 다시 자신을 재상으로 부르자, 그는 단 한 번의 사양도 없이 응하였다. 뿐만 아니라 그는 즉시 길을 나서서 서둘러 수도로 향하였다. 그는 양쯔강을 따라 내려와 수도 동경東京으로 향하는 운하로 접어들었다. 그리고 장강과 운하가 만나는 길목인 과주진瓜洲鎭에서 하룻밤을 유숙하였다. 때는 음력 2월 중순, 강남에는 바야흐로 봄기운이 한창 무르익고 있었다. 그 봄바람 속에 하늘 높이 하현 달이 밝게 떠 있었다. 부모님이 묻힌 곳이자 자신이 고향이라 여기던 강녕부를 떠나 다시 소란스러운 정계로 나아가자니 여러 가

---

[13] ≪臨川先生文集≫(北京, 中華書局) 권29,〈金陵郡齋〉.

지 감회가 밀려왔다. 〈과주에 배를 대고 묵으며泊船瓜洲〉라는 시는 이때의 복잡한 심경을 잘 전해준다.

경구(京口)와 과주는 장강 물 하나 사이	京口瓜洲一水間
종산(鍾山)도 다만 산 몇 개 너머에 있네.	鍾山只隔數重山
봄바람이 다시 강남 기슭을 푸르게 물들이고 있는데	春風又綠江南岸
저 밝은 달은 언제나 다시 돌아오는 내 모습을 비춰 주려나?	明月何時照我還

▎오늘날의 구아저우(瓜洲)와 대운하

그는 조정으로 가기 위해 배를 타고 나섰지만 마음은 자꾸만 고향의 산하 쪽으로 향하였다. 과주에 묵으면서도 종산이 있는 고향 금릉, 즉 강녕부에 대한 그리움이 머리에서 떠나지 않았다. 한시라도 바삐 수도 동경에서의 소란스러운 생활을 청산하고 다시 돌아오고 싶었다. '고향으로 다시 돌아오는 날, 하늘 높이 떠 있는 저 달은 다시 내 모습을 비춰 주겠지. 그때가 속히 오면 좋겠다.'는 왕안석의 바람은 간절하였다.

그런데 칠언절귀의 셋째 구절, 즉 '봄바람이 다시 강남 기슭을 푸르게 물들이고 있다春風又綠江南岸.'라는 시구에는 자못 흥미로운 이야기가 전해지고 있다. 남송시대의 인물 홍매洪邁(1123~1202)에 의하면, 양절兩浙지방의 사인 가문에 이 시의 초고가 소장되어 있었다고 한다. 그 초고에 의하면 이 셋째 구절은 처음에는 '다시 강남 기슭에 이르렀다네又到江南岸'라고 되어 있었다. 그런데 그 가운데 '도到'란 글자에 동그라미를 치고, '좋지 않으니 과過로 바꾼다.'고 적었다. 하지만 그 후 다시 동그라미를 치고서 '입入'으로 바꾸었다가, 조금 후 '만滿'으로 바꾸었다. 이렇게 십여 차례나 고친 끝에 마침내 '록綠'으로 결정하였다고 한다.[14] 시인 왕안석은 시어의 조탁에 이렇게나 공을 들이고 있었던 것이다.

왕안석은 강녕부를 떠난 지 7일만에 수도로 들어섰다. 다시 재상직을 수행하게 된 그에게는 예전과 다른 장애물이 존재하였다. 바로 여혜경의 비협조와 견제였다. 여혜경은 이제 부재상인 참지정사의 지위에 있었다. 재상이라 해도 정무를 결정하고 처리하기 위해서는 부재상 여혜경과의 협의와 절충이 반드시 필요했다. 하지만 여혜경은 거의 매사에 왕안석과 대립하였다. 신종 역시 이러한 정황이 매우 우려스러웠다. 왕안석이 재상으로 복귀한 직후인 1075년(희녕 8) 3월 신종은 왕안석에게 다음과 같이 말하고 있다.

---

14   洪邁, ≪容齋隨筆≫(上海古籍出版社, 1978), 〈容齋續筆〉 권8.

"경이 떠나간 이후 소인들의 동정이 극히 어지러웠소. 그래서 오직 여혜경의 주장만을 따랐을 뿐이외다."[15]

신종은 어떻게든 왕안석과 여혜경 사이를 호전시키고 싶어 했다. 그래서 여혜경을 칭찬하며 왕안석에게 그를 너그러이 보아달라고 말하고자 했던 것이다. 왕안석 또한 여혜경에 대해 예전만큼은 아닐지라도 아직 호의를 지니고 있었다. 그는 자신과 여혜경을 화해시키고자 노력하는 신종에게 화답하며, 여혜경 형제의 현명함을 칭찬하였다. 하지만 시간이 흐를수록 여혜경의 왕안석에 대한 견제와 공격은 더욱 강렬해졌다. 이 무렵 왕안석의 아들인 왕방王雱이 용도각직학사龍圖閣直學士에 임명되었다. 왕방이 이에 대해 관례에 따라 짐짓 사양하자 여혜경은 신종에게 권하여 그것을 받아들이라고 했다. 이로 인해 왕안석과 여혜경 사이 감정의 골은 더욱 깊어졌다.

1075년 5월 어사인 채승희蔡承禧가 여혜경의 동생인 여승경을 탄핵하였다. 여승경이 권한을 남용하여 관원의 직무에 혼선을 초래했다는 것이다.[16] 채승희의 탄핵은 여혜경에게까지 파급되었다. 이에 여혜경은 파직을 요청하였다. 신종 또한 갈수록 여혜경에 대해 못마땅하다 여기고 있던 차였다. 신종은 여혜경의 파직 요청을 재가하고자 하였다. 하

---

15 ≪皇宋通鑑長編紀事本末≫ 권60, 〈神宗皇帝〉〈王安石事迹 下〉.
16 당시 여혜경(呂惠卿)의 천거에 따라 검토관(檢討官) 유곡(劉谷)을 발탁하였다. 유곡이 경서에 능통하다는 사실 때문이었다. 하지만 관구국자감(管勾國子監)인 여승경(呂升卿)은 유곡에게 소아를 가르치는 임무를 부여하였다. 이에 대해서는 위의 책 권61, 〈神宗皇帝〉〈呂惠卿奸邪〉.

지만 왕안석이 신종과 독대하며 여혜경 형제를 잔류시켜야만 한다고 간곡히 말하였다. 신종은 이러한 왕안석의 만류를 받아들여 여혜경의 파직을 허락하지 않았다.

7월에 접어들며 채승희가 제기했던 여승경의 권한 남용 문제는 조정에서 더 크게 논란의 대상이 되었다. 여혜경은 이후 몇 차례 더 파직을 요청하지 않을 수 없었고, 마침내 10월에는 신종도 그것을 재가하였다. 여혜경은 조정을 떠나 진주陳州의 지주로 부임하였다.

이에 앞서 왕안석의 아들 왕방은 여혜경을 공격하기 위해 수주秀州 화정현華亭縣의 사건을 터트리게 하였다. 여혜경의 장인이 여혜경의 권한을 이용하여 화정현에서 백성의 토지를 갈취한 사건이었다. 하지만 화정현 사건이 오랫동안 진척되지 않자, 왕방은 이를 자신과 가까운 관리인 여가문呂嘉問과 연형보練亨甫에게 맡겨 속히 처리하게 했다. 이들 두 사람은 화정현의 의혹에다가 다른 일들을 첨가하여 사건을 구성하려 했다. 이에 대해 왕안석은 전연 모르고 있었다. 그런데 조정의 서리 하나가 이러한 사실을 진주陳州에 있는 여혜경에게 전해주었다. 궁지에 몰린 여혜경은 상주문을 올려 왕안석을 공격하였다.

> "왕안석은 자신이 배운 학문을 모두 내던지고 종횡가(縱橫家)의 말류(末流)를 숭상하고 있습니다. 폐하의 명령을 거스르고 칙명을 날조하며 폐하를 기만하는 것입니다. 이러한 악행들은 최근 1년여 간 더욱 멋대로 자행되고 있습니다. 저 옛날 조정에서 버림받아 역모를 꾀했던 자들도 이런 정도는 아니었습니다."[17]

이러한 여혜경의 공격은 실로 왕안석에게 가해진 최고의 중상이자 인격적 모독이었다. 1070년 전후 구법당과 신법당 사이에 치열하게 공박이 오고갈 때에도 이렇게 심한 모욕은 없었다. 사마광이 왕안석에게 가한 비판도 기본적으로 정책 노선에 대한 이론일 뿐이었다. 여혜경과 같이 왕안석의 소행 전체를 부정하는 것은 아니었다.

여혜경은 나아가 왕안석이 자신에게 보내며, '폐하는 모르도록 하시오.'라고 썼던 과거의 서신을 폭로하였다. 신종이 이를 왕안석에게 보이자, 왕안석은 사죄하고 돌아와 왕방에게 물어서야 비로소 일이 전개된 전후 사정을 알 수 있었다. 왕안석은 왕방을 크게 질책하였다. 왕방은 분한 나머지 등에 종기가 나서 죽었다. 당시 왕방은 불과 33살이었다. 1076년(희녕 9) 7월을 전후한 시기에 벌어진 일이었다.

왕방이 세상을 떠난 후 왕안석은 깊은 시름에 잠겨 신종에게 재상의 사직과 낙향을 강력히 요청하였다. 신종은 그 요구를 받아들였다. 1076년 10월 왕안석은 마침내 재상직에서 물러나 판강녕부判江寧府가 되었다. 하지만 강녕부로 부임하지 않았다. 얼마 후에는 판강녕부마저 사임하고 강녕, 즉 금릉에 은거하였다.

---

17   《宋史》권327, 〈王安石傳〉.

제3부
만년의 생활과 타계

1. 만년의 거주지 반산원半山園

  1076년(신종 희녕 9) 10월 왕안석은 재상직에서 물러나 강녕부, 즉 금릉金陵의 지사로 임명되었다. 금릉이라 하면 오늘날의 난징으로서 왕안석이 고향이라 여기던 곳이다. 본래 고향은 강서의 무주撫州 임천현臨川縣이었으나, 그의 나이 19살 되던 해(1039) 작고한 부친을 강녕부에 안장한 이후 이곳을 제2의 고향으로 여겼다. 1063년에 작고한 모친도 당연히 이곳 강녕부에 묻혔다. 왕안석은 이듬해에 강녕부의 지사, 즉 판강녕부判江寧府마저 사임하고 야인이 되었다.

  당시 강녕부는 인구 40만에 달하는 대도회지였다. 육조 시대의 수도로서 각처에 많은 경승지와 유적이 분포하였다. 관직에서 물러난 왕안석은 번화한 시내에서 벗어나 백당白塘이란 곳에 거처를 정하였다. 백당은 강녕을 둘러싼 성, 즉 강녕성의 동문에서 7리 정도 벗어난 지점에 위치하였다. 또 경승지인 종산鍾山으로부터도 약 7리 정도 떨어져 있었다. 성내와 산간의 중간 정도에 위치한 곳, 그래서 왕안석은 자신의 집을 '반산원半山園'이라 불렀다. 또 스스로 '반산노인半山老人'이라 칭하였다. 왕안석을 두고 '반산半山'이라 부르는 것도 바로 이 때문이다.

┃ 난징(南京)의 반산원 유적지

반산원을 짓고 여기에 거주하기 시작한 것은 1079년이었다. 재상을 그만두고 물러난 지 2년 정도 지난 시점이다. 반산원은 대단히 누추한 집이었다. 성내로부터 7리나 떨어져 있을 뿐만 아니라 아무리 둘러봐도 주변에 인가가 없었다. 가옥에는 담장조차 없었다. 겨우 비바람이나 막을 수 있는 가옥이었다. 이를 보고 지인들이 개축을 권하였으나 왕안석은 듣지 않았다.

  이렇듯 볼품없는 거처였지만 그는 반산원의 입지와 설비에 대해 대단히 만족스러워 했다. 그는 강녕부 은퇴 시기 허다한 시문을 남기고 있는데 그 중에는 반산원을 읊고 있는 것도 적지 않다. 다음에 보는 〈반산의 늦봄을 맞아半山春晚卽事〉는 그러한 심경을 잘 보여준다.

봄 바람 불어 꽃이 지고	春風取花去
그 대신 상쾌한 녹음이 펼쳐졌네.	酬我以淸陰
고요한 비탈 길에도 어둑어둑 나뭇잎 우거지고	翳翳陂路靜
뜨락에도 첩첩한 그늘 깊숙이 드리웠네.	交交園屋深
침상을 펴고 잠깐 쉬다가	牀敷每小息
짚신에 지팡이 짚고 그윽한 정취 찾아 나서는도다.	杖屨或幽尋
하늘에 보이는 것은 오직 북산(北山, 즉 鍾山)의 새,	惟有北山鳥
날아가며 정겨운 울음 소리 보내주는구나.	經過遺好音[1]

  반산원 주변에는 많은 경승지가 있었다. 반산원으로부터 성내의 반대편에 위치한 종산은 강녕부의 랜드마크로서 울창한 수림과 수많은 유적지를 자랑하였다. 해발 450미터에 달하여 인근에서 가장 높은 산지이기 때문이다. 오늘날에도 종산풍경구는 난징의 관광을 대표한다. 유명한 명효릉明孝陵과 중산릉中山陵, 영곡사靈谷寺 등이 모두 종산에 위치해 있다. 물론 이들 관광 명소는 모두 명대 이후에 건조된 것들이다.

---

[1] 王安石, ≪臨川先生文集≫ 권14.

하지만 왕안석의 시대에도 손릉孫陵(손권[孫權]의 묘), 사공돈謝公墩, 청량사淸凉寺, 보공탑寶公塔 등이 종산 주변에 분포하였다. 이밖에 진회하秦淮河라든가 정림사定林寺, 팔공덕수八功德水 등이 모두 반산원으로부터 그리 멀지 않은 곳에 있었다.

▮ 동진(東晉)의 명신 사안(謝安, 320~385)

이 가운데 사공돈은 동진東晉의 명신인 사안謝安(320~385)이 살았던 옛 집 터였다. 사안은 동산재기東山再起라는 고사성어의 주인공으로서, 전진前秦의 남침 당시 회계會稽의 동산東山에 은거하다가 조정의 부름에 응하여 재차 출사하였던 인물로 유명하다. 그는 재기 이후 비수지전淝水之戰을 지휘하여 승리로 이끎으로써 절체절명의 위기에 처해 있던 동진의 사직을 지켜냈다. 왕안석은 이러한 사안을 존경해 마지않았다. 왕안석의 사안에 대한 흠모에는 또 다른 요소도 영향을 미쳤을 것이라 여겨진다. 사안의 자字가 다름 아닌 '안석安石'이었기 때문이다. 사안이 자신과 동일한 글자를 자로 지니고 있었으며, 더욱이 자신과 마찬가지로 국가가 심각한 위기에 직면했던 시기를 살았다는 사실이 왕안석에게 커다란 동질감을 주었을 것이다.

손릉孫陵은 삼국시대 오나라를 세운 손권의 묘소이다. 성내로부터 15

리 가량 떨어진 종산의 남쪽 기슭에 있었다. 청량사는 오대五代 오吳 정권 시기에 건립된 사찰로서 성내의 서쪽, 그러니까 반산원과는 반대편에 있었다. 또 진회하는 잘 알려져 있듯 고래로 금릉을 대표하는 경승지이다. 종산의 남쪽으로부터 흘러들어 금릉 성내의 남쪽과 서쪽을 가로지르는 작은 하천이다. 이 중에서도 금릉 시가지의 남쪽을 흘러가는 부분이 진회하의 압권이었다. 이를 두고 역대 문인들은 '10리十里의 진회秦淮'라고 찬탄해 마지않았다. 이 일대에는 호화스러운 점포가 주욱 늘어서 있었고 그 주위를 부호의 저택이 에워쌌다. 진회하를 두고 '6조六朝의 황금 장식金粉'이라 부르는 것도 바로 이러한 호사스러움과 화려함 때문이다.

▎오늘날의 난징 정림사(定林寺)

만년의 왕안석은 반산원에 거주하며 이들 경승지와 유적지를 즐겨 찾았다. 이 시기 그가 남긴 시편에는 사공돈, 손릉, 청량사, 진회하, 보공탑 등을 소재로 한 것이 허다하다. 이 중에서도 그가 가장 많이 찾아간 곳은 정림사였다. 정림사는 종산의 보공탑 인근에 있던 사찰로, 소나무를 위시한 고목이 하늘을 덮고 주변 계곡에는 물소리가 청아한 곳이었다. 그는 정림사의 분위기를 대단히 좋아하였다.

정림사의 키 큰 나무 언제나 하늘을 뒤덮고	定林脩木老參天
그 동남쪽으로는 한 줄기 샘물이 흘러간다.	橫貫東南一道泉
6월에 풀 줄기 지팡이 짚고 돌길 따라 나서니	六月杖藜尋石路
한낮의 그늘 가득한 곳에 졸졸 흐르는 개울물 소리.	午陰多處弄潺湲[2]

왕안석은 정림사에 부탁하여 승방 하나를 빌렸다. 그리고 이곳을 공부방으로 삼고 즐겨 드나들었다. 여기서 책을 읽다 지루해지면 산사 주변을 거닐며 물 소리 바람 소리 새 소리를 들었다. 그는 이렇게 세속의 번쇄함과 영욕을 머리에서 떨쳐버리고자 하였다.

왕안석이 반산원에 기거한 것은 6년간이었다. 1084년(신종 원풍 7) 그는 큰 병을 앓고 난 이후 반산원을 떠나 성내로 들어갔다. 반산원 땅에는 사찰을 지어 불가에 헌납하였다. 이에 대해서는 후술하기로 한다.

반산원을 떠난 다음 그는 평소 좋아하던 지역인 진회하 인근으로 이

---

2 王安石, ≪臨川先生文集≫ 권30, 〈定林〉..

사하였다. 이곳의 거처도 누추하기는 마찬가지였다. 그나마 자신의 소유가 아니라 민가를 세낸 곳이었다. 진회하 주변으로 이사하던 해(1084)는 특히 무더위가 심하였다. 이때의 고충을 그는 다음과 같이 토로하고 있다.

불 같이 사나운 더위 그 기세 꺾을 수 없고	火騰爲虐不可摧
집안은 비좁아 이 한 몸 편히 누일 데 없네	屋窄無所逃吾骸[3]

왕안석은 은퇴 이후 이렇게 비좁고 누추한 곳에 거주하며 만년을 보냈다. 왕안석에게는 생전 많은 정적이 있었다. 여공저와 사마광처럼 한때 그와 흉금을 터놓고 교분을 나누던 벗들도 후일 그의 반대편으로 돌아섰다. 그의 정책과 학문을 두고서 반대파들은 극렬한 비판을 가하였다. '간사하다.'라든가 '교사巧詐스럽다.'라고까지 공박하였다. 하지만 그의 성품, 특히 명리名利에 대한 무욕을 두고서는 누구 한 사람 이의를 제기하지 않았다. 남송의 육구연陸九淵은, '왕안석이 지녔던 결백의 절조는 빙상氷霜보다 냉엄하였다.'[4]고 말하고 있다. 왕안석의 만년, 그리고 반산원 및 진회하 인근의 거처는, 그러한 평가가 결코 과하지 않았다는 사실을 여실히 보여주는 사례라 하겠다.

---

3   王安石, ≪臨川先生文集≫ 권3, 〈秋熱〉.
4   이근명, 〈陸九淵 荊國王文公祠堂記의 譯註〉 (≪역사교육논집≫ 53, 2014), p.394 참조.

2. 은퇴 후의 유유자적과 교유

왕안석이 재상에서 물러나 강녕부로 은퇴한 직후, 황제 신종은 그를 위해 말 한 필을 하사하였다. 그는 이 말 이외에 따로 당나귀 한 필을 구입하였다. 바깥으로 출타할 때면 그는 말을 타거나 당나귀를 타고 다닐 뿐 결코 가마를 이용하지 않았다. 그런데 얼마 되지 않아 불행히도 말이 죽었다. 그는 어쩔 수 없이 당나귀를 타고 다녀야만 했다. 이후 당나귀 고삐를 끌고 다닐 인부도 하나 고용하였다.

바깥 나들이를 할 때 그는 대부분 아무런 계획도 없이 길을 나섰다. 당나귀를 타고 고삐 끄는 인부를 앞세운 채 그때그때 마음 내키는 대로 돌아다녔다. 어느 날 왕공王鞏이란 인물이 왕안석을 찾아왔다. 왕공은 북송 초의 명재상 왕단王旦의 손자였다. 마침 왕안석은 당나귀를 타고 출타하려는 중이었다. 왕공이 인부에게 물었다.

"승상께서는 평소 어디로 다니시나?"

"만일 제가 앞에 서면 제 뜻에 맡기시고, 제가 당나귀 뒤에 서면 당나귀 가는 대로 다니십니다."[5]

이렇게 다니다가 문득 멈추고 싶은 생각이 들면 멈추었다. 멋진 소나무나 커다란 바위를 만나면 한 동안 그곳에 앉아 있기도 하였다. 그러다가 농가에 들어서기도 하고, 또 사찰로 발길을 돌리기도 하였다. 점심 거리로는 작은 부침개餠 십여 개를 보자기에 싸서 갖고 갔다. 그걸 먼저 왕안석이 먹고 그 다음으로 인부가 먹었다. 그리고 남은 것은 당

---

5   潘永因, ≪宋稗類鈔≫ (北京: 書目文獻出版社, 1985) 권 4, 〈志尙〉 20.

나귀에게 먹였다. 때로 들판의 농부가 왕안석을 알아보고 먹을 것을 주면 그걸 받아먹기도 하였다.

▎오늘날의 난징시 종산(鍾山)
이곳에는 쑨원의 묘소인 중산릉(中山陵)이 위치해 있다.

한 번은 강서로의 지방 장관인 제점형옥提點刑獄 이무직李茂直이 그를 찾아왔다. 뙤약볕이 내리쬐는 한여름이었다. 이때도 왕안석은 당나귀를 타고 외출하는 참이었다. 왕안석은 당나귀에서 내려 길가에 앉아 이무직과 한동안 대화를 나누었다. 얘기가 길어져 햇볕이 뜨거워지자 이무직은 병졸들에게 우산을 펼치라 명하였다. 그런데 우산이 제대로 펼쳐지지 않아 햇볕이 왕안석 머리 위로 내리쬐었다. 이무직은 우산을 옮겨 제대로 왕안석을 가리라 말하였다. 그러자 왕안석이 말했다.

"그럴 필요 없소이다. 만일 내세에 내가 소로 태어난다면 쨍쨍 내리쬐는 햇볕 속에서 밭을 갈아야 할 것 아니겠소?"[6]

왕안석의 말에는 그의 소탈하고 격의 없는 성정과 불교적 윤회관이 잘 나타난다. 이 시기 그는 불교에 깊숙이 심취해 있었다. 또 10년 가까이 절대적 권세를 휘둘렀던 대재상의 권위나 위세도 전연 찾아볼 수 없었다. 그야말로 대자연 속에 유유자적하는 노년의 소박한 문인으로 생활할 뿐이었다.

만년의 왕안석이 얼마나 수수하게 살아갔는지를 보여주는 재미난 일화가 있다. 하루는 여느 때와 마찬가지로 단촐한 행색으로 혼자 길을 나서서 이리저리 다니다가 어느 산사에 발길이 닿았다. 그곳에서는 몇 사람이 모여 학문에 대해 소리 높여 논쟁을 벌이고 있었다. 왕안석은 그 한 귀퉁이에 앉아 다소곳이 대화를 들었다. 아무도 그가 누구인지 알아보지 못하였다. 그러다가 누군가 그에게 물었다.

"그대도 글을 아시오?"

왕안석은 공손히 머리만 끄덕였다. 그러자 이름이 무어냐고 물었다.

"이름은 안석이고 성은 왕이라 합니다."

그 말에 거기에 앉았던 사람들 모두 당황해 하며 얼굴을 붉힌 채 자리를 떴다.[7]

왕안석은 이렇게 강녕부와 종산의 풍광 속에 젖어 생활하며 많은 시를 남겼다. 또 스스로 최고의 심혈을 기울인 역작이라 말하였던 저서

---

6   王銍, ≪黙記≫ (北京: 中華書局, 唐宋史料筆記叢刊本, 1981) 권中.

7   劉斧, ≪靑瑣高議≫ (上海古籍出版社, 唐宋筆記叢刊, 1983), 後集 권2.

≪자설字說≫도 집필하였다. ≪자설≫은 한자의 원리에 대하여 분석한 책이다. 그는 ≪자설≫를 통하여 문자학을 집대성하였다고 자부하였다. 후한 시대 허신許愼의 ≪설문해자說文解字≫ 이래 미해결 상태로 남아 있던 한자의 구성 원리를 완전무결하게 해결하였다고 여겼다. 그러므로 '유교의 경전인 오경에 버금가는 학문 저작'[8]이라고 말하였다. 신법당 집권 시대, ≪자설≫은 국립 대학기관인 태학의 교재로 사용되었다. 또 수많은 해석서도 등장하였다. 하지만 북송말 이후 신법이 부정되면서 ≪자설≫ 또한 신랄한 공박의 대상이 되었다. 왕안석이 제시했던 한자의 원리도 멸시와 조롱을 받았다. 그리고 이러한 타기의 분위기 속에서 어느 틈엔가 산일되어 현재는 그 내용 가운데 극히 일부만 전할 뿐이다.

강녕부 은퇴 시기, 즉 만년은 왕안석의 생애 가운데 시의 창작이 가장 풍부한 시기이다. 그는 자연을 벗 삼아 살아가며 강녕부 일대의 사계를 소재로 아름다운 시를 남기고 있다. 그 가운데 대표작 몇 개를 소개하면 다음과 같다.

달빛을 좇아 산길 나섰다가	隨月出山去
구름과 함께 돌아오도다.	尋雲相伴歸
봄날의 새벽녘 꽃 위에 이슬이 맺혀	春晨花上露
그 그윽한 향기 옷섶으로 스미는구나.	芳氣著人衣[9]

---

8   羅大經, ≪鶴林玉露≫ (四庫全書本) 권13.
9   王安石, ≪臨川先生文集≫ 권26, 〈山中〉.

위 시는 〈산 속에서山中〉란 제목의 작품이다. 그가 거주하던 종산의 그윽한 정경을 읊은 것이다. 왕안석은 봄날의 풍광에 반하여 늦은 밤 산길을 따라 나섰다가 새벽녘에 돌아오고 있다. 아름답고 고요한 종산의 풍광, 그리고 그 속을 주유하는 노년의 시인 모습이 그림처럼 떠오른다.

남포(南浦) 동강(東岡)의 2월 봄 정경이	南浦東岡二月時
내 마음 뒤흔들어 시정에 젖게 하네.	物華撩我有新詩
바람 머금은 푸른 잔 물결 하늘하늘 퍼져나가고,	含風鴨綠粼粼起
강가의 버들가지 햇살에 취한 듯 간들간들 드리워져 있구나.	弄日鵝黃裊裊垂[10]

위의 시(〈南浦〉) 역시 강녕부 일대의 봄 풍경을 읊은 것이다. 남포南浦와 동강東岡에 찾아온 봄 풍경, 그리고 그것을 바라보며 시정에 젖는 노시인의 모습이 경쾌하게 묘사되고 있다. 특히 '오리 머리 한 가운데 같은 푸른색鴨綠', '어린 거위의 노란 빛鵝黃'이라는 시어는 고래로 많은 찬사를 받았다.

북산(北山, 즉 종산[鍾山])에서 흘러내린 푸른 봄기운으로 산허리의 못에 물 가득차고	北山輸綠漲橫陂
곧은 개울 구부러진 연못마다 찰랑찰랑 물이 넘실거릴 때,	直塹回塘灩灩時
흩날리는 꽃잎을 세며 하염없이 앉아 있었고	細數落花因坐久

---

10 王安石, ≪臨川先生文集≫ 권27, 〈南浦〉.

| 느긋이 향기로운 봄 풀을 찾아 헤매다 그만 돌아올 때 | 緩尋芳草得歸遲[11] |

잊어버렸네.

    왕안석은 수많은 시 작품을 남겼지만 그 중 칠언절귀에 절창絶唱이 많다는 평가를 받고 있다. 위의 시(〈北山〉)는 그렇듯 명작이 많은 칠언절구 중에서도 최고 작품의 하나로 꼽히고 있다. 특히 후반부의 두 구절은 매우 현묘玄妙한 매력을 지니고 있다 해도 지나침이 없을 정도이다.

북저(北渚)에 집터를 닦은 이래	自予營北渚
수없이 두 산 봉우리에 올랐다오.	數至兩山間
산길에 접어들면 그 호젓한 느낌,	臨路愛山好
그러다 산을 나설 때면 아쉬움에 가슴 아팠지.	出山愁路難
산에 핀 꽃은 물 마냥 티 없이 깨끗하고,	山花如水淨
산에 사는 새는 구름처럼 한가로이 노니네.	山鳥如雲閑
내 마음 산을 버리고 세상 속으로 나가기를 바라지만,	我欲抛山去
산은 날 보고 그냥 돌아오라 권하는구려.	山仍勸我還
내 죽으면 필시 무덤에 묻힐 터,	祇應身後塚
그리고 그 무덤 역시 산의 일부려니.	亦是眼中山
아, 그저 이렇게 산 속에 묻혀 살리라,	且復依山住
다시는 세상에 나가지 않으리.	歸鞍未可攀[12]

---

11   王安石, ≪臨川先生文集≫ 권28, 〈北山〉.
12   王安石, ≪臨川先生文集≫ 권1, 〈兩山間〉.

산을 벗 삼아 살아가는 평화로움을 노래한 시다. 아마도 고금의 한시 가운데 최고의 등산 찬미시일 것이라 생각된다. 왕안석은 재상에서 물러난 이래 종산의 풍광에 묻혀 살았다. 조용히 자연 속에서 만년을 보내는 모습을 보였다. 위의 시 가운데 '북저北渚'는 반산원이 있던 백당白塘을 가리킨다. 또 '두 산兩山'이란 두 말 할 나위 없이 종산의 두 봉우리였다. 위의 시는 종산의 따뜻한 품 안에서 안분자족하는 모습을 그리고 있다. 마치 산과 내가 혼연일체가 된 듯한 경지를 보인다. 이 시는 산에 대한 무한한 사랑과 신뢰를 잘 드러내고 있다.

하지만 이렇게 세상을 등지고 초야에 묻힌 채 살아가지만, 왕안석의 가슴 속에서 세상사에 대한 관심은 전연 식지 않은 상태였다. 반대파의 공박 속에서 신법이 굴절되어 가는 것을 보면서, 그는 세상에 나가 직접 정계를 주도하고 싶은 마음 간절했다. 그러기에 '내 마음 세상으로 나가기를 꿈꾼다.'고 말하고 있는 것이다. 그는 산을 애호하고 산중의 안온한 생활에 만족하면서도, 한편으로 바깥세상의 동태에 대해 어쩔 수 없이 민감히 반응하고 있었다.

왕안석은 은퇴하여 강녕부에 거주하고 나서 강녕부 바깥으로는 단 한 번도 나가

┃송대의 대 문호 소식(1037~1101)

지 않았다. 친지를 만나기 위해 여행한 적도 없었다. 오로지 강녕부와 종산을 무대로 하여 생활할 뿐이었다. 그런 까닭에 자연히 교유의 범위도 제한될 수밖에 없었다. 종산 인근의 지식인들, 그리고 산사의 불승이 교왕하는 지인의 전부였다. 만년의 왕안석이 어울렸던 강녕부의 지식인과 불승은 상당수에 달했던 것으로 보인다. 그가 좋아했던 인물들은 지식인 중에서도 입신 출세를 버리고 산야에 은거하던 처사였다. 유수로俞秀老와 그의 아우인 유청로俞淸老, 그리고 호음선생湖陰先生 양덕봉楊德逢 등이 특히 자주 왕래하던 사람이다. 그는 이들과 빈번히 교왕하며 그 친교를 소재로 하는 시를 적지 않게 남기고 있다. 만년의 그가 가장 자주 만난 사람은 사찰의 승려였다. 이 시기 그는 불교에 흠뻑 빠져 있었기 때문이다. 만년의 왕안석에게 보각대사寶覺大師와 각해선사覺海禪師는 지기와도 같은 인물이었다. 그는 이들에게 격별한 감정을 느끼며 시 작품을 통해서도 절절한 친밀감을 표현하고 있다.

이러한 강녕부 일대의 인물들 외에 타지에서도 이따금 그를 찾아오는 사람이 있었다. 그런데 아이러니컬하게도 그가 재상 직위에 있을 때 그토록 그에게 아부하며 들붙던 사람들 대부분 은퇴한 이후에는 등을 돌리고 거의 찾아오지 않았다. 신법당 인물들 중에서는 오직 여가문呂嘉問과 늦도록 교유 관계를 유지하였다. 여가문은 제거시역사提擧市易使의 직위에 있으며 시역법을 주도하던 인물이다. 여가문과 교유를 유지하게 된 것도 특별한 이유가 있었다. 왕안석이 강녕부로 낙향한 직후인 1077년(신종 희녕 10) 12월 여가문이 강녕부의 지부知府로 부임하였기 때문이다. 여가문은 이후 10개월간 강녕부 지부로 있다가 이듬해 9월 윤주潤州의 지주知州로 전임되었다. 하지만 이후에도 여가문은 왕안석과 친밀하게 교유하였다. 1080년(원풍 3)에는 윤주 지주에서 임강군臨江軍 지군知軍으로 전임하며 강녕부에 들러 왕안석을 방문하였다.

강녕부로 왕안석을 찾아온 인물 가운데 가장 주목을 끄는 사람은 소식이다. 소식은 1084년(원풍 7) 초여름 양쯔강 중류에 있는 황주黃州로부터 수도 개봉 인근의 여주汝州로 유배지가 옮겨졌다. 소식은 양쯔강을 따라 내려와 강녕부를 거쳐 가게 되었고, 그때 종산으로 왕안석을 찾아왔던 것이다. 소식은 물론 정치적으로 왕안석의 반대편에 섰던 구법파 인물이었다. 하지만 왕안석이 재상에서 물러나 현실 정치로부터 발을 떼고 있었기에, 정치적 입장의 차이는 이제 문제가 되지 않았다. 왕안석은 멀리서 자신을 찾아온 소식을 매우 반갑게 맞이했다. 두 사람은 시와 불교를 화제로 하여 화기애애한 대화를 나눴다. 두 사람의 만남은 소식이 강녕부에 머무는 한 달 내내 계속되었다. 이때 소식은 왕안석을 만나며 다음과 같은 시를 남기고 있다.

나귀 타고 먼 길 와서 오래된 비탈길로 들어설 때	騎驢渺渺入荒陂
선생께서 건강하실 때 찾지 못한 것이 아쉬웠도다.	想見先生未病時
적당한 집 구해 곁에서 같이 지내자고 권하시는 말씀에	勸我試求三畝宅
그 말씀 10년 전에 따랐다면 좋았을 걸 하고 생각했다네.	從公已覺十年遲[13]

이 시는 앞서 든 왕안석의 칠언절구 〈북산北山〉의 압운押韻, 즉 피陂·

---

13 蘇軾, ≪東坡全集≫ (四庫全書本) 권14, 〈次荊公韻四絶〉.

시時·지遲를 그대로 본뜬 것이다. 왕안석은 당시 소식을 만나며 강녕부 진회하秦淮河 인근에 집을 장만하는 것이 어떻겠느냐고 권한 바 있다. 소식에게 곁에 살며 오래도록 교왕하면 좋겠다는 뜻을 전한 것이다. 이처럼 왕안석과 소식은 정치적 입장의 차이를 떠나 서로 깊이 존중하고 있었다. 나아가 서로에게 따뜻한 친밀감을 느끼고 있었다.

3. 와병과 작고

 1084년(신종 원풍 7) 봄 왕안석은 큰 병을 앓았다. 병세는 매우 위중하여 한창 때는 이틀이나 말을 하지 못할 지경이었다. 그의 병은 6월이 되어서야 나았다. 이후 그는 신종에게 상주하여 자신의 집을 사찰로 만들겠다고 청원하였다. 신종의 재가를 받은 다음, 자신의 거주지였던 반산원에는 사찰을 지었다. 신종은 이 절에 보녕선사報寧禪寺라는 이름을 직접 지어주었다. 왕안석은 정들었던 백당을 떠나 진회하로 주거를 옮겼다. 이 직후 그는 또다시 신종에게 상주하여 강녕부 상원현上元縣에 있는 전답을 팔아 그 돈을 종산의 태평흥국사太平興國寺에 헌금하고 싶다고 청하였다. 이 청원도 받아들여졌다. 태평흥국사에서는 헌금을 받는 대신 왕안석의 부모 및 왕안석의 장자인 왕방王雱의 명복을 빌어 주기로 했다. 왕안석의 사찰에 대한 헌금은 이것으로 그치지 않았다. 1085년(원풍 8) 신종은 왕안석이 몹시 빈한하다는 말을 듣고 내시를 시켜 황금 50냥을 보냈다. 그런데 왕안석은 그 황금을 즉시 정림사定林寺

20세기 초의 반산정(半山亭)
반산정은 반산원의 동쪽에 있던 암자이다.

에 시주하였다고 한다.

이 시기 왕안석은 불교에 깊이 마음을 주고 있었다. 그는 젊은 날부터 장재張載나 정호程顥 정이程頤와는 달리 불교에 호의적이었다. 불교에서 말하는 자비심이나 무아설이 유학의 인仁이나 의義와 크게 다르지 않다고 여겼다. 이러한 불교에 대한 애호는 강녕부 은퇴 이후 더 깊어졌다. 불경에 대한 독서도 많아졌다. 그가 특히 좋아했던 불교의 경전은 ≪유마경≫과 ≪능엄경≫이었다. 모두 여래장如來藏 사상을 기초로 하여 중생에게 불성佛性이 내재함을 가르치고, 재가 불자가 수행과 실천을 통해 성도할 수 있음을 강조하는 경전이다. 특히 왕안석은 강녕부에 은거하며 ≪능엄경≫에 대한 해석서를 저술하기도 했다.

왕안석이 병을 떨치고 가까스로 일어서자 이번에는 오씨 부인이 병으로 세상을 떠났다. 1085년(원풍 8)의 일이었다. 부인의 별세는 왕안석에게 큰 충격을 주었다. 그 슬픔은 다음의 시에서 절절히 드러난다.

지난 날 내 가난하여 밥벌이에 여념이 없었소.	賤貧奔走食與衣
백 일 동안 밖으로 나돌다 겨우 하루나 집에 들르는 식으로…	百日奔走一日歸
이제야 인생의 성취나 기쁨이 덧없음을 알았다오.	平生歡意苦不盡
늙어서야 비로소 그대와 서로 의지하며 살려 했는데…	正欲老大相因依

그런데 그대는 떠나고 빈 방에 덩그러니 관만 놓여 있구려.	空房蕭瑟施總帷
또 이슥도록 그대 죽음을 슬퍼하는 파란 등 아래의 곡소리.	靑燈半夜哭聲稀
그대의 목소리와 모습, 지금은 어디에 있단 말이오?	音容想像今何處
훗날 내 죽은 후 지하에서는 만나볼 수 있을는지.	地下相逢果是非[14]

    왕안석은 오씨 부인과 40여년을 해로하였다. 그녀는 시문에 능하였다고 한다. 또 자신의 호오를 감추고 현숙한 자세로 왕안석을 내조하였다. 그녀는 천성적으로 결벽증이 있었다. 반면 왕안석은 외모에 무관심할 뿐더러 청결에 대단히 무신경하였다. 따라서 부부 간에 맞지 않는 면이 적지 않았으나, 오씨 부인은 가능한 한 왕안석의 의견에 따르려 애썼다. 더욱이 왕안석은 형제 간의 우애를 중요시하여 집안에 봉록이 들어오면 다른 아우들이 모두 가져가도 아무 말 하지 않을 정도였다. 왕안석이 일가의 경제를 챙기기 위해 늦게까지 지방관으로만 전전하였던 것은 유명하다. 위의 시에서, '밥벌이 때문에 분주했다.'고 술회하고 있는 것은 그러한 정황을 말해준다.

    통상 왕안석의 시를 두고, 의론議論이 강하고 강렬한 개성을 앞세우는 나머지 인간적인 정감, 즉 천성어天性語가 적다고 말한다. 분명 왕안석의 시에 그러한 측면이 있는 것은 사실이다. 하지만 위의 시에서 보듯 왕안석의 시 가운데 풍부한 인간적 감정이 묻어나는 것도 적지 아니하다.

---

14 王安石, ≪臨川先生文集≫ 권9, 〈一日歸行〉.

왕안석이 큰 병을 앓았다가 일어서고 이어 오씨 부인이 작고하던 무렵, 북송의 정계에 커다란 변동이 일어났다. 다름 아니라 왕안석을 발탁하여 신법을 지지하고 후원하였던 황제 신종이 1085년 3월 붕어하였던 것이다. 이후 9세의 철종이 새로운 황제로 즉위하자, 그 조모인 태황태후 고씨宣仁太后가 수렴청정을 하게 되었다. 선인태후는 신법을 버리고 전면적으로 구법으로 되돌아가고자 하였다. 그리하여 1085년 5월 구법당의 영수 사마광을 부재상으로 발탁하였다가 이듬해 윤2월에는 재상으로 승진시켰다.

이처럼 북송의 정계가 급속히 변화하고 있을 때 왕안석이 다시 와병하였다. 그의 병세는 날이 갈수록 악화되어 갔다. 1086년 봄이 되면서 그의 병세는 결정적으로 기울어졌다. 그는 봄이 되어 다시 핀 꽃을 보며 시 한 수를 지었다.

늙은이는 본디 즐거움이 적은 것,	老年少忻豫
하물며 병들어 누워 있음에랴.	況復病在牀
새로 핀 꽃에 물을 주며	汲水置新花
잠시나마 그 향내를 맡으며 마음을 달래본다.	取慰此流芳
하지만 향내란 찰나와 같이 사라지는 것,	流芳祇須臾
나 또한 얼마나 더 살 수 있으리오?	我亦豈久長
새로 핀 꽃과 옛날의 젊었던 나,	新花與故吾
아아, 이렇게 다 잊혀져 가는 것이려니.	已矣兩可忘[15]

---

15 王安石, ≪臨川先生文集≫ 권2, 〈新花〉.

위의 시는 그가 세상을 떠나기 직전, 그러니까 1086년 초봄에 쓰여졌을 것이라 추정된다. 이 시는 그대로 그의 마지막 문학 작품이 되었다. 이 시가 작성되던 무렵 왕안석은 자신이 곧 세상을 떠날 것을 알고 있었다. 그 무렵 정국의 변화로 자신이 시도하였던 개혁(신법)은 남김없이 파기되어 가는 상황이었다. 병약해져서 세상의 하직을 눈앞에 둔 왕안석은 대단히 쓸쓸하고 슬픈 노경을 보내고 있는 상태였다. 이러한 감회가 위의 시에 고스란히 담겨 있다.

그는 새봄을 맞아 피어난 꽃을 보며 그것에서 젊은 날의 자신故吾을 떠올린다. 고혹적인 향기를 흩날리는 꽃은 아름답기 그지없다. 이 꽃마냥 자신에게도 아름다웠던 젊은 날이 있었다. 하지만 그 청춘은 순식간에 가버리고 말았다. 지금은 세상에 별다른 감흥을 느끼지 못하는 늙은이가 되어버렸다. 그리고 머지않아 세상을 하직하게 될 것이다. 마치 이 향기를 발하는 우아한 꽃 역시 곧 시들어 갈 것이듯….

새로 피어난 꽃을 보며 병상의 시인이 반기는 정경이 바로 눈 앞에 있는 듯 생생히 느껴진다. 그 얼굴에 천진한 미소가 번지는 모습도 그려진다. 병들어 쇠약해진 상태이지만 꽃 한 송이에 모든 아픔을 잊고 좋아 했을 노년의 시인, 갓 피어난 꽃에 물을 주며 튼튼히 오래 지속되기를 바라는 소박한 마음, 꽃을 향하여 고개를 돌린 채 시선을 고정시키고 있었을 꾸부정한 뒷모습….

왕안석의 병(등창과 풍기[風氣])은 시간이 흐르며 더 악화되었다. 조정에서는 의원을 강녕부에 파견하여 그의 병세를 구원하고자 했다. 하지만 1086년(철종 원우 원년) 4월, 그러한 노력도 헛되이 왕안석은 세상을 떠나고 말았다. 그는 이렇게 향년 66세를 일기로 작고하여 부친과 모친, 그리고 아들 왕방의 곁에 묻혔다.

제 4 부
왕안석에 대한 평가

1. 북송말의 정국 변화와 당쟁

1085년(신종 원풍 8) 3월 북송의 황제 신종이 병몰病沒하고 뒤를 이어 철종이 7대 황제로 즉위하였다. 당시 철종의 나이는 불과 9살이었다. 나이 어린 철종을 대신하여 태황태후 고씨가 수렴청정을 하게 되었다. 고태후는 사후 선인성렬宣仁聖烈이란 시호를 받았다. 그래서 통상 선인태후宣仁太后라 불린다. 선인태후는 신종의 부황父皇인 영종의 황후였다. 결국 신종에게는 모친이고 철종에게는 조모가 된다.

철종이 황제로 즉위하는 과정에는 약간의 우여곡절이 있었다. 태황태후 고씨가 자신의 둘째 아들이자 신종의 동생인 옹왕雍王 조호趙顥를 황제로 옹립하고 싶어 했기 때문이다. 신종의 병세는 1085년에 들어서며 급격히 악화되었다. 아직 황태자도 세워지지 않은 상태였기에 내외의 분위기도 대단히 흉흉해졌다. 당시 선인태후는 철종보다는 옹왕 조호를 후임 황제로 삼고자 했다. 조호 역시 황제 자리에 오르고자 하는 속내를 숨기지 않았다. 그는 수시로 황궁에 드나들며 자신의 모친인 선인태후와 연락을 취했다. 후궁을 만나도 피하지 않을 정도였다. 이를 보고 병상의 신종이 노기 어린 눈초리로 쳐다보았으나 그는 아랑곳하지 않았다고 한다.[1]

신종이 붕어하던 날 궁궐에서는 대단히 이례적인 조치가 취해졌다. 황제의 친위대인 전전사殿前司의 부사령관인 전전부지휘사가 밤새 궁궐 안의 내동문內東門 인근에 머물며 경비에 임했다. 내동문은 황족만 드나드는 출입구였다. 이곳을 전전사가 특별히 경비했던 것은 불의의 사태가 발생하는 것을 막기 위함이었다. 신종의 뜻과 배치되는 행위, 즉 궁정 내 후임 황제 자리를 둘러싼 암투가 발생하는 것을 사전에 차단하려는 조치였다. 신종의 유언을 지키고자 하는 부재상 장돈章惇, 그리고 신종의 또 다른 동생 형왕荊王 조군趙頵이 미리 손을 쓴 것이다.[2]

신종의 사후 후임 황제 자리를 노렸던 옹왕 조호는 신법에 대해 매우 비판적이었다. 신종의 면전에서 신법의 부당함을 강하게 주장하기도 했다. 다음과 같은 일조차 있었다. 1074년(희녕 7) 4월, 신종이 아우인 조호와 함께 모친인 황태후 고씨를 모시고 당시의 태황태후인 조씨曹氏를 찾아갔다. 태황태후 조씨는 인종의 황후였다. 이 자리에서 태황태후 조씨가 신법을 비판하며 신종에게 왕안석의 파직을 권유하였다. 신종은

---

1 이러한 정황에 대해서는 ≪長編≫ 권352, 神宗 元豊 8년 3월 甲午의 注 참조.
2 위와 같음.

왕안석이 사직을 위해 충성을 다 하는 인물이라 대답하였다. 그러자 곁에 있던 조호가 태황태후를 거들고 나섰다.

"태황태후의 지적은 지극히 옳은 말씀입니다. 신중히 생각해야만 합니다."

이 말에 신종이 노하여 대꾸하였다.

"내가 천하를 망가뜨리고 있다는 것이냐? 그럼 네가 해 보지 그러느냐?"[3]

옹왕 조호는 학문을 좋아했으며 무예에도 상당한 자질을 보였다고 한다. 바로 이러한 점 때문에 모친인 선인태후로부터 사랑을 받았을 것이라 생각된다. 신종과도 비교적 사이가 좋았다고 한다. 하지만 선인태후가 신종 사후 옹왕 조호를 후임 황제로 옹립하고자 했던 것은 무엇보다 신법에 대해 비판적이었기 때문이었다.

▎철종의 즉위 직후 수렴청정을 한 선인태후 (1032~1093)

수렴청정을 하게 된 선인태후는 즉시 사마광을 불러들였다. 사마광은 왕안석의 신법에 반대하여 중앙 정계에서 물러난 이래 십 수년째 낙양에 은둔하고 있는 상태였다. 사마광은 1085년(원풍 8) 5월 부재상 직위에 올랐다가 이듬해 윤2월 재상이 되었다. 1085년 7월에는 신법 반대파를 대표하는 또 다른 인물 여공저가 부재상

---

3 위의 책, 권252, 熙寧 7년 4월 丙戌.

으로 승진하였다. 여공저 또한 사마광과 함께 이듬해 윤2월 재상이 된다. 그 대신 이전까지 정계를 장악하고 있던 신법파들은 차례로 조정에서 파직되었다. 1086년(철종 원우 원년) 윤2월에는 신법파를 대표하는 재상 채확蔡確과 부재상 장돈이 지방관으로 좌천되어 나갔고, 4월에는 재상 한진韓縝이, 이어 9월에는 부재상 장조張璪가 모두 중앙 정계를 떠나 지방관으로 전출되었다.

선인태후의 후원으로 정계를 장악한 구법당은 속속 신법을 공격하여 파기하기 시작하였다. 보갑법과 방전균세법, 시역법, 모역법, 보마법 등이 차례로 폐지되었다. 장병법, 청묘법 등도 마찬가지로 폐지되었다. 사마광은 1086년 9월 병사한다. 1085년 5월 부재상에 오른 것으로부터 헤아려 1년 4개월만이었다. 그런데 이 짧은 기간 동안 사실상 모든 신법이 파기되어 버린 것이다.

신법 조항의 폐지를 결정할 때마다 조정 내에서는 많은 반론이 제기되었다. 보갑법, 방전균세법, 시역법, 보마법 등이 폐지될 때는 조정에 아직 적지 않은 신법당 관료들이 남아 있는 상태였다. 채확과 장돈, 한진 등도 재상과 부재상의 자리를 지키고 있었다. 하지만 사마광은 반대론에 전연 귀를 기울이지 않고 쾌도난마와 같이 신법의 폐지를 밀어붙였다.

신법의 각 조항들은 실제의 시행에 당하여 복잡한 모습을 보였다. 청묘법, 시역법, 모역법 등에 약자를 구제한다는 사회정책적 취지가 담겨 있는 것은 사실이다. 하지만 그것이 재정 확보와 연동되어 실시됨으로 말미암아 민간에 상당한 고통으로 작용하는 경우도 적지 않았다. 그런데 1086년 시점에서 돌아볼 때 신법은 이미 도입된 지 십 수 년이나 지난 상태였다. 여러 가지 문제점은 있으나 민간에 어느 정도 정착되어 있었다. 또 백성들의 생활에 긍정적으로 작용하는 신법의 조항도 적지 않았다. 이를 일거에 폐지하고 신법 이전 상태로 복귀시킨다는 것은 또 다른 심각한 문제를 불러왔다. 그럼에도 사마광은 일체의 비판을 용인하지 않은 채 기한을 설정하여 무조건 신법을 폐지하라고 지시하였다.

가장 문제가 되었던 것은 모역법이었다. 이전의 제도, 즉 차역법差役法에 너무도 많은 문제점이 내재해 있었기 때문이다. 구법당 내에서조차 모역법 폐지에 대한 반론이 적지 않았다. 소식과 범순인范純仁 등이 대표적인 반대론자였다. 하지만 사마광은 1086년 2월 단 5일의 기한을 주고 차역법을 부활시키라고 명령하였다. 후일 휘종 시기 재상이 되어 권력을 농단하였던 채경蔡京이 당시 지개봉부知開封府로 있었다. 그는 그 5일의 기한을 지켜 관내의 모역법을 모두 차역법으로 바꾸었다. 그 이후 조정에 와서 사마광에게 보고 하니, 사마광은 기뻐하며 말했다.

"사람들이 모두 그대만 같으면 법이 시행되지 못할 걱정이 없을 것이오."[4]

그런데 시대가 바뀌어 선인태후 사후 신법당 시대가 되었을 때의 일이다. 1094년(철종 소성 원년) 이번에는 신법당의 장돈이 재상이 되어 다시 차역법을 모역법으로 바꾸고자 했다. 그래서 관련 기구를 설치하고 검토시킨 바 오래도록 결말이 나지 않았다. 채경이 장돈에게 말했다.

---

[4] 이근명 편역, ≪송명신언행록≫(소명출판, 2019), 제2책, pp.99·100.

"희녕 및 원풍 연간의 법대로만 시행하면 됩니다. 더 이상 무슨 검토가 필요합니까?"[5]

장돈은 그 말을 듣고 모역법을 실시하였다고 한다. 채경은 무정견하게 권세를 좇으며 그에 따라 소신을 바꾸어 갔던 것이다.

사마광이 재상이 되어 신법을 속속 폐지해 가던 무렵 왕안석은 금릉에 낙향해 있었다. 조정에서 신법 조항들을 바꾸어 간다는 소식을 들었으나 아무 동요 없이 그러려니 여겼다. 그런데 면역법까지 폐지했다는 얘기를 듣자 놀라서 소리를 질렀다.

"이런 것까지 바꾼단 말인가?"

한참 후 그는 다시 말했다.

"이 면역법은 폐지해서는 안 된다. 내가 선제先帝(즉 신종)와 2년 동안이나 검토하여 모든 정황을 다 곡진히 살핀 다음 시행한 것이다."[6]

이처럼 사마광은 우격다짐으로 신법을 폐지해 갔다. 이러한 사마광의 모습에 질려 같은 구법당 진영의 인사인 소식마저 그를 두고, '사마씨의 성을 가진 황소司馬牛'라 칭했다고 한다.

선인태후의 수렴청정은 1094년(철종 원우 8) 그녀가 병사할 때까지 9년간 지속되었다. 이 기간을 통해 신종 시기에 시행되었던 신법은 모두 파기되고 이전의 법제, 즉 구법으로 회귀하였다. 그리하여 이 시기를 두고 '원우元祐의 경화更化'라 부른다. 대대적인 개혁이 단행되었다는 의미이다.

---

5   위와 같음.
6   위의 책, p.110.

전근대의 역사가들은 신법을 파기하고 전면적인 구법으로의 회귀를 주도한 선인태후를 칭송해 마지않았다. 이 시기의 정치를 두고 '원우의 다스림元祐之治'이라고 칭하거나 혹은 그녀를 두고 '여인 중의 요순女中堯舜'이라 일컫는 것이 그것을 단적으로 보여준다.

▎북송의 제8대 황제 철종(재위 1085~1100)

1094년 9월 선인태후가 사거하자 철종이 마침내 오랜 수렴청정의 그늘에서 벗어나 친정에 나섰다. 그의 나이도 어언 18세에 달해 있었다. 철종은 조모인 선인태후와는 달리 부친 신종의 정치를 따르고자 하였다. 그는 연호도 즉시 '소성紹聖'이라 고쳤다. '소성'은 '성인의 정치를 소술紹述한다.'는 의미이다. 선황先皇인 신종의 정치를 계승하겠다는 의지를 분명하게 선언한 것이다.

재상과 부재상도 모두 신법당으로 교체되었다. 구법당 인사인 여대방呂大防, 범순인范純仁, 소철, 유지劉摯 등이 물러나고, 그 자리를 신법당인 장돈, 이청신李清臣, 등백온鄧伯溫 등으로 채웠다. 폐지되었던 신법의 조항도 속속 부활되었다. 먼저 면역법이 다시금 시행되고, 청묘법·장병법·보갑법·보마법 등의 재시행이 반포되었다. 아울러 원우의 정치를 주도한 구법당 인사에 대한 보복에도 착수하였다. 사마광과 여공저에 대해 부여되었던 시호가 삭탈되었으며, 여대방·유지·소철·양도梁

燾 등에 대한 처벌 조치도 내려졌다.

하지만 철종의 친정은 7년만에 종료되었다. 그가 불과 25살의 나이로 사거했기 때문이다. 철종에게는 아들이 없었다. 그리하여 신종의 아들이자 철종의 배다른 동생인 단왕端王 조길趙佶이 황제의 자리에 올랐다. 바로 휘종이다. 그런데 휘종의 옹립을 둘러싸고 적지 않은 논란이 있었다. 조길의 성격이 너무도 경박했기 때문이다. 이 때문에 재상 장돈은 '이런 인물을 천하의 제왕으로 삼을 수 없다.'[7]고까지 말했을 정도이다. 하지만 당시 궁궐의 최고 어른이었던 상태후의 단호한 결정에 따라 휘종이 제위에 올랐다.

휘종이 즉위한 직후에는 상태후가 수렴청정을 하였다. 상태후는 선인태후와 마찬가지로 신법에 비판적인 입장에 서 있었다. 그녀는 신법당 일색의 정계를 고쳐 표면상 신법당과 구법당의 균형을 꾀한다는 자세를 취하였다. 이러한 방침에 따라 실각해 있던 구법당 인사들이 적지 않게 정계로 복귀하였다.

하지만 이러한 상태후의 수렴청정은 오래가지 못하였다. 그녀가 채 1년도 되지 않아 병사했기 때문이다. 친정을 하게 된 휘종은 연호를 '숭녕崇寧'이라 고쳤다. 희녕 연간의 정치, 즉 신종 시대를 숭상한다는 의미였다. 휘종의 시대는 1125년까지 20여 년간 지속되었다. 이 시기를 통해 전면적인 신법 정치가 계속되었다. 표면적으로는 왕안석 시대의 정책이 지속된 것으로 보이는 것이다. 이러한 휘종을 보필하여 신법 정치

---

[7] ≪宋史≫ 권22, 〈徽宗紀〉 4.

를 시행한 인물이 채경蔡京이다. 사마광과 장돈의 뜻에 따라 차역법과 모역법을 맞춤 식으로 시행한 바로 그 사람이다.

휘종은 그 치세를 통해 정치에는 거의 관심을 두지 않았다. 서화와 유희에만 마음을 두었다. 그래서 그를 두고 세간에서는 '풍류천자'라 불렀다. 얼마 후에는 도교에 심취하여, 그 스스로 '교주도군황제敎主道君皇帝'라 칭하였다. 도교를 후원하며 여기저기에 많은 도교 사원을 건설하였다. 채경은 이와 같은 휘종의 기호에 영합하며 그의 환심을 샀다. 방탕과 유희에만 관심을 지닌 황제와 무절조한 재상에 의해 정치가 이끌리는 시기가 지속되었던 것이다.

▌휘종과 채경
휘종의 악기 연주를 채경(오른쪽에 앉은 사람)이 경청하고 있다.
송 휘종의 작품인 〈청금도(廳琴圖)〉

그러한 만큼 신법 정치도 왕안석 시대의 개혁 색채를 거의 잃어 버렸다. 신법의 제조항은 명목상으로만 왕안석과 동일할 뿐 그 실질은 백성에게 큰 부담으로 변하였다. 면역법과 보갑법, 방전균세법, 청묘법 등도 그 실제 내용이 크게 달라졌다.

채경은 구법당에 대해서도 가혹한 탄압을 가하였다. 구법당에 대한 탄압은 철종의 친정 시기에 취해진 바 있다. 채경은 그것을 더욱 심화시켜 구법당을 '간사한 무리奸黨'라 부르며, 총 309명의 이름을 비석에 새겨 전국 여기저기에 세웠다. 이를 '원우간당비元祐奸黨碑' 혹은 '원우당적비元祐黨籍碑'라 부른다. 이러한 탄압은 구법당 인사의 가슴에 씻을 수 없는 상처를 남겼다. 남송 시대가 되면 신법에 대한 비판과 부정이 대세로 자리 잡게 된다. 북송 말기에 있었던 신법당 측의 탄압, 그리고 그것에 대한 반감이 신법과 왕안석에 대한 전면적 부정으로 표출되었던 것이다.

2. 남송 시대 왕안석을 둘러싼 논란

화북을 상실하고 남도南渡한 남송 정권은 통치의 안정과 정당성 확보를 위해 각고의 노력을 기울였다. 무엇보다 시급했던 것이 북송의 멸망, 즉 정강靖康의 변變이라는 참사에 대해 해명하고, 그것을 불러일으킨 집단과의 차별성을 부각시키는 일이었다. 고종과 남송 초의 조정은 이를 위해 휘종 당시의 집권 세력이 신법 정치를 행하였다는 점에 주목하였다. 국망의 근본 요인이 채경 및 그가 추진한 신법에 있다는 점을 부각시키려 하였다. 이러한 맥락에서 남송 정권은 신법 시행 이전의 정책, 즉 안정기의 송조를 구축하였던 구법으로 회귀함을 천명하였다. 선조의 구 제도를 회복하는 것을 통해 민심을 수람하고자 한 것이다.

남송초 이와 같은 분위기가 형성되는 데 결정적 역할을 담당한 인물이 바로 양시楊時이다. 그는 이천伊川의 고제高弟로서 복건 남검주南劍州 출신이었다. 아울러 그는 남송 시대 성리학의 남전南傳과 흥성, 그리고 이른바 민학閩學의 발전 과정에서도 실로 커다란 영향을 끼쳤다. 그를 두고 ≪송사≫에서는 다음과 같이 기록하고 있다.

> 소흥(紹興) 초년에 원우의 학설을 숭상하게 된 것이라든가, 혹은 주희(朱熹)와 장식(張栻)이 이정(二程)의 바른 학문을 받아들이게 된 것도, 그 연원은 모두 양시로부터 비롯되었다.[8]

그가 있었기에 남송 초에 구법으로의 회귀가 가능했다는 것이다. 뿐만 아니라 주희와 장식으로 대표되는 남송의 성리학도 바로 그를 매개로 하여 발전하는 것이라 지적하고 있다. 이러한 ≪송사≫의 논찬論贊이 지적하듯 남송의 사상사에서 양시의 지위와 역할은 가위 심대하다고 말하여 과언이 아니다.

양시는 휘종의 뒤를 이어 흠종이 즉위한 당초부터 이미 왕안석 및 신법에 대해 극렬하게 공박한 바 있다. 남송 초에는 그것이 더욱 강렬해

---

8 ≪宋史≫ 권428, 〈楊時傳〉.

져서, '왕안석이 실상은 관자管子와 상앙商鞅의 술책을 지니고 있으되 육예六藝라 둘러대며 자신의 간언姦言을 가리려 하고 있다.'9고까지 말하였다. 나아가 채경의 무리가 흥청망청 재정을 낭비하며 황제 휘종을 사치로 이끌었는데, 그 연원도 따지고 보면 왕안석으로부터 비롯된 것이라 지적한다. 그런즉 북송을 국망으로 이끈 장본인도 결국 왕안석이라는 것이다.

이러한 양시의 공박과 비판으로 말미암아 왕안석에 대한 존숭도 삭탈되기에 이른다. 1126년 흠종 시기에는 먼저 공자묘孔子廟 배향配享이 정지되었으며, 1134년(고종 소흥 4)에는 종묘의 배향까지 폐지되었다. 휘종 시기에 추봉追封되었던 서왕舒王이란 칭호도 1134년 취소되고 만다.

이러한 남송의 방침은 《신종실록》의 개수로 이어졌다. 《신종실록》은 그 이전 수차에 걸쳐 개수된 바 있다. 신종 시기 및 신법에 대한 평가가 정권의 굴곡과 함께 극명하게 엇갈렸기 때문이다. 신종의 붕어 직후인 1086년(철종 원우 원년)에는 구법당의 주도 하에 찬수되어, 왕안석 및 신법 정치가 철저히 타기되었다. 두 번째의 찬수는 신법당 시기인 철종 소성 연간에 진행되었다. 당연한 귀결로 원우 연간의 시각을 부정하고 신법과 왕안석에 동조하는 시각을 지녔다. 남송초의 집권 세력은 이러한 소성본의 《신종실록》을 다시 고쳐 쓰고자 했던 것이다.

《신종실록》의 개수를 앞두고 고종은, '신종, 철종의 실록과 국사國史는 사실과 다른 부분이 많다.'10고 말하고 있다. '지금도 왕안석이 옳

---

9   위와 같음.
10 李心傳, 《建炎以來繫年要錄》(北京, 中華書局, 1988), 권76, 高宗 紹興 4년 5월

다고 여기는 자가 있다. 심지어 왕안석의 법도를 다시 시행해야 한다고 주장하는 인물도 있다. 이러한 심각한 상태를 바로잡아야만 한다.'¹¹고 명확한 지침을 하달하였다. 당시 개수의 실무를 책임졌던 인물은 범충 范冲이었다. 그는 원우본, 즉 1086년에 찬술된 ≪신종실록≫에서 중심 역할을 수행하였던 범조우范祖禹의 아들이었다. 범충은 개수 작업에 임하며, '부친 범조우는 원우 연간 ≪신종실록≫을 찬수할 때 왕안석의 과실을 빠짐없이 기록하는 데 주력하였다.'¹²고 밝히고 있다. 그 자신도 마찬가지로 '왕안석과 신종을 분리하여 왕안석의 죄를 직서直書함으로써 신종의 성덕盛德을 밝혀야 한다.'¹³는 입장에 서 있었다. 그는 철종 소성 연간에 찬술된 ≪신종실록≫, 즉 소성본의 왕안석 및 신법 상찬을 산개刪改한다는 데 주안점을 두었다.

이와 같은 남송 정권의 태도로 말미암아 남송 치하의 지식인들은 왕안석에 대해 대부분 부정적인 인식을 지니게 되었다. 약간의 편차는 있을지언정 남송 시대를 통해 왕안석에 대해 긍정적인 평가를 내리는 시각은 거의 자취를 감추었다. 이러한 인식과 평가가 기본적으로 이후 시대로 이어지는 것이다.

그런데 남송 이후 왕안석에 대한 부정적 평가에 결정적 작용을 미친 또 다른 인소가 존재한다. 바로 정주학程朱學을 집대성한 인물 주희이다. 남송 중기 그가 등장하여 이전까지의 성리학 연구를 총결한 이래

癸丑.
11 위의 책, 권79, 高宗 紹興 4년 8월 戊寅.
12 위와 같음.
13 위와 같음.

그의 시각은 이후 중국 전근대의 지식인들에게 커다란 영향을 미쳤다. 왕안석에 대한 평가 역시 마찬가지이다. 그의 명성과 더불어 왕안석에 대한 주희의 인식 또한 후세인들에게 이정표와 같은 역할을 하였다.[14]

주희의 왕안석에 대한 부정은 신학新學에 대한 인식으로부터 비롯된다. 주희에 의하면 왕안석의 학문, 즉 신학은 이단 사설을 잡용雜用한 잘못된 학문이라 한다. 신학에는 불교와 도교의 요소가 뒤섞여 있을 뿐더러 그 자체 형명도수刑名度數에 근원하고 있기 때문이라는 것이다. 유가의 본류, 즉 도학道學은 도덕과 성명性命을 근간으로 하고 있음에 반하여, 신학은 형명도수를 추구하는 것이라고 주희는 말한다. 따라서 양자는 정조精粗와 본말本末이란 점에서 약간의 유사성은 있되 명확히 준별되는 존재라 주장한다.

다만 주희는 왕안석의 개혁 자체에 대해서 자못 호의적인 시각을 지니고 있었다. 북송 중기의 사정에 비추어 어떠한 형태이든 개혁은 반드시 필요했다고 지적한다. 왕안석 개인의 품성도 순전하였다고 말한다. 다만 종합적인 안목에서 판단을 내리지 못한 채 하나의 단면만 보고 바로 대책을 내리려 했기에 문제가 발생했다고 평가한다. 이를 두고 주희는, "하나의 측면만 보고 내달아갔다. 병에 대해 잘 파악하지도 못한 채 바로 대황大黃과 부자附子를 처방하여 사람을 죽게 만들어 버렸다."[15]고 말하고 있다.

14　이와 관련하여 ≪宋史≫에서는 朱熹의 王安石 평가를 두고 '天下之公言也'라 말하고 있다(권327, 〈王安石傳〉의 論贊).

15　≪朱子語類≫(北京, 中華書局, 理學叢書本, 1986) 권130.

┃남송의 대유학자 주희(1130~1200)

사실 주희는 개개의 신법 조항에 대해서는 매우 긍정적인 평가를 내리고 있다. 청묘법에 대해서는, '그 입법의 본의는 진실로 나쁘다 말할 수 없다.'[16]고 단언한다. 면역법에 대해서도, "왕안석의 판단이 옳으며, 사마광은 세상사에 통효하지 못하여 원우 연간의 개혁 때 반대론을 돌아보지 않고 너무 급하게 서둘렀다."[17]고 평가하고 있다. 보갑법을 두고서는, "경기 일대에서 왕안석은 십년의 노력 끝에 정착시켰다. 이를 원우 연간에 사마광이 폐지해 버렸다. 애석하기 그지없다."[18]고 말하기도 한다. 과거제에서 시부詩賦를 폐지한 것도 지극히 타당한 조치였다고 평한다.

그렇다면 주희가 어떠한 이유에서 왕안석 내지 신법에 대해 부정적 자세를 보이는 것일까? 그것은 신법의 근본적인 입각점이 잘못되었다고 여겼기 때문이다. 신법이 부국강병을 추구하며 유교적인 예의를 돌보지 않았다는 것이다. 이를 두고 그는, '왕안석은 정인심正人心과 부국강병兵革財利의 선후 관계를 뒤바꾸었다.'[19]고 말하고 있다. '도덕 및 교

---

16 《朱熹集》(成都, 四川教育出版社, 1996) 권79, 〈婺州金華縣社倉記〉.
17 《朱子語類》 권130.
18 위와 같음.
19 《宋史》 권327, 〈王安石傳〉, 《왕안석 자료 역주》 p.55.

화에 비하여 재정과 형벌에 대한 추구는 부차적인 것이다. 도덕을 선행시켜야 성현의 인정仁政에 부합된다.'[20]는 것이다. 요컨대 이로 말미암아 왕안석은 인재와 풍속을 헤쳐서 천하로 하여금 사욕이 범람하게 만들었다고 평한다.

■ 육구연(1139~1192)
왕안석과 동향 출신으로 전근대 인물로는 이례적으로 왕안석을 긍정적으로 평가하였다.

남송시대 이와 같은 부정 일변도의 왕안석 인식 가운데 육구연陸九淵의 논단은 매우 이채를 띤다. 육구연은 비단 남송뿐만 아니라 전근대 전시기를 통해서도 그 유례를 찾기 힘들 정도로 긍정적인 평가를 내리고 있다. 육구연은 장시江西의 무주撫州 금계현金溪縣 출신이다. 왕안석 역시 장시 무주 출신이었다. 금계현은 왕안석에게 모친의 고향이었다. 또 그의 부인 또한 금계현 출신이었다. 육구연이 왕안석에게 매우 이례적인 상찬을 하고 있는 것은, 이러한 동향이라는 유대를 빼고는 이해하기 어렵다 생각한다.

육구연에 의하면 왕안석은 유학의 정통성을 확립하는 데 커다란 공헌을 한 인물이었다. 한대 이후 유교의 전통이 단절되다시피 한 상황에서 왕안석의 활동으로 인하여 유교의 권위가 재확립될 수 있었다고 한

---

20 ≪朱子語類≫ 권23.

다. 왕안석의 인품 또한 흠잡을 데 없이 순전하였다. 이를 두고 그는, '왕안석이 지녔던 결백의 절조는 빙상氷霜보다도 냉엄하였다.'고 말한다.[21] 심지어 '절세의 영웅'이자 '산천의 영령에 비길 정도로 최상의 절조를 지녔던 인물'이라 평하기도 한다.[22] 육구연에게 왕안석은 거의 이상적인 인품의 소유자로 인식되고 있었다.

이러한 인품을 지닌 왕안석의 신법이 왜 실패로 귀결되었을까? 그것은 신법에 상당한 문제점이 내재해 있었기 때문이다. 이를 두고 육구연은 명쾌하게 한 구절로 요약한다. '그의 정치가 유학의 근본에 접근하여 그것을 구현하지 못하고 지엽 말단에만 매달렸기 때문이다.'[23]라는 것이다. 유학 및 ≪주례≫의 이상을 표방하였으되 그 정신을 제대로 구현하지 못하였다는 지적이다.

3. 원대 이후 왕안석 평가의 변천

주자학은 남송 후기 이래 관학의 지위를 점유하였다. 원대 이후 명, 청에 이르도록 이러한 양상에는 변화가 없었다. 몽골족 치하의 원대에도 과거 응시에 필요한 학문은 주자학이었다. 따라서 원대 지식인들 사

---

[21] ≪陸九淵集≫(北京, 中華書局, 1980, 理學叢書) 권19, 〈荊國王文公祠堂記〉. ≪왕안석 자료 역주≫, p.329.
[22] 위와 같음, ≪왕안석 자료 역주≫, p.335.
[23] ≪陸九淵集≫ 권9, 〈與錢伯同〉.

이 왕안석에 대한 평가는 주희의 논단이 대체로 답습되었다. 그러한 상황을 단적으로 보여주는 것이 ≪송사≫이다.

≪송사≫는 원元 말기 승상 탈탈脫脫 및 아로도阿魯圖가 차례로 편찬을 주도한 사서이다. ≪사고전서≫의 관신館臣들이 평하듯 ≪송사≫는, '주자학의 현창을 종지宗旨로 삼은 저술'[24]이었다. 그 편찬을 주도한 인물 역시 모두 주자학의 충실한 추종자였다. 편찬의 총 책임자였던 승상 아로도는 〈진송사표進宋史表〉에서 그 찬술의 원칙이, '도덕을 높이고 공리功利를 내치는 것'에 있었다고 말하고 있을 정도이다. 이런 까닭에 ≪송사≫는 철저히 왕안석 신법에 대해 적대적인 자세를 취하고 있다. 신법은 기본적으로 '취렴聚斂'을 위한 것이며 국론을 분열시켜 혼란을 이끈 장본인이란 것이다.[25] 이러한 관점은 이후 왕안석에 대한 악평에 결정적인 작용을 미쳤다.

≪송사≫는 전체 분량이 총 496권에 달하지만 그 찬술 기간은 겨우 2년여에 불과했다. 방대한 내용을 수록하고 있음에도 이처럼 단기간에 완성될 수 있었던 것은 그 찬술의 근거 자료가 잘 구비되어 있었기 때문이다. 송대에는 다양한 형태의 관찬 사찬 역사서가 저술되었다. 특히 관아에 각종 역사 편찬 기구가 완비되어, 수시로 실록과 ≪국사國史≫가 편찬되었다. ≪송사≫는 이들 기록, 특히 기전체 사서인 ≪국사≫에 크게 의존하였다.

---

24   ≪四庫全書總目提要≫〈宋史〉.
25   ≪宋史≫〈進宋史表〉

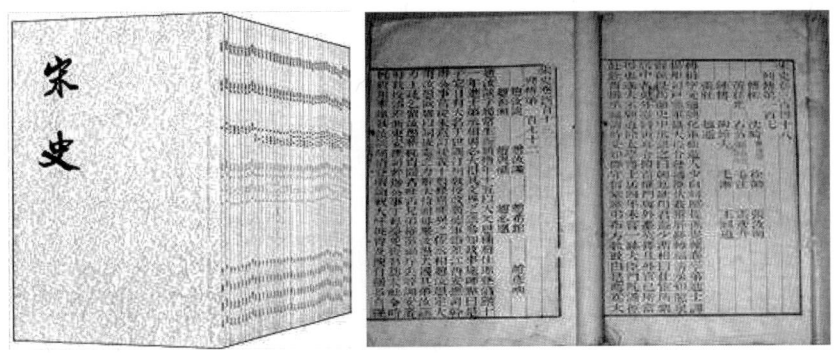

■ 원대에 편찬된 ≪송사≫
왼쪽은 근래에 간행된 출판본.
≪송사≫의 왕안석 평가는 소흥본 ≪신종실록≫의 시각을 충실히 따르고 있다.

송대의 ≪국사≫는 총 13부가 편찬되었다고 알려진다. 이 가운데 신종 시대의 역사를 담고 있는 것은 ≪사조국사四朝國史≫였다. ≪사조국사≫는 남송의 고종, 효종 시대에 편찬된 것으로서 신종 및 왕안석의 사적과 관련한 내용은 철저히 소흥본紹興本 ≪신종실록≫에 의거하였다. 따라서 다분히 왕안석에 대해 악의적인 자세를 지니고 있었다. 〈왕안석전王安石傳〉부터 사안의 경중을 가리지 않고 왕안석의 부정적인 측면을 전해주는 사실만을 나열하고 있을 정도이다. 왕안석이 한 번 조정에 추천했을 뿐 전연 혈연적인 관련이 없는 당경唐坰이란 인물을 함께 기록하고 있는 것이야말로 그 불순한 의도를 여실히 드러내는 것이라 하겠다. 또한 ≪송사≫에서는 신법당의 주요 인물을 거의 모두 〈간신전〉에 넣고 있다. 여혜경과 채경은 물론이려니와 채확蔡確·형서邢恕·증포·장돈 등이 모두 〈간신전〉에 들어가 있다. 왕안석과 신법에 대해 철저히 적대적인 자세를 취하고 있는 것이다.

몽골족의 원이 무너지고 명이 들어선 이후에도 왕안석에 대한 부정적 평가라는 기조는 전연 흔들리지 않았다. ≪대학연의보大學衍義補≫의 저자 구준丘濬이라든가 명초의 양신楊愼, 명말의 이지李贄, 명말청초의 고염무顧炎武·왕부지王夫之 등이 약간의 편차는 있으되 기본적으로 동일하였다. 이 중에서도 왕안석에 대해 가장 극렬한 악평을 내리고 있는 인물은 왕부지이다.

왕부지의 왕안석 및 신법에 대한 평가는 그의 역사평론서인 ≪송론宋論≫에 집약되어 있다. 왕부지의 ≪송론≫은 왕안석에 대한 전통 시대의 평가 가운데 가장 극렬한 비판이라 할 수 있다. 그는 왕안석에 대해 실로 쾌도난마와 같이 엄히 분석하여 '소인'이며 '간인'이라 규정한다. 왕안석의 식견이나 성정 자체 비루하기 그지없었으며, 게다가 온갖 소인적 술수를 부렸기 때문에 심복으로부터 배반당하고 또 만년에는 자식이 요절하는 업보를 당하게 되었다고 한다.

그는 신법 조항에 대해서도 조목조목 비판하였다. 신법 가운데 청묘법·균수법·시역법 등은 일고의 가치도 없을 만큼 해악이 컸던 것이었으며, 보갑법·면역법·과거제 개혁·보마법 등도 기본적으로 민간에 재앙을 끼친 악법이었다고 말한다. 이러한 신법에 대한 공격 내지 비판과 더불어 왕부지가 특별히 관심을 기울이는 대상이 대외 전쟁이다. 특히 왕소王韶가 중심이 된 희하경략熙河經略에 비판이 집중되었다. 왕부지는 희하경략에 대해, '갈자루 구멍의 미미한 소리처럼 돌아볼 가치도 없는 것이었다.'[26]고 극언하고 있다.

청대 중기에 되면 중국 역사상 최대의 도서 편찬 사업이 진행되어

≪사고전서≫가 완성된다. ≪사고전서≫는 기본적으로 이전까지 간행된 모든 도서를 수록하는 것이었다. 사고의 관신館臣들은 모든 저작을 경사자집經史子集 및 그 산하의 세부 목록細目으로 정리하면서 하나하나에 대해 총목제요總目提要를 저술하였다. 이 총목제요는 해당 도서에 대한 간략한 서지사항 및 서평을 포괄하고 있다.

사고 관신들의 왕안석 평가도 기본적으로 주희의 인식에 기반하고 있다. 아니 오히려 거기서 한 걸음 더 나아가 왕안석 및 신법을 전면적으로 부정하는 자세를 보인다. 사고 관신들에게는 왕안석에 대한 동조 여부가 평가의 절대적 기준이 되다시피 하고 있다. 이러한 논단의 자세는 북송 중엽에 살았던 역사 인물이라든가 혹은 북송 중엽의 역사적 사실을 전하고 있는 저작에 공히 적용된다. 왕안석 내지 신법에 반대한다면 그것만으로 칭양되었으며, 반대로 신법에 찬동한다면 그 즉시 징악의 대상이 되었다.

채조蔡絛의 ≪철위산총담鐵圍山叢談≫에 대한 제요提要는 그러한 사고 관신의 인식과 논평의 기준을 여실히 보여준다. 채조는 채경의 맏아들로서 채경이 말년에 눈병을 앓을 때 그를 대신하여 조정의 정무를 담당하기도 했다. 이 때문에 사고 관신들은 채조의 죄가 채경과 동일하다고 준엄하게 비판한다. 하지만 채조가 다른 저작인 ≪서청시화西清詩話≫에서 소식과 황정견黃庭堅 등을 다수 인용하며 원우의 학문을 숭상했던 점을 들어 풍아風雅를 아는 인물이라 논평하고 있다. "그 사람됨은 비록

---

26 王夫之, ≪宋論≫(北京, 中華書局, 1964) 권6, 〈神宗〉, ≪왕안석 자료 역주≫, pp.155-156.

일컬을 만한 단면이 없으되 그 저술만을 논한다면 역시 훌륭한 작품이라 할 것이다."[27]라고 말하는 것이다. 사고 관신들에게 왕안석과 원우 구법당 인물에 대한 부회附會의 여부야말로 최종적인 가치 판단의 기준이었다.

이처럼 원대 이래 전근대 말기에 이르도록 왕안석에 대한 부정적 평가는 중국 지식인들 사이에서 대세를 점하였다. ≪송사≫의 논단과 ≪사고전서≫ 관신들의 평가는 그러한 흐름을 집약적으로 보여준다. 그런데 이러한 부정 평가 일변도의 분위기에서 청 후기 주목할 만한 저작이 출현한다. 바로 1804년(가경 9) 채상상蔡上翔에 의해 저술되는 ≪왕형공연보고략王荊公年譜考略≫이 그것이다. 채상상은 이 저작에서 일찍이 제기된 바 없는 견해를 제시한다. 바로 왕안석에 대해 전면적인 긍정과 상찬을 가하고 있는 것이다.

채상상은 왕안석과 마찬가지로 장시 무주 출신이었다. 그것도 왕안석의 외가와 처가가 위치한 금계현이 그의 고향이었다. 그는 과거에 급제하여 지방관으로 각지를 떠돌다가 만년에 왕안석 연구에 전념하여 ≪왕형공연보고략≫을 완성하였다. 그는 왕안석이 한 시대의 위인이지만 신법으로 인해 비방을 받고 있는 현실에 대해 개탄하고 왕안석에 대해 연구하기 시작하였다고 한다. 그는 육구연의 견해에 근간하여 각종 역사서 및 전대 학자의 저술 수천 권을 독파한 다음 ≪송사≫의 잘못을 바로잡기 위한 목적에서 ≪왕형공연보고략≫을 저술하였다. 이 저술에

---

27 ≪四庫全書總目提要≫〈鐵圍山叢談〉.

서 그는 왕안석에 대한 전면적인 변호를 시도하고 있다. ≪송사≫ 및 기타 저술의 왕안석 비방에 대해서 일일이 근거를 제시하며 반박하는 한편, 왕안석의 인품과 신법의 본의를 현양하는 데 주력하고 있다. 그에 의하면, 신종과 왕안석은 성군과 현상이었으며 왕안석은 국가와 백성에 대해 충정을 지닌 위대한 인물이었다.

요컨대 남송의 주희가 왕안석에 대해 부정적 견해를 피력한 이래 왕안석 및 신법에 대한 우호적 평가는 거의 자취를 감추게 되었다. 이에 덧붙여 원말에 정사인 ≪송사≫가 편찬되어 왕안석의 부정적 면모만을 부각시킴으로써, 전근대 중국의 지식인 사이에 부정적 평가가 결정적인 형태를 띠게 되었다. 이러한 흐름이 기본적으로 명대를 거쳐 청대까지 이어졌다. 다만 왕안석과 동향 출신인 인사 사이에서 그 지배적 악평에 맞서 긍정적으로 이해하고자 하는 시도가 이따금 출현했을 뿐이다.

왕안석 관련 지도

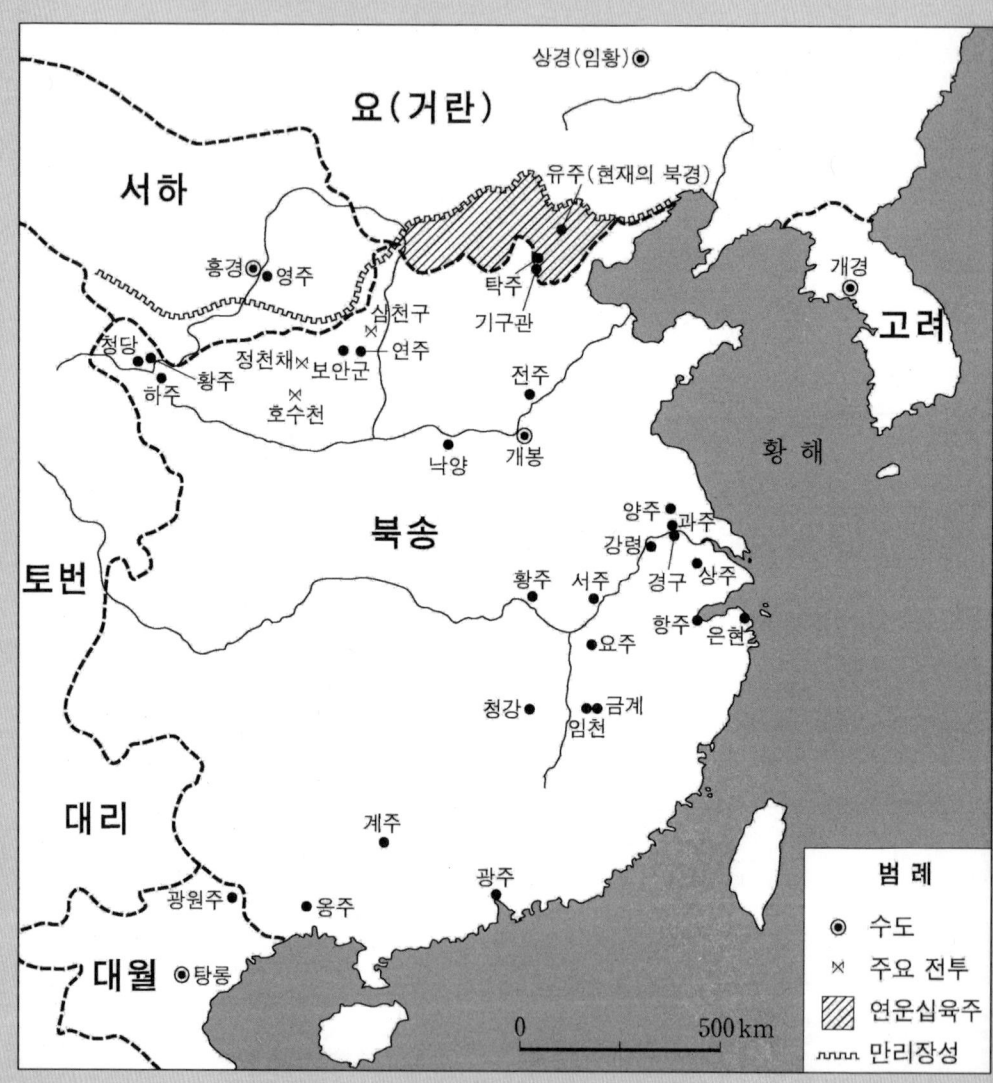

왕안석 관련 연표

1021년(왕안석 1살)
　11월, 왕안석이 강서 임강군臨江軍에서 출생.

1022년(왕안석 2살)
　진종이 붕어하고 인종이 즉위.

1028년(왕안석 8살)
　왕안석의 동생 왕안국 출생.

1032년(왕안석 12살)
　서하의 군주로 이원호李元昊가 즉위함.

1033년(왕안석 13살)
　조부 왕용지王用之가 작고함.
　상을 치르기 위해 부친 왕익王益을 따라 고향인 임천臨川으로 감.

1036년(왕안석 16살)
　부친을 따라 수도 카이펑開封으로 감.

1037년(왕안석 17살)
　부친을 따라 강녕부로 감.

1038년(왕안석 18살)
　이 해 이원호가 서하를 세우고 칭제함.

1039년(왕안석 19살)
　부친 왕익이 작고하여 강녕부에 묻힘.

1042년(왕안석 22살)
　과거에 제4등의 성적으로 급제, 첨서회남판관에 임용됨.

1043년(왕안석 23살)
　오씨 부인과 결혼.

1044년(왕안석 24살)
    고향 임천을 다녀옴, 아들 왕방王雱 출생.
    서하와 송 사이에 경력화의慶曆和議 성립.

1047년(왕안석 27살)
    지은현에 임용됨.

1050년(왕안석 30살)
    지은현 임기가 만료, 고향인 임천에 다녀옴.

1051년(왕안석 31살)
    서주통판에 임용됨.

1054년(왕안석 34살)
    7월, 〈유포선산기游褒禪山記〉를 작성.
    9월, 군목사판관에 임용됨.

1056년(왕안석 36살)
    12월, 제점개봉부계제현진공사提點開封府界諸縣鑛公事에 임용됨.

1057년(왕안석 37살)
    7월, 지상주知常州에 임용됨.

1058년(왕안석 38살)
    2월, 강동로의 제점형옥에 임용됨.
    10월, 삼사탁지판관에 임용됨.
        〈상인종황제언사서〉를 작성하여 상주함.

1059년(왕안석 39살)
    〈명비곡明妃曲〉을 작성.

1061년(왕안석 41살)
    6월, 지제고에 임용됨.

1063년(왕안석 43살)
    3월, 인종이 붕어하고 영종 즉위.
    8월, 모친상을 당하여 강녕부로 돌아가 복상함.

1065년(왕안석 45살)
　　7월, 복상을 마쳤으나 관직에 복귀하지 않고 그대로 강녕부에 거주함.

1067년(왕안석 47살)
　　정월, 영종이 붕어하고 신종이 20살의 나이로 즉위함.
　　3월, 왕방이 24살의 나이로 과거에 급제함.
　　윤3월, 지강녕부에 임용됨.
　　9월, 한림학사에 임용됨.

1068년(왕안석 48살)
　　4월, 입경하여 월차越次 알현, 〈본조백년무사차자〉를 작성.
　　7월, 동생 왕안국이 41살의 나이로 진사과에 급제.
　　8월, 사마광과 특별하사금 및 이재론을 둘러싼 논쟁을 벌임.

1069년(왕안석 49살)
　　2월, 부재상인 참지정사에 임용됨. 제치삼사조례사가 설치됨.
　　5월, 어사중승 여회가 왕안석을 탄핵하는 상주문을 올림.
　　7월, 균수법 시행.
　　9월, 청묘법 시행.
　　11월, 농전수리법 발포.

1070년(왕안석 50살)
　　2월, 한기가 청묘법의 폐해를 지적하는 상주문을 올림.
　　　　사마광과 왕안석 사이 왕복 서간이 교환됨.
　　5월, 제치삼사조례사를 폐지.
　　8월, 사마광이 수도를 떠나 지방관인 지영흥군에 임용됨.
　　12월, 보갑법 시행.
　　　　재상인 동평장사에 임용됨.

1071년(왕안석 51살)
　　2월, 과거 시험에서 시부詩賦를 폐지하고 경의經義와 책론策論만을 남김.
　　4월, 사마광이 정계를 떠나 뤄양에 은거하기 시작함.
　　7월, 왕소王韶를 파견하여 하황河湟 지구의 경략을 시작함.
　　11월, 면역법 시행.

1072년(왕안석 52살)

정월, ≪삼경신의三經新義≫를 저술.

3월, 시역법 시행.

5월, 보마법 시행.

11월, 방전균세법 시행.

1073년(왕안석 53살)

6월, 군기감 설치.

8월, 면행전법 시행.

1074년(왕안석 54살)

4월, 감안상문監安上門 정협이 〈유민도〉를 상주, 왕안석이 재상직에서 물러나 지강녕부로 됨.

1075년(왕안석 55살)

2월, 재상직에 복귀함.

10월, 여혜경이 참지정사에서 파직되어 지방관으로 나감.

1076년(왕안석 56살)

6월, 장자 왕방이 33살로 사망함.

10월, 재상을 사직하고 판강녕부가 됨.

1077년(왕안석 57살)

6월, 판강녕부를 사직하고 종산 인근에 거주하기 시작.

1080년(왕안석 60살)

원풍 신관제가 시행됨.

1084년(왕안석 64살)

7월, 소식이 종산으로 왕안석을 찾아옴.

12월, 사마광이 ≪자치통감≫을 완성하여 신종에게 올림.

1085년(왕안석 65살)

3월, 신종이 붕어하고 철종이 10세의 나이로 즉위, 선인태후의 섭정이 시작됨.

5월, 사마광이 재상에 임용됨.

7월, 보갑법 폐지.

11월, 방전균세법 폐지.

12월, 시역법과 보마법 폐지.

1086년(왕안석 66살)
윤2월, 청묘법 폐지.
3월, 면역법을 폐지하고 차역법 부활.
4월, 왕안석 작고.
9월, 사마광이 68살의 나이로 작고함.

1093년
9월, 선인태후가 붕어하고 철종의 친정이 시작됨.

1094년
4월, 왕안석을 신종의 사당에 배향함.
5월, 면역법 부활됨.

1095년
7월, 청묘법 부활됨.

1097년
12월, 시역법 부활됨.

1100년
정월, 철종이 붕어하고 휘종이 즉위. 상태후의 섭정이 시작됨.

1101년
정월, 상태후가 붕어하고 휘종의 친정이 시작됨.

1102년
2월, 〈원우당인비〉를 단례문端禮門 앞에 건립함.

1103년
6월, 왕안석을 공자의 사당에 배향함.

참고문헌

1. 자료

이근명 역, 『왕안석 자료 역주』(Huine, 2017).
이근명 편역, 『송명신언행록』(소명출판, 2019).

『全宋文』, 上海辭書出版社 安徽敎育出版社, 2006.
王安石, 『臨川先生文集』(中華書局 香港分局, 1971).
王安石, 『王文公文集』上·下 (上海人民出版社, 1974).
王安石 撰, 李之亮 箋注, 『王荊公文集箋注』上·中·下(成都: 巴蜀書社, 2005).
『宋會要輯稿』(北京, 中華書局 影印本).
脫脫 等, 『宋史』(北京, 中華書局 標點校勘本).
李燾, 『續資治通鑑長編』(北京, 中華書局 點校本).
楊仲良, 『皇宋通鑑長編紀事本末』(全4冊) (哈爾濱, 黑龍江人民出版社, 2006).
黃以周 等, 『續資治通鑑長編拾補』(全4冊) (北京, 中華書局, 2004).
陳邦瞻, 『宋史紀事本末』(全3冊) (北京, 中華書局, 1977).
詹大和 外, 『王安石年譜三種』(北京, 中華書局, 1994).
陳均, 『九朝編年備要』, 四庫全書本.
彭百川, 『太平治迹統類』(上海: 江蘇廣陵古籍刻印社 影印本, 1990).
趙汝愚, 『宋朝諸臣奏議』(上海古籍出版社, 1999).
邵伯溫, 『邵氏聞見錄』(北京, 中華書局, 1983).
邵博, 『邵氏聞見後錄』(北京: 中華書局, 1983).
魏泰, 『東軒筆錄』(北京: 中華書局, 1983).
司馬光, 『司馬光奏議』(太原: 山西人民出版社, 1986).
司馬光, 『涑水記聞』(北京: 中華書局, 唐宋史料筆記叢刊本).
劉摯, 『忠肅集』(北京: 中華書局, 2002).
蘇軾, 『蘇軾文集』(北京: 中華書局, 1986).

蘇轍, 『欒城集』(上海古籍出版社, 1987).
蘇頌, 『蘇魏公文集』(北京: 中華書局, 1988).
朱熹, 『朱熹集』(成都: 四川教育出版社, 1996).

2. 단행본

柳瑩杓, 『王安石詩歌文學硏究』(서울: 법인문화사, 1993).
미우라 쿠니오 지음, 이승연 옮김, 『왕안석, 황하를 거스른 개혁가』(서울: 책세상, 2005 ; 三浦國雄, 『王安石, 濁流に立つ』, 中国の人と思想 7, 東京: 集英社, 1985).
제임스 류 저, 이범학 역, 『왕안석과 개혁정책』(서울: 지식산업사, 1991 ; Liu, James T. C., *Reform in Sung China : Wang, An-shih(1021~1086) and His New Policies*, Harvard East Asian Studies 3, Harvard University Press, 1959).

高克勤, 『王安石與北宋文學硏究』(上海: 復旦大學出版社, 2006).
鄧廣銘, 『北宋政治改革家王安石』(石家莊: 河北教育出版社, 2000).
鄧小南, 『祖宗之法』(北京: 三聯書店, 2006).
李金水, 『王安石經濟變法硏究』(福州: 福建人民出版社, 2007).
李華瑞, 『王安石變法硏究史』(北京: 人民出版社, 2004).
范文汲, 『一代名臣王安石』(北京: 中國社會科學出版社, 2003).
徐文明, 『十一世紀的王安石』(北京: 當代中國出版社, 2007).
梁啓超, 『王安石傳』(海口: 海南出版社, 2001).
楊碩, 『宋神宗與王安石變法』(貴陽: 貴州人民出版社, 2005).
葉坦, 『大變法』(北京: 三聯書店, 1996).
汪聖鐸, 『兩宋財政史』(北京: 中華書局, 1995).
王晉光, 『王安石詩技巧論』(西安: 陝西人民出版社, 1992).
虞雲國, 『宋代臺諫制度硏究』(上海社會科學院出版社, 2001).
李華瑞, 『王安石變法硏究史』(北京: 人民出版社, 2004).
張祥浩, 『王安石評傳』(南寧: 廣西敎育出版社, 1997).
鄭學檬 主編, 『中國古代賦役制度史』(上海人民出版社, 2000).

趙益,『王霸義理 - 北宋王安石改革批判 -』(南京: 南京大學出版社, 2000).
刁忠民,『宋代臺諫制度研究』(成都: 巴蜀書社, 1999).
漆俠,『宋代經濟史』(上下, 上海人民出版社, 1987).
漆俠,『王安石變法』(上海人民出版社, 1979).
湯江浩,『北宋臨川王氏家族及文學考論』(北京: 人民文學出版社, 2005).
東一夫,『王安石新法の硏究』(東京: 風間書房, 1970).
佐伯富,『王安石』(同氏著,『中國史硏究』3冊 所收).

3. 논문

金永濟,「北宋代 元豊年間의 帳法에 대하여 - 그 內容과 意義를 중심으로 -」(『송요금원사연구』 8, 2003).
金永濟,「王安石의 新法과 地方財政 - 北宋代 財政集權의 地域差 문제와 관련하여 -」(『동양사학 연구』.
도현철,「고려말 사대부의 왕안석 인식」(『역사와현실』 42, 2001).
李東潤,「王安石의 文敎政策에 대한 考察」(『역사교육』 3, 1958).
李範學,「北宋 後期의 政治와 黨爭史의 再檢討 - 新法黨의 立場을 중심으로 -」(『한국학논총』 14, 1991).
李範學,「司馬光의 正名思想과 人治主義의 展開」(『동양사학연구』 37, 1991).
李範學,「王安石 改革論의 形成과 性格 - 新法의 思想的 背景에 대한 一試論 -」(『동양사학연구』 18, 1983).
李範學,「王安石(1921~1986)의 對外經略策과 新法」(『人間과 歷史의 對應』, 高柄翊先生回甲紀念 史學論叢, 한울, 1984).
민병희,「北宋 시기 보편 원리의 추구와 士大夫의 位相 - 邵雍, 王安石, 程頤를 중심으로 -」(『중국 사연구』 83, 2013).
민병희,「王安石에 있어서의 道와 字」(『동양사학연구』 110, 2010).
朴志焄,「北宋代 王安石의 對外觀과 華夷論」(『동양사학연구』 106, 2009).
申採湜,「司馬光(1019~1086) · 王安石(1021~1086)의 君子 · 小人論」(『人間과 歷史의 對應』, 高柄 翊先生回甲紀念史學論叢, 한울, 1984).

申採湜,「王安石 改革의 性格檢討 - 특히 新法의 保守性에 관하여 -」(『동양사학연구』 51, 1995).

申泰光,「北宋 變法期의 對高麗政策」(『동국사학』 37, 2002).

申泰光,「王安石의 胥吏政策」(『송요금원사연구』 4, 2000).

安俊光,「宋·西夏 7년전쟁에 대하여」(『陸軍三士官學校論文集』 44, 1997).

安俊光,「宋·西夏戰爭에 대하여」(『陸軍三士官學校論文集』 39, 1994).

安俊光,「王安石 保甲法의 社會的 機能」(『경북사학』 4, 1982).

安俊光,「王安石 保甲法의 徵稅機能」(『陸軍三士官學校論文集』 16, 1982).

오상훈,「왕안석의 自我 - 특히 그의 시편들을 통해 본 사유의 궤적 -」(『부대사학』 23, 1999).

吳憲必,「王安石과 蘇軾의 정치와 문화」(『중국문화연구』 15, 2009).

吳憲必,「王安石의 孟子 사상 수용 양상 연구」(『중국문화연구』 13, 2008).

兪垣濬,「朱熹의 人物評價에 관하여 - 王安石에 대한 평가를 중심으로 -」(『송요금원사연구』 4, 2000).

이근명,「북송 중기 募役法의 실시 정황과 지방관」(『중앙사론』 52, 2020).

이근명,「북송 후반기 靑苗法의 시행과 농민 생활」(『역사문화연구』 80, 2021).

이근명,「宋代 神宗實錄의 編修와 宋史 王安石傳」(『한국사학사학보』 37, 2018).

이근명,「王夫之『宋論』의 王安石 개혁에 대한 평가」(『중국사연구』 91, 2014).

이근명,「왕안석 신법의 시행과 臺諫官」(『중앙사론』 40, 2014).

이근명,「王安石政權의 成立과 制置三司條例司」(『近世 동아시아의 國家와 社會』, 서울대학교 동양사학연구실 편, 지식산업사, 1998).

이근명,「『宋史筌』에 나타난 王安石과 王安石의 개혁」(『중앙사론』 36, 2012).

이근명,「『資治通鑑』의 역사 서술과 北宋 중엽의 정계」(『한국사학사학보』 36, 2017).

이근명, 〈서평〉「葉坦 著,『大變法 - 宋神宗與十一世紀的改革運動 -』(三聯書店, 1996,『역사학보』 158, 1998).

이승준,「濮議와 臺諫勢力의 擡頭」(『학림』 23, 2002).

賈玉英,「王安石變法與臺諫」(『撫州師專學報』 47, 1995).

葛金芳 等,「熙寧新法的富民與富國之爭」(『晋陽學刊』 1988-1).

葛金芳·金强,「近二十年來王安石變變研究述评」(『中國史研究動態』 2000-10).

高紀春,「論朱熹對王安石的批判」(『晋陽學刊』, 1994-5).

高紀春,「宋高宗初年的王安石批判與洛學之興」(『中州學刊』, 1996-1).

顧全芳,「慶曆新政與熙豐變法」(『西南師大學報』, 1987-2).
顧全芳,「重評司馬光和王安石變法」(『學術月刊』1990-9).
顧全芳,「評論王安石變法」(『晋陽學刊』1985-1).
唐剛卯,「衙前考論」(『宋史論集』, 鄭州: 中州書畫社, 1983).
裵汝誠,「論宋元時期的三個王安石傳」(『半粟集』, 河北大學出版社, 2000).
呂一燃,「呂惠卿與王安石變法」(『史學月刊』2003-3).
葉坦,「評宋神宗的改革思想與實踐」(『晋陽學刊』1991-2).
吳泰,「熙寧元豊新法散論」(『宋遼金史論叢』1, 中華書局, 1985).
汪聖鐸,「王安石是經濟改革家嗎?」(『史學月刊』1989-5).
王世農,「臺諫輿論與與北宋改革的命運」(『文史哲』2004-5).
王曾瑜,「宋朝的役錢」(『中國古代社會經濟史諸問題』, 福州: 福建人民出版社, 1990).
王曾瑜,「王安石變法簡論」(同氏著, 『凝意齋集』, 蘭州人民出版社, 2003).
汪檜齡,「有關宋代差役的幾個問題」(『宋史研究論文集』, 上海古籍出版社, 1982).
俞宗憲,「論王安石募役法」(『宋史論集』, 鄭州: 中州書畫社, 1983).
游彪,「關于宋代的免役法」(『中國史研究』2004-2).
銀崇浩,「宋代官戶免役的演變與品官限田」(『中國史研究』1984-2).
李華瑞,「關于青苗法研究中的幾個問題」(『西南師大學報』, 1992-3).
李華瑞,「王安石變法的再思考」(『河北學刊』2008-5).
李華瑞,「北宋士大夫與王安石變法的興起」(『史學集刊』2006-1).
張邦煒,「王安石的鄞縣施政與熙寧變法之異同」(『首都師範大學學報, 社會科學版』2016-1)
鄭禮炬,「清初四庫館臣對王安石變法的評價」(『江西社會科學』2004-7).
周良宵,「王安石變法縱探」(『史學集刊』1985-1, 2).
陳朝陽,「熙寧末年宋交戰爭考述」(『中國史研究』2012-2).
漆俠,「關于宋代差役法的幾個問題」(同氏著,『知困集』, 石家莊: 河北教育出版社, 1992).
漆俠・郭東旭,「關于王安石變法研究中的幾個問題」(『中國史研究』1988-4).
金成奎,「綏州事件と王安石の對西夏國境策定策」(『早稻田大學大學院文學研究科紀要』41-4, 1996).
近藤一成,「南宋初期の王安石の評價について」(『東洋史研究』38-3, 1979).
柳田節子,「最近の中國における王安石評價をめぐって」(『學習院史學』19, 1982).
梅原郁,「王安石の新法」(『岩波講座世界歷史』9, 東京: 岩波書店, 1970).
熊本崇,「倉法考」(『集刊東洋學』38, 1978).

周藤吉之,「王安石の免役錢徵收の諸問題」(同氏著,『宋代史研究』, 東京: 東洋文庫, 1969).
周藤吉之,「王安石の新法とその史的意義」(同氏著,『宋代史研究』, 東京: 東洋文庫, 1969).
周藤吉之,「王安石青苗法の施行過程」(『東洋大學大學院紀要』8·9, 1972·1973).
中村治兵衛,「王安石の登場-宋朝政權の性格-」(『歷史學硏究』157, 1952).
曾我部靜雄,「宋代の馬政」(同氏著,『宋代政經史の研究』, 東京: 吉川弘文館, 1974)
曾我部靜雄,「王安石の募役法」(同氏著,『宋代政經史の研究』, 東京: 吉川弘文館, 1974).
曾我部靜雄,「王安石の保甲法」(同氏著,『宋代政經史の研究』, 東京: 吉川弘文館, 1974)
池田盛,「保甲法の成立とその展開-王安石の政治改革の問題-」(『東洋史研究』126, 1954).

찾아보기

ㄱ

<간신전> 277
감사 83
강녕부 126, 226, 235, 242, 244, 248
강서시파 100
개관 59
갱수제 153
거란 105~107, 120~121, 123, 139, 150, 185~190, 192, 195, 199
거주 59
검상문자관 221
<겸병> 66~67
경관 58
경력의 화의 192~193
≪고문진보≫ 100
고염무 278
공사전 46
곽규 208, 210
관신 279
≪관자≫ 90
관자 164, 270
관직 45, 60, 68, 70
교자 147
교주도군황제 267
구법 264, 269
구법당 48, 102, 142, 144, 146, 148, 158, 167, 173, 176, 182, 231, 262~263, 265, 268
구양수 33, 63, 71~72, 74, 99, 102, 143, 165, 168

구준 188~189, 278
≪국사≫ 276
국사 270
군기감 156
궁수 149
균수법 134, 137, 139~141, 147, 157, 164, 167
금계현 274, 280
금군 152~153
기구관 188
기왕 조호 216
기장 149

ㄴ

노기 162, 164
농씨 204
농전수리법 135, 154, 157, 167, 180
농전수리조약 137
≪능엄경≫ 252

ㄷ

당개 168
당경 277
당송팔대가 21, 180
대간 167, 214
대간관 163
대중상부관 28
대하 190
도학 272
두보 98~99

두순 52
등관 182, 219, 222, 224
등록법 25
등백온 265
등윤보 222, 224
딘 왕조 203
띠엔 레 203

㉣
레 호안 203
로 110
리 왕조 203~205

㉤
마치원 98
만리장성 107, 186
<만언서> 52, 87~88, 92~93, 126, 169, 183
매요신 99
면역관잉전 146
면역법 145, 167, 180, 264~265, 273
면역전 145~146, 149
면행법 155, 157, 167
면행전 155, 217
면행전법 215
명비 94~96, 99
<명비곡> 94, 96~97, 99, 101~102
명효릉 237
모병제 151
모역법 144, 146, 149, 157, 167, 180, 206, 216, 262~263, 267
모연수 94, 97
문언박 60, 63, 74, 125, 127, 137, 168, 218
민학 269

㉥
반산 236
반산노인 236
반산원 236~237, 239~241, 248, 251
발운사 141
발해 186
방전균세법 154, 157, 167, 219, 262
방희각 178, 222
백당 235, 248
범순인 164, 167, 263, 265
범육 167
범조우 271
범중엄 63~64, 191
범진 165, 167
범충 101~102, 271
베트남 150, 202~204, 206~207, 209, 211
<변간론> 35, 161
보각대사 249
보갑법 148~151, 167, 180, 262, 265, 273
보거 58
보공탑 238, 240
보녕선사 251
보마법 151, 167, 262, 265
보오 49
<본조백년무사차자> 130
부병제 151
부양강 208~210
부필 63, 85~86, 93, 120, 124, 168, 182
분경 60
비수지전 238

㉦
≪사고전서≫ 276, 279
사공돈 238, 240

사마광 71, 73, 75, 90, 99, 102, 107, 124,
　　　126~127, 130~131, 143, 163, 165~168,
　　　170~171, 173, 176, 178, 180, 221, 231,
　　　241, 254, 261~263, 265, 267, 273
사안 238
사인원 108~109
≪삼경신의≫ 181
삼사 110, 163
삼천구 191
상군 152
상앙 164, 270
상태후 266
상홍양 131
≪서경잡기≫ 97~98
서리 19, 62, 89, 108, 156
서왕 270
서하 120, 123, 139, 150, 186, 190, 192~
　　　195, 199~200, 202
서희 200, 202
선인 58
선인태후 254, 259, 261, 263, 265~266
≪설문해자≫ 245
설창조 167
설향 134, 141, 157
소문사학사 100
소상숙 천하족 79
소성 265
소송 167
소순 35, 113, 161, 163
소식 67, 87, 100, 143, 161, 163, 250, 263,
　　　279
소주 108
소철 67, 123, 161, 164~165, 265
소호숙 천하족 79

손각 165, 167
손룡 238, 240
손모 32, 84
손보 52
손창령 167
≪송론≫ 75, 278
송민구 167
송반사 105
≪송사≫ 276
수궐 57~58, 63~64
수혼제 97
숭녕 266
시역무 147~148
시역법 147~148, 157, 167, 181, 215, 249,
　　　262
시역사 215
신법당 74, 142, 167, 176~177, 184, 214,
　　　231, 263, 265, 268, 277
≪신종실록≫ 270, 277
신학 272
실록 276
심강 70, 82
심괄 201
심기 205
12사군 203
싸움 메추라기 114

◎
아로도 276
아전 145~146, 149
안무사 82
안수 39
야율아보기 186
양계초 88

양덕봉 249
양도 265
양시 269
양신 278
양업 188
양정 195
양치 38~39
양회 167, 180
어전법 154
어전사 154
<억작시> 29
여가문 181~182, 230, 249
여공저 63, 73~74, 112, 143, 163, 165~166, 171~172, 176, 218, 241, 261, 265
여대방 265
여승경 178, 222, 229
여이간 73
여인 중의 요순 265
여혜경 166, 172, 176~178, 180~182, 219~220, 222, 224~226, 228~229, 231, 277
여화경 178, 222
여회 163, 172
역법 122
연운십육주 107, 186~187, 195
연형보 230
염보령 28
영곡사 237
영락성 201
오규 160
오민 20~21
오석강 30
오씨 부인 20, 22, 252~253
오안지 23, 71
오전 20~21

오종 193
오충 71
옹희 북벌 188
왕공 242
왕규 38, 40, 215
왕단 242
왕령 32, 85
왕방 23~24, 178, 181~182, 215, 229~231, 251
왕복 서간 170
왕부지 75, 125, 278
왕소 195, 197~198, 278
왕소군 96~98, 102
≪왕씨잡설≫ 44
왕안국 21, 23~24, 178, 223
왕안도 23
왕안례 23
왕안인 23
왕연 162
왕용지 27
왕익 17~19, 22~24, 32~33, 37
왕자소 166
≪왕형공연보고략≫ 280
우전 78
운하 80~81
원우간당비 268
원우당적비 268
원우의 다스림 265
위전 78
위제 102
유기 164, 167, 207
유수로 249
유술 163, 167
유안세 127

유예 102
유용가 196
유육 224
유이 205
유지 167, 180, 265
유창 99
유청로 249
육구연 241, 274
육선 193
은녀 23, 54
음보제 57, 91
음서제 57
응오 꾸옌 202~203
응오 왕조 202~203
이건덕 210
이대림 167
이량조 193
이무직 243
이백 98~99
이병상 199
이봉 224
이사녕 224
이상 165~166
이원호 190
이정 167, 182, 269
이지 278
이천 269
이청신 265
이하 99
임단 167
임자제 57, 91
임천선생 17

ⓒ
《자설》 245
《자치통감》 173
장규 22
장돈 182, 260, 262~263, 265, 267
장병법 152~153, 262, 265
장식 269
장재 252
장전 165~166
장조 182, 262
재감국 124
적청 205
전법사문 176, 220
전시 39
전연의 맹약 105, 189
전운사 82, 110
전의 164, 167
전전사 260
절도사 153
점성 207
정강의 변 268
정림사 238, 240, 251
정이 143, 252
정천채 191
정협 218~219, 223
정호 143, 166, 181, 252
제거상평사 83
제점형옥 82, 110
제치삼사조례사 133, 135, 139, 157, 163, 221
조군 260
조길 266
조례사 133, 135~139, 157, 163, 165~166, 169, 172, 177, 181

조변 163, 165~166, 168
조빈 26
조세거 224
조운 135
조일 215
조태후 121
조호 259
종산 236~237, 239, 243~244, 248
주공 151
≪주례≫ 275
주희 58, 65, 269, 271, 273, 276, 279
중록법 156
중산릉 237, 243
증공 20, 22, 32, 72, 84, 179
증공량 84, 160
증포 20, 166, 177, 179, 181, 277
지웅 155
지제고 108~109, 111
직역 145~146, 149
직전 46
진랍 207
진사과 92
진승지 136
진양 63, 163, 165, 167
진집중 70
진천 167
진회하 238~241, 251

ⓒ
차역법 144, 149, 263, 267
참지정사 132, 163
창법 156
채경 263, 267~268, 270, 277, 279
채변 23

채상상 74, 280
채승희 229
채조 279
채확 213~214, 262, 277
천거 58
천하의식 64
≪철위산총담≫ 279
철종 259, 265~266
청당 196
청량사 238~240
청묘법 44, 52, 137, 141~142, 144, 165~
  167, 169, 172, 180, 206, 216, 262, 265,
  273
추밀원 110
충세형 194
충악 194, 199~200

ⓔ
탁고개제 151
탈탈 276
탕구트 족 189~190
탕롱 209
태평흥국사 251
태학 156, 245

ⓟ
<평융책> 196
포선산 70
포증 75
포청천 75
풍경 215, 217, 223
풍류천자 267
피휘 99

ⓗ
하율 26
하황 일대 196
한강 38, 73~74, 136, 176~177, 220, 225
《한궁추》 98
한기 42~43, 63, 93, 111, 143, 160, 165~
  166, 168~169, 180, 182, 191, 193
한림학사 126, 161, 168
한무제 131
한억 73, 176
한유 63, 73~74, 99, 112, 123~124, 128,
  163, 171, 176
한종 73
한진 262
행 155
허신 245

형사취수제 97
형서 277
호등제 144
호명법 25
호법선신 177, 220
호수천 191
호시 193
호종유 167
호한야 선우 96, 98
홍매 228
황정견 100~102, 279
후인보 204
<휘변> 99
휘종 266~268
흉노 96~97
희하로 197